Abraham Maslow

哲 人 咖 啡 厅

马斯洛人本哲学

（美）马斯洛 著　成明　编译

九州出版社
JIUZHOUPRESS
全国百佳图书出版单位

人是一种不断需求的动物，除短暂的时间外，极少达到完全满足的状况，一个欲望满足后，往往又会迅速地被另一个欲望所占领。人几乎整个一生都总是在希望着什么，因而也引发了一切……

——马斯洛

出版前言

马斯洛(1908 ~ 1970)，美国著名哲学家，人本主义心理学的主要创始人，被誉为“人本主义心理学之父”。

马斯洛人本主义心理学是美国20世纪下半叶崛起的新的心理学派，冲击着当代西方的心理学体系，形成了心理学的“第三思潮”。这是相对于在他之前的以弗洛伊德为代表的精神分析学的“第一思潮”和以华生为代表的行为主义的“第二思潮”而言的。马斯洛的学说与他的人格具有高度的统一性，他把自己的一生献给了那些人们最为关注的心理问题的研究，特别是关于自我实现问题的研究。可以说，马斯洛的心理学，本身就是他自己自我实现的产物。《纽约时报》评论说：“马斯洛心理学是人类了解自己过程中的一块里程碑。”

马斯洛一生都坚持一种人道主义哲学，他的心理学不仅具有重要的理论价值，而且也具有重要的实用功能。他的学说被广泛运用于教育、医疗、防止犯罪和吸毒行为，以及企业的管理等领域，并产生了良好的效益。

马斯洛的学说还具有超前性。德·斯蒂芬森说：“我们发现，在马斯洛的整个思想中，有许多研究、认识及思想在当时都是超前的。几十年过去了，马斯洛有关要求自我实现的员工、培养客户忠诚、树立领导风范以及把不确定性作为一种创造力源泉的主张等等，描绘了我们今天数字化时代的图景，显得非常深刻。”

马斯洛学说在我国也有广泛影响。1987 年，我国曾出现过一次“马斯洛热”，人们开始熟悉他的创造性理论、需求层次论、自我实现论等学说。

在日益竞争的时代和社会环境下，每一个人都希望调动自身的一切积极因素以健全自我人格、发挥潜能、实现自身价值。本书以新的视角，介绍他的理论精华，引导读者重读马斯洛，重读自己的人生。

九州出版社

二〇〇三年七月

目 录

一、动机与人格

人是一种不断需求的动物，除短暂的时间外，极少达到完全满足的状况，一个欲望满足后往往又会迅速地被另一个欲望所占领。人几乎总是在希望什么，这是贯穿人整个一生的特点。而人因需求所引发的行动都趋于成为整体人格的一种表现形式，从中我们可以看出他的安全感水平、他的自尊、他的精力、他的智力等各种情况。

1. 人性的精髓

1943 年 7 月，第一篇真正的、典型的马斯洛风格的论文《人类动机理论》发表在《心理学评论》上，并立刻引起了强烈反响。在这篇论文中，他详细阐述了他的“需要层次”理论。论文的首页写道：“人类的需求构成了一个层次体系，即任何一种需求的出现都是以较低层次的需求的满足为前提的。人是不断需求的动物……”

那时马斯洛的层次理论包括五个层次的需要：生理、安全、爱、尊重和自我实现，而每当一种需要得以满足，另一种需要便会取而代之。

马斯洛在《人类动机理论》中所论述的便是他毕生研究

的精髓所在。他从生理需要开始讲起：如盐、糖、蛋白质等这些生理需要构成动物对食物的需要。他说，一个还没填饱肚子的动物是不会对其他需要有所奢求的。当然，食物需要的满足并不意味着永久的快乐。

马斯洛指出，一旦饥饿需要得以满足，“安全需要”便出现了：人们需要远离痛苦和恐惧，需要规律性的生活以感到世界是恒常有序的（如父母的不公正将会使儿童缺乏安全感）。尽管成年人可以较儿童更好地处理他们的恐惧感，但各种各样的安全需求在成年阶段仍继续存在，如对稳定工作的需要，对不受犯罪危害的需要等。马斯洛指出强迫性神经症是孩提时代的恐惧持续到成年造成的。一个不能容忍她的房间有一丝灰尘的女人便是轻度患有这种神经症的例子。其实，灰尘并不真正构成危险或烦恼，但她的安全需要却仍然停留在一种夸张、幼稚的阶段上，这也就导致了她对规律和秩序具有强迫性要求。

下一级是爱的需要，它还包括归属需要。一个具有适当程度安全感的人——比如说具有固定的居所和稳定的收入——会开始感到非常需要朋友、爱人、妻子、孩子，以及在群体中所处的恰当位置。马斯洛注意到，在这个相对饮食无忧的社会里，这些爱的需要的受挫是引起人们不良反应的主要原因。这里，马斯洛似乎是在维护弗洛伊德的观点——毕竟，他将性诊断为精神失常的根源在现代社会中有 90% 是正确的。即便如此，马斯洛还是很谨慎地补充说明性的需要和爱的需要是不能等同视之的；爱的需要包括爱与被爱两个方面。

一旦爱的需要被满足，尊重的需要便显露了，即需要某种“建立在稳固坚定基础之上的对于自我的高度评价，包括自尊……以及受到他人的尊敬。”马斯洛指出，阿德勒乃是认识到这些需要的重要性的第一人。

最后，自我实现的需要出现了。“成为你所能够成为的那个人。”“在某个人身上，它可能表现为希望成为一位理想的母亲；而另一个人则可能想成为运动员；还有人则可能表现在绘画和发明上等等。”知道与理解的需要也是附属于自我实现标题下的。

马斯洛认为，驱使人类的是若干始终不变的、遗传的、本能的需要，这是他的理论中一个独到的基本概念。这些需求是心理的，而不仅仅是生理的，它们是人类真正的内在的本质，但它们都很脆弱，很容易被扭曲，并经常被不正确的学习、习惯及传统所征服。马斯洛说：“它们是人类天性中固有的东西，文化不能扼杀它们，只能抑制它们。”这显然挑战了一条被多数人所接受的、古老的信念，即认为本能是强有力的、无法改变的、邪恶的；马斯洛的设想正好相反：这些需要极易受到忽视或压抑，它们“不是丑恶的，而是中性的或者是良好的”。

马斯洛认为，作为人存在的一个固有的方面，不仅有生理的需要，而且有心理的需要。环境必须使这些需要得到很好的满足，否则，就会出现身心疾患。这种需要可以被称为基本的需要或生物的需要，就像人对盐、钙、维生素的需要一样，因为：人执着地追求这些需要的满足；这些需要的剥夺将造成人的病态、衰弱或影响发育；需要的满足可以使身体康复，可以治疗由需要被剥夺而造成的疾患；稳定地满足这些需要可以防止疾患；健康人并不表现出这些方面的缺乏。

这些需要或价值之间是互相关联的，在人的发展过程中，这些需要具有一定的级进结构，在强度和优势方面有一定顺序。通常，对食物的需要是最强的；其次，与诸如爱等其他方面的需要相比，安全需要是一种较优势、较强、较迫切、较早出现和较有活力的需要。所有这些需要都可以被看做是趋向总的自我实现的各个不同阶段，都可以被归于自我实现之中。

这些事实解决了几个世纪以来许多哲学家们苦苦求索而又鲜有建树的价值问题。例如，以往人们总以为似乎存在着一个人类的单一的终极价值，一个所有人为之奋斗的遥远目标。各家各派的学者们将之称为自我实现、自我完善、心理健康、个性化、自立、创造性、创造力等等，但他们都将之解释为实现人的潜能，成为一个完整的人，成为他可能成为的一切。

事实上，人们自己并不知道这一点，只是理论家们造出了这些概念来整合和解释各种事实。对于当事人本人来说，当他失恋时他只会想：倘若我能够得到我所渴望的爱，我将永远幸福和满足。他不知道，如果他得到了满足，他还会继续追求。每一种基本需要的满足都会引发“更高”的需要，支配下一个意识阶段。就他本身而言，他所认为的等同于生命本身的、绝对的、终极的价值，只不过是在某一特定的阶段占支配地位的需要，这种需要只不过是需要层级结构中的一种。因此，这种需要既是终点，又是趋向某一终极目标的起点。

这些事实还将有助于解决存在（Being）和成为（Becoming）之间的明显的矛盾。人的确永远地为一个终极的人性而奋斗，而目标本身也不过是另一种类的“成为”和成长，恰好似我们注定要永远去追求一种我们绝不可能达到的境界。值得庆幸的是，我们现在知道并非如此，至少并非仅仅如此。作为这种无望追求的另一面，还存在着另一种真理。我们健康的成长会一次又一次地得到短暂的绝对存在的报偿，马斯洛将之称为“高峰体验”。基本需要的满足给我们带来许多高峰体验，这种体验每一次都是绝对快乐的，自我完善的，不再需要其他的自身以外的生活作衡量尺度。这恰好像我们不再需要关于生命终点之外的某处还有一个天堂的观念。或者说，我们一生都有天堂在等待，我们随时可以走进去待一会儿，享受一下，之后，又必须回到我们日常的生活奋斗中去。我们一旦进入其中，就会永志不忘，这种关于天堂的记忆将给我们的生命以滋养，可以在困难时给我们以力量。

不仅如此，从一个时期到另一个时期的增长过程本身就在绝对意义上是一种内在的报偿和很大的快乐。即使这些不算高峰体验，至少也是一种“山脚体验”，是那种绝对的、自我肯定的快乐的闪现，是“存在”的短暂时光。“存在”

和“成为”不再是矛盾的和相互排斥的。“趋近”和“达到”都是一种报偿。

2. 自私的本能

所有关于人性的价值体系都植根于一定的心理学假设，也就是说，他们要不认定人性是“自私的”（邪恶的、软弱的、愚昧的、愚蠢的），要不认定人性是“无私的”（慷慨的、友善的、明智的、有理性的、有合作精神的）。当然，也有一些特殊的价值理论体系是建立在这两种假设的混合体之上的。例如，对贵族体制或君主体制的信仰，或者诸如“必须恐吓人们，才能让他们变好”等这样一些信念。

许多世纪以来，人们对人性的看法始终被认为与宗教信仰、神学和哲学息息相关。随着科学的思想方法和应用，人们对找到完满明智的答案充满信心，甚至科学答案的不少基本要素都已经找到，至少对人性进行某些科学的分析已经成为可能。

如果某人对人性问题持极端观点，我们对他关于人性问题的阐发进行长期追踪考察，就很容易发现他的整个论点都是建立在自私与无私某种隐含的、不自觉的定义之上的。马斯洛发现，那些认为人的天性是自私的，而且认为这种自私是健康的人，他们最终会接受自私的下述定义：所谓自私的行为，就是那些对个体有益，或者是使个体感到愉快的行为。

但是，稍微思考一下就会发现，这个定义有失偏颇，因为它自动设定，或者说在实际上认为，人类所有的行为都是功利性的，都是为了满足个体对快乐和利益的追求。这样的方式正是一种试图从一个隐含的、预先设定的定义来解决问题的方式。

要驳倒这个观点有好几种方法可以考虑。例如，我们可以指出，无论如何，人类的行为之间总有差异，其中总有某些行为可以称为完全无私的行为。或者，我们可以先接受这种定义，然后，在此基础上强调依然有必要从词语上加以区分。这种区别是个人可以通过他自己的行为，或者他人的行为来体会到的。

例如，如果你在星期一虐待一个孩子，星期二又善待他，这个孩子是能够区分你不同时间的行为之间的差异。但是，即使我们从理论上认定所有的行为最终都是自私的，我们依然免不了要区分“自私的自私”和“无私的自私”的差异。不管怎样，我们并不能通过文字游戏来使实际存在的差异消失。我们必须识别现实生活中的人们是如何区分自私与无私的，即使这种区分是错误的。

上述思想还可以换一种方式来表述：在现实世界里，我们的确能够找到行为之间的差异，即使这些差异并没有反映到概念化的精神世界中。但是，如果这些差异在现实中确实存在，它们就应该反映到概念化的世界中去。例如，为饿得奄奄一息的朋友提供食物，与拒绝为他提供食物这两种不同的行为，我们就应该进行区分。毫无疑问，没有理由把这两种行为混为一谈，认为它们都是自私的。

有必要指出的是，那些人数较少，认为人类从本质上而言是无私的理论家，也存在这样的问题。他们通常对无私这个概念采用如下定义：如果一种行为对他人有益，或者能给他人带来愉快，这种行为就是无私的行为。这种陈述依靠某种预设的定义，自然而然地认为所有的人类行为都是无私的。

在我们的文化里，自私具有贬义色彩，其词义并不受欢迎，与此相反，无私则是美德的象征，其词义令人心悦。但我们不应该对问题有偏见，不应假定自私和无私究竟谁好谁坏，除非我们已经确信事实确实如此，因为在某些时候自私可能是有益的，但在某些情况下也可能有害；同样，无私的行为在某些情况下是好的，而在另一些情况下则可能有害。

其实，对“无私”、“自私”这些词语并没有一致公认的含义。分析这些不可解决的争论常常可以揭示这些词语隐含在定义上的差别，这种差别是人们通常所没有意识到的。这些词语根本不适于在科学研究中出现，即使是在同一个人的话语中，它们的具体含义也可能发生变化。通过使用某种语义技巧，比如，给出不明确的模糊定义，你既可以证明所有人都是无私的，也可以证明所有的人都是自私的。

马斯洛指出，只有精神变态人格才被看成是完全的自私自利者，但是，即使是精神变态者有时也会做出无私的举动。因此，我们有必要在自私的行为、冲动和个性本身三者之间作出区分。那么，是否有完全意义上的利他主义者存在？让我们看看下面的一些例子：受虐狂、病态的依赖者、奴隶以及全心全意爱的表达者。此时，你就会意识到将人的行为与动机区分开的必要性。因此，采用心理动力的研究方法是必要的，纯粹的行为主义只会产生混淆。区分“健康”的动机与“不健康”的动机也是必要的。

那些企图证明人类从本质上看是自私或无私的作者，常常使用动物行为来支持他们的观点。有时候，这些人是依靠古代的“洞穴人”而不是动物的行为来证实他们的观点的。这种情况在哲学家、神学家和政治理论家中尤其明显。这些作者常常求助于寓言，用诸如狮子、老虎和狼等动物来证明人类是无法信任的，这是极其荒谬的。

例如，人类的近亲——黑猩猩就具有诸如合作精神、利他主义以及表达爱等一些无私的行为。但是根据动物的行为推断人性在逻辑上是站不住脚的。即使是从理论的角度而言，这样的理论也是完全站不住脚的。我们根本不能够单凭其他物种的行为就对人类的行为作出任何有意义的结论。实际上，对某个物种的特征来说是正确的判断，对于另一个物种来说，也许完全是错误的。因此，应用这种研究方法的理论家与其说是达尔文主义者，不如说是伪达尔文主义者。

无论如何，就人性问题而言，伪达尔文主义的研究方法常常会导致与设想完全不同的结论。很容易看出，伪达尔文主义的比较仅限于少数几个物种，而地球上的物种成千上万。正如前面所说，如果我们选择人类的近亲类人猿，特别是我们熟悉的黑猩猩与人类进行比较的话，那么生物学上的遗传特性似乎并不是向自私、残忍、支配和专横等方向发展的，而是更加倾向于合作、友谊和无私。这些行为恰恰是黑猩猩常常表现出来的。除了在野外环境中取得的证据外，现在的实验证据也证明了上述观点。例如，各种实验都表明，黑猩猩会帮助它们的伙伴，包括分食自己的食物，救助将要饿死的邻居。强壮个体常常是弱小个体的保护者，而不是统治者。

那些与黑猩猩打交道的工作人员也发现，他们能够与这些动物建立真正的友谊，甚至友爱。这些关系不仅在黑猩猩之间存在，而且也在黑猩猩与那些在它们周围工作的人们之间存在。

但是，马斯洛并不希望进行过多的诸如此类的观察。他认为，这种论证的思路不管怎样还是错误的。但是，这种富有想像力的实验的确很具有诱惑力：只需要举出在动物中存在的无私甚至是利他行为，就足以推翻伪达尔文主义的观点。伪达尔文主义认为，通过对其他物种的研究，我们就可以准确地得知，人类从本质上看是自私的、残忍的和乐于支配他人的。事实表明，这种看法是错误的。

马斯洛指出，一般的看法洞穴人是原始、野蛮、好斗的，甚至是残忍成性的，实际上并没有任何证据支持这种观点。科学家对史前洞穴人的了解仅仅限于解剖学，除此之外，一无所知。只是因为洞穴人看起来野蛮，人们就认定其行为必然凶残。与我们的现代文明相比，也许洞穴人要善良得多，对其他成员更具有利他主义倾向。马斯洛说，并不能证明这种判断是必然正确的。但从我们有限的知识出发，我们也同样不能够得出洞穴人凶残的结论。

必须承认，我们对洞穴人知之甚少。关于洞穴人依靠家族成员或是朋友来统治部落的说法只是传闻而已。它们根本就不是科学的结论。在有关自私人性的研究中，我们必须彻底抛弃任何倾向于借助动物行为或是人云亦云的洞穴人的行为研究方法。这些方法在我们正在探讨的问题中不值得一提。

马斯洛在前面已经指出，诸如无私、自私等这些词汇本身就带有不同的价值观念，在某种程度上也导致了偏见的产生。如果什么事被认定是自私的，那么人们通常的反应就是“应该反对它”，但是精神病学和临床医学的发展却要求我们抛弃这些简单的方式和态度。

例如，对受虐狂的研究表明，大量表现为无私的行为产生于精神错乱或者自私的动机。我们不应该总是被无私行动的外表所迷惑，因为表面的无私也许掩盖着惊人的敌意、嫉妒或者仇恨。

在对此类病人实施精神治疗的过程中，常常有必要教会他们采取所谓健康的自私的行为方式。对于那些缺乏自尊感和那些把自己的基本需要看成洪水猛兽的人来说，有必要用一套全新的方法来使他们认识自身。只有这样，才能使他们最终获得心理健康。换句话说，从精神病学的观点来看，牺牲自己满足别人并非永远可取。

心理分析学家埃里克·弗洛姆曾经这样概括上述观点：“一个既不自尊也不自爱的人是不会真正尊重别人、爱护别人的。”因此，我们有必要区分健康的自私与不健康的自私，健康的无私与不健康的无私。更具体地说，我们必须明白行为与动机之间存在着差异。外在的行为也许是自私的，或者是无私的，引起这些行为的动机同样可能有自私或无私的差异。

心理健康与无私行为之间存在着某种联系。这也许是正确的，但如果我们能够把行为按动机进行分类，并且能够更加精确地指出心理健康与我们所谓健康的无私之间的确存在着某种很密切的联系，那么这种联系就会变得更有价值。

一项实验表明，当一个情感健康的人在行为上显得无私时，其根源往往由于他的基本需要得到了满足，从而表现出感情丰富。也就是说，他的行为是源于内心充实而不是贫乏。而一个精神病患者自私的举动，往往是一种受被剥夺感驱使的产物，其表现有恐惧感、不安全感和内心贫乏感。

马斯洛认为，“自私”常常与情感上感到不安全有关，“无私”则可能意味着在感情上感到安全，意味着自我实现和心理健康。这样，我们可以认为无私是内心充实或者基本满足的表现，而自私则说明以前或现在不满足、饥渴和内心贫乏。

有时，马斯洛还引入新的词语来解释，把无私称为心理富足，把自私称为心理贫乏。

3. 人类动机理论

人，是马斯洛心理学的根本对象。“人，你是谁？你到哪里去？”这一古老的人学问题自然也是马斯洛心理学的中心课题。他对这一课题的回答方式是独特的：通过对人类动机似本能的基本需要的研究，揭示出人性的内涵及其实现的必由之路，阐明了人应有的价值选择。

马斯洛认为动机是驱使人从事各种活动的内部原因。有外部动机和内部动机之分。外部动机指的是个体在外界的要求或压力的作用下所产生的动机，内部动机则是指由个体的内在需要所引起的动机。马斯洛的动机研究主要集中在内部动机即由基本需要引起的动机上。

父母为什么爱自己的孩子，人们为什么想要孩子，他们为什么为孩子作出这么多的牺牲？或者说，为什么有些行为在他人看来是牺牲，而父母却不感觉如此？

研究正义、平等、自由，研究对于自由和正义的渴望。人们为什么会不惜付出巨大代价甚至不惜牺牲生命为正义而斗争呢？为什么有人会不计个人利益去帮助遭受蹂躏、遭受非正义的人或不幸的人？

人类追求自己的目标、目的在某种程度不受盲目的冲动和内驱力的驱使。当然，盲目的冲动也会出现，但不是单独出现。两种情况加在一起，就完整了。

马斯洛认为，要研究人的动机，必须清楚认识以下各点：

(1) 个人是一个统一的、有组织的整体。这里面包含着许多具体的要点。例如，受到驱动的是一个完整的人而不是个人的某个部分。不存在诸如肚子、嘴或生殖器的需要，而只是这个人的需要。并且，感到满足的是整个人，而不仅仅是他的一部分。当一个人感到饥饿时，他不仅在肠胃功能方面有所变化，而且在许多方面，甚至在他所具有的大部分功能方面，如感觉、记忆、情绪、思想等都有所变化。

（2）注意选择一般的而不是特殊的动机实例。心理学不应选择饥饿作为所有其他动机状态的典型，因为饥饿驱力并不是一般的动机实例，它是一种特殊的动机实例。对人而言，典型的欲望更明显的是整个人的需要，选择这类冲动进行研究会好得多。例如，透彻研究饥饿冲动与全面了解爱的需要相比，我们能够通过后者更多地了解普遍的人类动机（包括饥饿驱力本身）。

（3）动机的研究在某种程度上必须是人类的终极目的、欲望或需要的研究。日常生活中的普通欲望有千百种，但仔细审查后即可发现，它们通常是达到目的的手段而不是目的本身。心理学应通过这些手段去追溯人类真正渴望满足的一些基本目标或需求。这些需求的数目是有限的。并且，由于个体在意识中很难觉察这些基本目标或需求的存在，因此，合理的动机理论不能不顾及个体的潜意识生活。

（4）文化人类学已有充分的证据表明，人类满足各种需求的方式虽有极大的文化差异，但人类所追求的基本或终极目标都是相当一致的。以自尊心的满足为例，在某个社会中，一个人靠成为好猎手来满足自尊心，而在另一个社会中，却可能靠当一个伟大的医生、勇猛的武士或者做一个十足的铁石心肠的人等等。因此，心理学应通过文化的差异去研究人类共同追求的基本目标或需要。

（5）动机是复杂多样的。人类行为常常是由多种动机所引发的。一个有意识的欲望或一个有动机的行为，可能会形成一种渠道的作用，通过这个渠道使其他意欲也能得以表现。例如，性行为与有意识的性欲并不仅仅是对性满足的追求，它所暗含的、无意识的目的可能是极为复杂的。举例来说，甲的性欲实际上可能是确立自己男子自信的欲望的表现，而其他人的性欲则可能是代表了吸引注意力的欲望，或者对亲密感、友谊、安全、爱的欲望，或者是这些欲望的任何一种组合。因此，要分析人类的动机就应认真对待欲望或行为在根本上所代表的东西，要看到动机的复杂多样性。

（6）合理的动机理论应该这样设想，动机是连续不断的、无休止的、起伏的也是复杂的。因为从一定意义上来说，有机体的任何一个事态本身几乎又是一个促动状态。例如，个体遭受拒绝的感受必然会影响他的身心组织，使他感到紧张或不愉快。这种状态还可能导致其他事件的发生，例如采取种种自我防卫方式、压抑、敌意等。

（7）合理的动机理论必须考虑以下两个事实：第一，除了以相对的或递进的方式外，人类从不会感到满足。人是一种不断追求的动物，当他的一个欲望满足后，另一个就会迅速出现并取代它的位置；当这个欲望也被满足后，又会有另一个占据突出的位置。第二，所有动机均存在着一定的联系。动机的出现实际上总是取决于整个有机体所可能具有的其他所有动机的满足或非满足状态，即取决于这样或那样的优势欲望已经达到相对满足的状态。因此，需要似乎按某种优势等级自动排列。

（8）研究人类动机应彻底放弃为内驱力或需要制作分解

式一览表的企图。这种一览表常给人一种感觉，似乎各种内驱力是均等的、不相干的；而事实却并非如此。此外，它还忽视了内驱力的全部动力性质，混淆了各种具体特征的层次关系。要分析人类动机，就应将基本的欲望清楚地理解为分属不同系列、不同基本类型或不同的基本范畴。也就是说，基本目标或需要的列举应是抽象的分类，而不是编成目录的一览表。

（9）动机分类的基础应是人类所共同追求的基本的目标或需要，而不是任何一般刺激意义上的内驱力一览表（是“吸引”而不是“推动”）。

（10）既是研究人类的动机，就必须以人为中心，而不是以动物为中心。应该看到的是，当我们沿着物种阶梯上升时，我们所理解的本能有逐步消失的倾向，对作为适应工具的文化的依赖将愈来愈大。口味变得愈来愈重要，饥饿变得愈来愈不重要。因此，当不得不将动物作为研究对象时，也应尽可能地选择接近于人类的动物，如猴子等，而不是将白鼠作为研究对象。

（11）分析人类动机必须考虑到环境与文化对有机体及其动机满足的影响，但决不可成为纯粹的情境理论。它还应看到有机体有其天生的内在结构，并且能主动创造心理环境等事实。

（12）分析人类动机还应看到，有机体通常表现为一个整体，但有时也不是这样。孤立、局部、分裂的反应在一定情况下是可能的。这类现象不一定是虚弱、病态或者不好的，相反，它们经常被看做是有机体的一个最重要的能力的证明，即有机体以不完整的、独特的或分散的方式对付局部的、熟悉的事物或易于解决的问题。这样，有机体的主要能力就可用于解决更重要的或更具挑战性的问题。

(13) 并非所有行为或反应都是有动机的，至少不一定都是一般意义上的对需要的满足的追求，即寻求需要的或匮乏的东西。成熟、表现、成长以及自我实现等现象都是自然流露的表现性行为而不是对环境的应付性行为，因而可以看做无动机的或超动机的行为。

(14) 分析人类动机不应像心理分析家那样仅仅关注无意识的欲望，还应重视达到目的的可能性这个因素。这对理解我们文化中各个阶级、等级之间的动机差别，理解我们的文化与其他较为贫穷的国家和文化在动机上的不同是至关重要的。

(15) 分析人类动机必须合理地看待现实对有机体内部冲动的影响。内部冲动与现实之间不一定是截然对立的关系。

(16) 动机理论除讨论有缺陷的人的防御手段外，还必须讨论健康强健的人的最高能力，同时也必须解释人类历史上最伟大、最杰出的人物所关心的全部最重要的事情。应将注意力转移到健康人。对人的动机的研究必须具有更积极的研究倾向。

总之，以马斯洛看来，动机理论的研究在方法论上应以人本主义心理学的方法论为指导：坚持以人为中心，以健康人为对象，重视健康动机的研究；坚持整体动力论，务必阐明动机与有机体和环境以及动机与动机之间内在的整体动力的关联。而在研究的重心方面，动机理论则应摒弃文化的差异，直接对人类共有的基本目标或需要进行研究。正是基于上述考虑，马斯洛在建构自己的动机理论时，从一开始就试图使之立足于基本需要及其阶层发展的研究之上。同时，这一切也预示着，马斯洛动机理论必将与以往的动机理论有着很大的不同。

① 成长与匮乏

马斯洛晚年的时候对人的需求层次的观点进行了一些重大的修正与发展，主要体现在他对成长性动机与匮乏性动机的区分上，特别是他提出了超越性动机论。

马斯洛指出，对低级需要与高级需要的关系进行考察，在一定程度上揭示出各级需要的不同性质，但显然还不足以说明自我实现的需要与其他各级需要之间的根本差异。有鉴于此，他又提出匮乏性动机与成长性动机的区分，并以成长性动机概念进一步说明自我实现需要的性质，从而使其动机论得到了进一步的扩展。

这一区分源于马斯洛对人类行为的分析。在《动物与人格》一书中，马斯洛依据并非所有的人类行为都是有动机的观点，首先区分出因应性与表现性两种行为，并指出这两种行为的区别：

（1）根据定义，因应是有目的、有动机的，而表现则常常是没有动机的。

（2）因应更多是决定于环境和文化的可变因素，而表现则主要取决于机体的状态。他说："表现性行为只不过表现、反映或者表达了机体的某种状态。其实，它往往就是那种状态的一部分，例如，低能者的愚笨，健康者的笑容和轻快的步态，和善深情者的仪表，美女的娇柔……"由此可以推知，表现和深层性格结构有相当密切的联系。

（3）因应多半是后天学习的结果，而表现几乎总是与生俱来的、释放性的或不受抑制的。如果没有奖励，因应性行为就会趋于消失，而表现性行为则不一定需要奖励来维持。

（4）因应更容易被控制（更容易被压抑、约束、阻止、受文化渗透的影响）；表现则往往不受控制甚至是不可控制的。

（5）因应的目的通常在于引起环境的变化且常常如意；表现则没有任何目的，即使引起环境变化也是无意的。

（6）因应特别表现为手段行为，其目的是满足需要或消除威胁；而表现往往就是目的本身。

（7）典型的因应性行为是有意识的（虽然它可能成为无意识的）；表现则经常表现为无意识的，或至少不是充分有意识的。例如，我们通常意识不到自己走路、站立或者大笑的风格。

（8）因应性需要作出努力，而表现在大多数情况下都无需费力。艺术表现可以看做一个特殊的处于两者之间的例子。因为在艺术中，人们只有通过学习才能做到自然流畅，富于表现，但艺术的目的如果仅在于放松一下自己，那只要尝试一下就可以了。

表现性行为证实了人的行为并不都是由动机驱动的事实。基于此，马斯洛建议用“超越性动机”或“后动机”概念来描述自我实现者的动机。他指出：“最高级的动机就是达到非动机，即纯粹的表现性行为。换言之，自我实现的动机是成长性促动，而不是匮乏性促动。这是第二次天真，聪明的单纯，适意的状态。”

在《匮乏性动机与成长性动机》一文中，马斯洛进而区分了另两种不同的动机：匮乏性动机指的是机体的基本需要或匮乏性需要，它“在本质上是有机体身上的赤字所形成的需要，我们把它叫做匮乏需要或匮乏性需要，打个譬喻说，这些匮乏就好比为了健康的缘故必须填充起来的空洞，而且必定是由其他人从外部填充，而不是主体填充的空洞。”而成长是导致最终自我实现的种种过程。成长性动机则是指被自我实现的趋向所激发（马斯洛将自我实现定义为不断实现潜能、智能和天资，定义为完成天数、命运或禀性，定义为更充分的认识、承认个人的内在天性，定义为在个人内部不断趋向统一、整合或协同动作的过程）。在这里我们可以看到，马斯洛已对其基本需要的概念进行了一定的修改；它只限于生理需要、安全需要、归属与爱的需要以及尊重的需要，而自我实现的需要则从基本需要的范畴中分离出来，并进入到成长性动机（或超越性动机）的范畴。

马斯洛进而指出，当人屈从于匮乏性需要的满足或被成长所支配（或被超越、成长、自我激发）时，在人的心理生活的许多方面都会表现出差异：

（1）在对冲动的态度上，存在着抵制冲动与认可冲动的差异。过去所有的动机理论都把需要描述为使人烦恼、愤怒、不快而必须排除的东西，亦即将动机描绘成缩小需要、缓解紧张、降低驱力和减少焦虑。马斯洛认为这只适用于匮乏性需要。而对自我实现的需要来说，冲动则是令人满意、愉快、受欢迎的。并且，假使它们构成了紧张，这些紧张也是令人愉快的紧张。在这种情况下谈论紧张缓解是完全错误的。

（2）满足的不同效应。匮乏性需要以阶层等级的方式彼此联系起来，以致一种需要的满足以及它从活动中心移开的后果，是导致更高层的需要的浮现，需求和欲望虽然在继续展开，却是在更高一层的水准上展开，其自身则要求缓解紧张和恢复平衡。而对成长性动机来说，满足滋生出更多的而不是更少的动机；满足增强了而不是减弱了成长的欲望。成长本身就是奖赏和激励的过程。

（3）满足在治疗和人格上的不同作用。匮乏性需要的满足是消极的避免疾病；成长性需要的满足则导致积极的健康。

（4）不同种类的愉快。匮乏性需要带来的是贫乏、低层的至多算做宽慰的愉快；而成长性动机带来的则是丰富的、高层的且具有更大的稳定性、持久性和不变性的愉快。

（5）匮乏性需要的满足倾向于成为间断的和有顶点的。其最通常的图式是从一种能引起有目标的行为的怂恿、激发状态开始，渐渐地、平稳地上升到欲望和激动，最后在成功和完成的时候达到顶峰。欲望、激动、愉快的曲线从这个顶峰急剧下降到紧张释放和缺乏动机的平衡期。成长性动机的特点则是没有极点和无法完成，它是无止境的，永远不可能达到或满足。

（6）匮乏性需要是物种的需要，为人类所有成员所共有，而且在某种程度上其他的物种也有这种需要。它通常应该在真正的个性充分发展之前得到相当充分的满足。成长性需要则是特异的。因为每个人是不同的。一旦匮乏性需要获得满足，每一棵树和每一个人就以他自己的独特形式开始发展，为了他自己的目的使用这些必需品。

（7）匮乏性需要只能由他人来满足，因而它在很大程度上依赖于环境。与此相应，受匮乏性动机激发的人必定是畏惧环境的。自我实现的人则自信和自制多了，他们相对地独立于环境，更多地受自己的内部因素——内在本性、潜能、天资、创造冲动的支配。

（8）有私利和无私利的人际关系的差别。受匮乏性动机激发的人，更多依赖他人。他们是出于私利而更需要、更依恋、更期待他人的，因而他与他人建立的人际关系是一种有私利的人际关系。而受无要求、无需要的成长性动机激发的人，则是从完全无私利考虑的，无所求的角度去客观地、完整地认知另一个人的，因而他与他人的关系是一种无私利的人际关系。

（9）受匮乏性动机激励的人往往把注意力集中于自我意识，是自我中心的；而受成长性动机激发的人则集中注意力于世界，能以问题为中心，因而能超越自我，成为最充实、最整合、最纯洁的人。

（10）治疗由匮乏性需要的满足受挫所导致的匮乏性疾病，其基本要求是提供所缺乏的东西。由于这些供应品来自别人，所以一般地说，治疗必然是人际的。受成长性动机支配的人，其冲突和问题，经常是他自己通过向内求助于沉思方法，即自我检查的方法解决的，而不是从某个他人那里寻求帮助。

（11）建立在匮乏性动机基础上的学习是一种手段学习，也就是反复学习从外部世界满足匮乏性动机的方法。建立在成长性动机基础上的学习则是知觉学习，增进顿悟和理解，认识自身和人格的稳定成长，也就是增强协同、整合和内部一致性的学习或性格变化的学习。

（12）与受匮乏性动机支配的人的知觉相比，受成长性动机支配的人的知觉往往是超然的、道家的、被动的、不干预的知觉，它更能知觉对象的内在本性，超越事物的二元对立。

（13）在匮乏性需要中，爱表现为匮乏爱。这是一种自私的爱。而在成长性需要中，爱则表现为非需要的、非自私的爱。

匮乏性动机与成长性动机区分的提出，有力地驳斥了心理学界普遍流行的人的行为皆受匮乏性动机驱使的观点，同时突出了自我实现需要的“后动机”或对其他需要的“超越”性质，为马斯洛超越性动机论的形成提供了必要的准备。

② 基本需求与特殊需求

由于马斯洛将动机研究的重心放在了基本需要及其阶层发展上，因此，在探讨他的动机论的基本内容之前，必须先了解一个问题：人的基本需要是什么？

马斯洛认为人的需要可分为两类：基本需要与特殊需要。基本需要是全人类共同的需要，是由体质或遗传决定的，具有似本能的性质；特殊需要则是在不同的社会文化条件下形成的各自不同的需要，如服饰、嗜好等。很显然，判定基本需要的基本标准是似本能性质的存在与否。

那么，什么是似本能呢？

似本能是马斯洛在对传统心理学的本能理论进行批判性审视的过程中提出来的。在达尔文演化论的影响下，本能理论在西方心理学的发展中一度盛行。其中影响较大的是麦独孤与弗洛伊德二人的本能论。麦独孤在其社会心理学中以本能说明人的社会行为，认为人共有十八种本能，使本能论发展到高峰。弗洛伊德则以只受快乐原则支配的生物本能（本我）作为人的行为的动机系统，并认为它与作为社会价值内化的超我之间有本质上不可调和的矛盾。这两种理论很快便暴露出它们的片面，因而遭到了很多心理学家的批判。行为主义的兴起更加速了本能论的失势。

马斯洛认为，本能论与反本能论者所坚持的乃是两个不同的极端。他们的共同错误在于用非此即彼的二分法而不是按程度的差别来考虑问题。这种二分法给心理学带来了一个混乱的后果：只要有任何后天习得的迹象显露时，就断言这是非本能的；或者，假如有一丁点天生遗传影响的证据，就断定这是本能的。显然，这种做法是完全站不住脚的。正如马斯洛所说："仅仅从逻辑上看，我们也没有理由一定得在完全的本能（各部分都充分发展的本能）与非本能之间进行取舍。"

与有关本能和非本能的非此即彼的二分法相反，马斯洛是以层次整合的观点去看待心理学中的本能问题，并审视心理学中的本能理论。他指出，本能论并非完全错误，而是有它未被充分理解的优点。例如，本能论承认以下事实：人是自我促动的，人自己的本性和他所处的环境都有助于决定他的行为；人自己的本性给他提供先决的目的、目标或价值体系；在良好的条件下，为了避免疾病，他所想要的常常就是他所需要的（对他有益的东西）；全人类形成一个独一无二的物种；除非一个人理解其行为的动机和目标，否则行为就是盲目的；总的说来，机体依赖自身的资源，它经常显现出一种生物性的功能或智能，那是需要做出解释的。但是，马斯洛认为，传统本能论却蕴含着一个错误的理论前提：过分强调人与动物世界的连续性，忽视了人种与所有其他物种的深刻区别。这一错误的理论前提导致了传统本能论的诸多失误。鉴于传统本能论的失败教训，马斯洛确定了不同于传统本能论的理论前提：在看到人与动物连续性的同时，还必须注意人与动物的深刻区别。不仅要研究人与动物共有的那些动机，更主要的是要去研究人所独有的需要或动机。他认为："人的机体有它自身的本性，要比过去的看法告诉我们的更值得信赖并更有自我管理的能力"；"我们有充分的理由假设，人有一种内在的或先天的趋向自我实现的成长倾向。"从对人的本性的这一认识出发，他进一步提出了基本需要的似本能假定，即："当我们在物种阶梯中上升时，我们可能会逐渐发现新的（更高层的）欲望，发现另一种本能，它在本质上是似本能的，即在强弱程度上是由机体结构和作用所决定的。"这一假定有一定的比较心理学的实验依据。例如，克劳福德（M.P.Crowford，1904~）、耶基斯（R.M.Yerkes，1876~1956）以及马斯洛自己关于灵长类动物的实验均表明，幼小的黑猩猩是一种利他的、不具控制欲的、友好的、有抚爱能力的动物。沃尔夫在罗猴、猕猴身上重复了克劳福德的实验，发现这些动物并不具备小猩猩的上述特点。因此，有理由认为，只有人与黑猩猩才有利他、友好、爱等一类行为。另外，还有一些证据表明，在人类中并没有像动物那样丰满的本能，而只有动物本能的部分残余。人比动物更强烈的需要是对讯息、理解、美的需要（或者是对对称、秩序、完美的需要等）。总之，物种的等级愈高，似本能的需要或冲动就愈明显。愈是高层需要，愈带有人性特征。人类历史已经证明，这些新的特性是在继续向上发展，而不是逐渐衰退。人是一种最富于哲学思维、最富于想象、最富有艺术才能和科学头脑的动物。

显然，似本能与本能之间有一定的共性，二者均是由机体的生物学本性所决定的。但它们终究是有区别的，马斯洛认为两者的区别在于：

首先，似本能不像动物本能那样强烈；其次，似本能不像本能论者所认为的本能那样是恶的，而是中性的，或者说是好的；再次，似本能的需要与理性之间并不存在像弗洛伊德本能论中所阐明的那种本能与理性的对立；最后，似本能的需要不像我们理解的生物本能那样，在物种发展的阶梯上相互排斥，而是“在一个强度有差异的层级序列里能动地互相联系的”，也就是说，“任何一个需要的满足，随着它的逐渐平息，其他潜在的需要就占据显要的位置，并力求得到满足，需求永不停息，一个需要的满足产生另一个需要。”

依据前述动机理论必须认识的基本问题与基本需要的似本能假定，并结合临床研究、个人观察和已知事实，马斯洛提出了一种强调人性积极向上的动机理论，即基本需求层次论。他认为，这一理论是詹姆斯和杜威的功能主义传统，威泰迈、哥尔德斯坦和完形心理学的整体论，以及弗洛伊德与阿德勒的精神动力论三者融合的结晶，因而可以称为整体动力理论。

在马斯洛看来，各种基本需要并不是杂乱无章的，而是“以一种层次的和发展的方式，以一种强度和先后的秩序，彼此关联起来的”。人的生活表明，一种需要一旦满足，就不再具有支配的力量了。这时，将会有另一种需要取得支配的优势。优势的变换是有一定规律可循的。依据这一认识，马斯洛将各种基本需要安排在一个层次发展的系统中，进而形成了其需要层次论。

在《动机与人格》一书中，马斯洛将人的需求分为三大互相重叠的类别：意动需要（Conative needs）、认知需要（Cognitive needs）和审美需要（Aesthetic needs）。这其中，他特别重视意动需要的探索。在他看来，意动需要可以分为从低到高排列的五个不同层次，也就是前面所说的生理需要、安全需要、爱与归属的需要、尊重的需要、自我实现的需要。

马斯洛认为，一个特性如果符合下述情况就可视为一种基本需要：

“缺少它引起疾病；有了它免于疾病；恢复它治愈疾病；在某种非常复杂的、自由选择的情况下，丧失它的人宁愿寻求它，而不是寻求其他的满足；在一个健康人身上，它处于静止的、低潮的或不起作用的状态中。”

大约在20世纪60年代中期，马斯洛的心理学进入到超个人心理学阶段。有感于人本主义自我实现概念在社会上的误用所带来的危害，加上东方文化的影响，以及对高峰体验研究的深入，马斯洛开始以超越性动机论来说明自我实现的需要的性质及其在需要层次系统中的地位。

当然，马斯洛的超越性动机论的思想并不是一开始就很明确、完善的。在区分匮乏性动机与成长性动机的时候，他曾将成长性动机称作超越性动机，并从超越生理、安全、归属以及爱、尊重等基本需要的意义上阐述了这一概念。在1967年发表的《自我实现及其超越》、《超越性动机论：价值生活的生物学根基》两篇论文中，马斯洛仍保留了超越性动机的这一涵义，同时也对这一概念进行了重要的补充。在这段时间里，他的自我实现概念中的“自我”已不仅限于作为“小我”的个体存在，而是“已经扩大到包括世界的各个方面在内”，并超越了自我与非我之分的“扩大了的自我”，受存在性价值激励成了超越性动机的根本内涵。但此时，马斯洛也承认，他也很难回答清楚“什么是超越自我实现”、“超越真实性（authenticity）是什么”之类的问题。1969 年《论超越的种种涵义》、《Z 理论》两篇论文的发表，标志着马斯洛超越性动机论的彻底形成。在《论超越的种种涵义》一文中，马斯洛明确提出超越“指的是人类意识最高而又最广泛或整体的水准，超越是作为目的而不是作为手段发挥作用，并和一个人自己、和有重要关系的他人、和一般人、和大自然，以及和宇宙发生关系。”在《Z 理论》中，马斯洛区分出健康型与超越型两种自我实现者。相应地，自我实现的动机也就有了健康型的自我实现与超越型的自我实现之分。他将健康型自我实现者的动机放在麦格雷戈（D.McGregor，1906~1964）的 Y 理论层次上，而将超越型自我实现者的动机置于 Z 理论层次上，这样，他的需要层次理论便发生了整体性的转换，也就是由原来的五层次论变成了由 X 理论、Y 理论和 Z 理论依次向上递进所构成的三层次论。

现在，我们先来看看马斯洛在《超越性动机论：价值生活的生物学根基》、《自我实现及其超越》两文中对超越性动机的论述。在上述文章中，马斯洛认为必须在两种动机之间做出区分：“一种是自我实现水准以下的人的普遍动机，也就是受基本需要所激励的人的动机，另一种是他们所有基本需要都已得到足够满足，因而不再受这些需要所激励，而主要是受‘高层’动机所激励的动机。因此，我们最好把追求自我实现的人的这些高层动机和需要称之为‘超越性需要’，并在动机范畴和‘超越性动机’范畴之间进行区分。”

他发现，自我实现者无一例外都献身于一项身外的事业、献身于他们自身以外的某种东西。他们专心致志地从事某项工作、某项他们非常珍视的事业。他们从事于命运以某种方式安排他们去做的事，他们做这些事也喜爱这些事，因而工作与娱乐的分歧在他们身上也就消失了。他们往往能和他们的工作打成一片，并使工作成为他们自身的一个规定性特征，成为他们自身的一部分。在他们的意识中，他们为之献身的任务似乎可以解释为内在价值的表现或化身（而不是作为外在于工作本身目的的一种手段，也不是作为功能上自主的工作）。对这些任务他们是热爱的（是内射的），因为他们体现了这些价值。也就是说，他们最终所喜爱的是这些价值而不是工作本身。这些内在价值很大部分和存在性价值交叉重叠；或许和存在性价值是等同的。存在性价值也能像需要一样起作用。因此，可以认为，追求自我实现的人主要不是受到基本需要激励的，而是受到超越性需要——存在性价值的超越性激励，他们的自我已经扩大到包括世界的各个方面在内，因而自我与非我之间的区分已被超越了。

那么，什么叫存在性价值呢？马斯洛指出，存在性价值作为高峰经验中所见世界的描述，可以和人性丰满者的特征、高峰经验中人格的特征、理想艺术或数学或实验的特征、理想儿童的特征等相类比。它像需要一样在起作用，因而可以称之为超越性需要。这类需要和基本需要从性质上说都是类似本能的，可起到避免疾病和达到最充分的人性或成长的作用，如果被剥夺则会酿成某种类型的病状，也就是超越性病态——灵魂病。他曾列举了真、善、美等十五种存在性价值以及它们被剥夺后所导致的超越型病态。

超越性需要和基本需要也有很大的不同。首先，基本需要的各层次比超越性需要占优势，超越性需要不像基本需要那么强有力。其次，基本需要可以称为匮乏性需要，具有前述匮乏性需要的各种特征，而超越性需要则具有前述成长性需要的各种特征。第三，超越性需要在它们自身彼此之间是同样有力量的，不能像基本需要那样查出一般的段势等级。但在任何给定的个人中，它们可能并往往是按照特异才能和体质的不同而有高低层次的排列。

超越性需要似乎并不在基本需要满足以后自动到来。基本需要的满足可能是超越性需要的先决条件，但不是充足条件。超越性需要的产生不仅需要自我实现者没有疾病、基本需要有充分的满足、能积极运用他的能力，而且还要受到某些他所追求、探索并甘愿为之献出忠诚的价值观的激励。

在《Z 理论》一文中，马斯洛对他的超越型动机论又作了重要的修正。他指出，可以区分出两种不同类型的自我实现者：健康型的自我实现者主要是更实际、更现实、更人世、更能干和更凡俗的人，他们更多地生活在此时此地的世界或生活在匮乏的王国、匮乏需要和匮乏性认知的世界；超越型的自我实现者则可以说更经常地意识到存在王国，生活在存在水准即目的水准、内在价值水准，更明显地受超越性动机支配，或多或少能经常有统一的意识或高原经验，有或曾经有高峰经验，并随着有启示或卓识或认识。在二者所属的动机层次上，马斯洛认为，“仅仅健康的自我实现者在总体上看能实现麦格雷戈 Y 理论的期待，但关于超越型自我实现的人，我们必须说，他们不仅已经实现而且已经超越或超过 Y 理论。他们生活在一种我称之为 Z 理论的水准上。而且由于它和 X、Y 两种理论同处于一个连续的系统中，三者可以形成一种整合的层次。”

在这里，有必要了解 X 理论、Y 理论和 Z 理论这三种理论的内涵。这三种理论均属于管理学理论，它们都建立在一定的动机论的基础之上。前两种理论的名字由麦格雷戈提出。麦格雷戈将当时流行于美国企业界的那种专制管理办法称之为“X 理论的管理方法”。这种理论把人看成是被利用物，看成是无个体性的存在，因而是可以互换的。认为一般人都仅仅生活在生理需要的层次，处于脱离价值和人性衰弱的水准。他们本能地厌恶工作，必须对他们采取逼迫、控制、指导、甚至惩罚等专制的管理办法才能促使他们完成工作任务。麦格雷戈抨击了 X 理论的管理方法，并基于马斯洛早期的需要五层次论提出了 Y 理论管理方法。其基本设想是：a. 在工作中花费体力和脑力同游戏、休息一样自然。一般人并不是本能地讨厌工作。工作究竟是一种满足（因而被自发地完成)，还是一种惩罚（因而被尽量避免），取决于人为控制的条件。b. 外部控制以及惩罚的威胁并不是使人们努力完成集体目标的惟一手段。人们会为了达到他所努力的目标而自我指导、控制。c. 为一定的目标献身是奖励成就的一种结果。最有意义的奖励是自我以及自我实现的需要得到了满足，它可以变成为集体目标而奋斗的直接结果。d. 只要有合适的条件，普通人不仅能学会承担责任，而且能学会追求责任。e. 使用较高程度的想象力和独创力来解决集体问题的能力为人类多数而不是少数所有。f. 在现代工业生产的条件下，普通人的聪明才智只有一部分被发挥出来。

显然，Y 理论的管理方法中所蕴含的对人的认识与 X 理论相比较已经发生了很大的转变。按照马斯洛的看法，Y 理论已不再将人看作物，而是将人看做从孩子，到共同利益和共同需要满足的合作者，进而到真正的自我、自我实现者的各个阶段。其人性的发展程度则涵盖了从发育不全到丰满人性各个水准。从需要的层次上看，Y 理论立足的是从安全需要到自我实现的需要的各个层次。当麦格雷戈的 Y 理论提出后，马斯洛曾大加赞赏，并基于它而进一步阐发了“尤赛琴管理”的思想。但随着对两种不同类型的自我实现者的区分，他对 Y 理论又有了不满足之感，由此便有了 Z 理论的产生。Z 理论并不排斥 X 理论和 Y 理论，而是在此基础上进一步强调超越型自我实现者受超越性需要，也就是受超人类的价值、存在性价值或宇宙价值的激励。他们的心理发展水准处于超自我、超个人的水准，因而在管理上就是非个人的，包括自愿放权等。在这里，马斯洛实际上已将超越性需要与一般自我实现的需要区分开来了。或者说，超越性需要已带上了超越一般自我实现的涵义。在这样的情况下，如果要将超越性需要纳入需要阶层系统，马斯洛的需要阶层论似乎可以依次排列为由低到高的六个阶层，这就是生理需要→安全需要→归属与爱的需要→尊重的需要→健康型自我实现的需要→超越型自我实现的需要。

Z 理论的提出，标志着马斯洛动机论的彻底形成。在过去，人们论及马斯洛的动机论时，往往只涉及其早期的需要五阶层论，这显然忽略了马斯洛思想的发展，因而也就未能把握该理论的全貌。

无须否认，马斯洛的动机论吸收了詹姆斯以来美国功能主义心理学的目的论和本能论、弗洛伊德的动机论、哥尔德斯坦的机体论和完形心理学的整体论的一些观点，但从整体上看，这一动机论所揭示的基本需要及其按阶层发展的原理却是过去的任何动机论都不具备的。更重要的是，这一理论还将动机研究与人性、价值研究联系起来，使得对基本需要内容的揭示同时也是对人性底蕴、人的内在价值的考察，基本需要按阶层发展的原理同时也是人性实现、价值实现的必由之路。这就意味着，马斯洛动机论的涵义绝不仅仅是前述的几个方面，它还有着人性论、价值论以及在教育、管理、社会变革、心理治疗等多方面的引申涵义。

③ 行为的多种动机

马斯洛指出，除少数特殊意义的例子外，行为都是手段而不是目的。冲动、需要、目标、目的或职责都可以包括在行为的决定因素之中。这种行为的出现是要完成某件事件，例如，走向某个目的地、采购食物、寄信、做书架或者为薪水而工作。

行为与动机有多种关联。以艺术为例，马斯洛说，当艺术寻求交流，力图激起感情、表现和影响他人时，艺术创造就是相对有动机的。艺术还可以是相对无动机的，这时，它是表现性的而不是交流性的，是个人内部的而不是人与人之间的。

关于表现性行为，马斯洛指出，任何需要或任何能力都是一种冲动，因而都会寻求表现。与行为的作用和目的相对照，行为的风格被列为表现性的一个例子。

马斯洛曾试图研究强控制型女性（坚强、自信、逞强好胜型）与弱控制型女性（顺从、羞怯、退却型）之间的各种差异。他发现了很多的区别，以致最后仅仅通过对她们的走路、谈话等进行观察就能够较轻易地作出判断。性格结构在趣味、衣着，社交场合的行为，以及明显的手段性、目的性、有动机的行为等方面自然地表现出来。性格较强硬的人在对食物的选择上喜欢更咸、更酸、更苦、更辣以及味道更刺激的食物，甚至可以不顾其外观上的不雅观，例如，水生贝类动物；喜欢新奇、古怪的食物，如烤松鼠、蜗牛等。她们不拘小节，恶心、呕吐的机会很少，对于匆忙准备的不雅观的饭食也很少感觉惊慌。但是她们比弱控制型女性更沉迷口腹之乐，胃口更好，也更馋于美味佳肴。

马斯洛从他的研究中发展出一种新理论，这种理论以支配性而非性选择为核心。他也很自然地开始思考人类的性与支配有多大联系。他开始对女大学生进行一系列的金赛式的性调查。他选择女性作为调查对象是因为：a. 男人有夸张的倾向，所以会扭曲事实；b. 女性一旦下决心合作，她们就会比男性更坦白。另外，“对女性调查更加有趣，女人的本性对于一个害羞的男孩来说是很神秘的……”马斯洛所着手做的是比较支配的等级和性的等级，后者包括滥交、同性恋、手淫、性实验等等。他的基本发现可以直接地表述为：性与支配有直接的联系，支配性强的女人更倾向于手淫、滥交、同性恋等等。而滥交、手淫等与支配性的联系比它们与性欲的联系更紧密。一个中等或低等支配性女人可能会有很高的性欲级别，但她们的性体验经常是非常有限的。低等支配性女人（他们很难与调查者合作）倾向于把性的主要目的看成是生育；调查中，一个低支配性的女人知道自己不能生育时就拒绝与丈夫发生性关系，即使她性欲很强。她们讨厌裸体并认为生殖器很丑陋（支配性强的女人通常喜欢观看、触摸、想象阴茎，并认为它很美）。

女人对男人的选择也显示出了相似的特征。支配性强的女人喜欢支配性强的男人，她们喜欢没有感情的、带有暴力性的做爱。她们喜欢被冲击得站不住脚，而不是温柔地被求爱。她们希望被迫进入屈服的角色。有一个支配性非常强的女人（马斯洛承认她是最神经质的调查对象），花了几年的时间才找到一个支配性比她还强的男人，并与他结婚。几年以后，他俩的关系完好如初。“她实际上经常与丈夫找碴打架，使她丈夫愤怒，变得暴力，最后以强奸的形式结束战斗。这也是这个女人的最兴奋的性体验。”

中等支配性的女人对于支配性非常强的男人有畏惧感。当然，一定程度上的支配性也是她们喜欢的。她们需要的是一个有家庭感的丈夫和孩子的父亲，而不是情人。支配性低的女人倾向于害羞而且不信任男人，但她们也希望有孩子。调查发现她们喜欢支配性低的男性，即那种“温柔、胆小、害羞”的男人，他们在和喜欢的女人说第一句话之前可能已在远处仰慕对方几年了。支配性强的女人对性抱着一种现实的态度，而中等或较低支配性的女人需要的则是浪漫、诗意、微暗的灯光和幻想。当这些女人因强烈的性欲而滥交之后，会产生很强的罪恶感，甚至导致自杀。

性高潮与支配性也有直接联系，马斯洛在这方面的发现也很精彩。一个支配性非常强的女色情狂可以通过看男人就达到性高潮，但她承认说她与两个情人做爱时却无法达到高潮，因为他们太虚弱。另一个支配性强的女人非常鄙视她的丈夫，她试图使自己与丈夫性交时不发生高潮；当她因为她的性欲很强而产生高潮时，她却装作什么也没发生。

支配性强的女同性恋者的性行为似乎完全是由支配性决

定的。有一个被调查的女同性恋者，她曾引诱了许多女孩子，她喜欢比她高、漂亮而且有母性感的女孩。她起先引诱的女孩都不喜欢她，或者对她很冷漠，后来，在过了很长时间以后，她逐渐地使她们容忍与她握手，拥抱，接吻，直到最后她使对方达到性高潮。“在这种时刻我总感到力量无边，我获得了极大的满足感。”而她自己的性高潮是在她同性恋关系中的后期才出现，而且这并非她引诱女孩儿的根本目的。也就是说，同性恋与支配性是紧密相关的。马斯洛还发现支配性强的男性真正获得满足是引发性高潮而并非获得性高潮。支配性正是在使对方精神恍惚、失去控制中得以建立的。对于中等和较低支配性的女人，她们的性高潮倾向于依赖一种被爱与安全的感觉。

中等支配性的女人与支配性不很强的男人更容易发生性高潮。只有两例特别，男性不得不表现出支配性很强的行为，如把她们扔在床上，她们才能获得性高潮。

总的来说，女性需要感到自己处于屈从于男人的地位才能产生性满足感。

关于暴力攻击行为，马斯洛在他的关于人类动机的综合性理论中常谈到侵犯性的暴力攻击行为。

他认为侵犯性攻击行为的理论大致可分两大类。一类相信这种行为是本能的，是人类天性中固有的。许多行为科学家都把仇恨和侵犯行为说成是人类天性。这一点是根据对动物的观察得出的，因为动物是相互侵犯、破坏成性的；而人也是一种动物，所以他对暴力也会有一种本能的爱好。马斯洛驳斥了这种观点，是持反对意见的一派。

他指出，尽管有一些动物具有侵犯性，但许多动物却不是这样的。事实上，动物王国中同一种动物内部成员间的暴力和侵犯行为与其说是规律，不如说是例外。而且，那些与人关系最近的动物几乎没有本能的侵犯行为。猴子尤其如此。马斯洛曾在大学里研究猴子并作了实验。他发现如黑猩猩实际上就没有过为侵犯而侵犯的行为。然而马斯洛也的确承认，对某些个别的动物和某些种类的动物来说，暴力和侵犯行为似乎就是它们的天性。

人类学家发现暴力和仇恨的程度在有些原始文化中可以是零，而在另一些文化群落中却可以达到百分之百。“阿拉派什人（the Axapesh）是那样温和、友爱、互让，以致他们得费好大力气才能找到一个有一点个人意志的人来主持他们的各种仪式。而另一个极端则是像恰克奇（Chukchi）和多布（Dobu）那样的民族，他们互相憎恨到了极点，恨不能将对方斩尽杀绝才好。”

马斯洛对北部黑足印第安人的研究使他确信，人类侵犯行为的根源在于文化而不在于遗传。他发现这些印第安人根本不知侵犯为何物，尽管这个民族很骄傲、坚强，有自力更生的精神。他还发现即使是喝了酒受酒精影响后，这些印第安人也仅仅是变得欢快、友好，而不是互相冲撞。

应该说侵犯性攻击行为是基本心理需要受到挫折、或无力满足基本心理需要时的一种反应。一个学会理解自己及他人的健康人是不会诉诸暴力、侵犯或破坏的，尽管他完全有能力保卫自己。健康、成熟的人乐于与他人建立友谊，互相友爱、合作，乐于同集体一起工作。而心理变态者或神经症患者因没有能力与他人建立良好关系并满足他们想得到他人承认和赞许的强烈心理需要，所以在憎恨与破坏行为中找到了某种乐趣。对那些按达尔文的“适者生存”来认识世界的人来说，这个世界是一个充满了奸诈、自私与侵犯成性之徒的危险之地，在这些人看来，侵犯性攻击行为是对他们造成威胁的一种反应或防卫。我们社会的极端分子是心理变态罪犯。他们杀戮、残害、折磨他人，而没有一丝悔意。马斯洛是这样描述他们的：“我认为这样去认识心理变态者有助于更好地理解他们：他们没有爱他人的感觉，因而可以不带仇恨、也不带乐趣地伤害、甚至杀死他人，就像杀死那些碰巧成了害虫的动物一样。”

马斯洛认为，既然侵犯性攻击行为主要是文化所带来的，那么一般说来它是可以被杜绝和纠正的。

正确处理侵犯性攻击行为的方法是不要害怕。我们必须学会如何才能不害怕自己的进攻性。如果把我们的身体比作汽车，那么侵犯性攻击行为就好比是汽车里的汽油。它确实有相当的能量，并且可以产生相当大的作用。以下边的方式处理攻击性，或许会温和一点：诸如把“我不喜欢这样”，“我不喜欢那样”，改成“我觉得你不应该这样做”，“你应该那样做”的话说出来。

马斯洛认为这种处理攻击性的方法是相当明智和坦率的。这意味着这种人是健康成熟的人。

④ 理性与冲动

我们可以清楚地看到，把理性和动物性对立起来的两分法已经失去了立足之地。理性和进食一样，完全是动物性的，至少是人类的动物性。冲动并不一定同智力判断相对，因为智力本身就是一种冲动。尤其是在健康人身上，理性和冲动的协作性体现得更加清晰，而且强烈地倾向于殊途同归，而不是分道扬镳。非理性不一定是反理性的，而常常是亲理性的。

人对爱或尊重的需要和对真理的需要完全一样，是“神圣的”。“纯”科学的价值同“人本主义”科学的价值几乎是平等的。人性同时支配着二者，甚至没有必要把它们分开。科学可以给人带来乐趣，同时又能给人带来益处。

认知和情感所需要的满足之间存在着暂时的矛盾，它向我们提出的是整合、协调以及并行的问题，而不是冲突以及对立的问题。纯理论科学家的纯粹、客观、不偏不倚的非人本主义的好奇心，可能会对其他人类动机的满足造成威胁，例如对于安全。总之，“纯”科学家最终所能达到的境界不是爱因斯坦型或牛顿型，而是搞集中营试验的纳粹“科学家”和好莱坞的“疯”科学家。一种关于科学和真理的更完美的、更人道和更具超越性的定义是可以找到的。为科学而科学正如为艺术而艺术一样，都是病态的。

在有意识或无意识的控制中，往往以不同的敏感性表现出内在和外在决定因素的不同的决定因素。对于自发的表现很难驾驭、改变、隐藏、控制，或者以任何方式加以影响。实际上，控制与表现本来就是两个相互对立的概念。人们最多只能在短时期内维持对书法、舞蹈、唱歌或个人风格的控制。对一个人的反应的监督和批评不可能持续不断地进行，由于疲劳、精神涣散、分心等等，这种控制迟早会被更深层、意识性更弱、更自动以及更性格化的决定因素所取代。

在这个问题上，很容易犯的一个错误是以为自发性和表现性总是有益的，无论什么样的控制也总是有害的和不可取的。实际上并非如此。当然，在大部分时间里，表现性同自我控制相比，给人的感觉更好，更有意思，更为自然，无需任何努力等等，从这个意义上来说，无论是对本人还是在同他人的关系上都是可取的。然而，自我控制或者抑制有好几种意义，其中有的非常健康、非常理想，即使抛开同外部世界打交道所必需的因素也是这样。控制并不一定意味着阻挠或放弃对基本需要的满足。有一种控制被马斯洛称为“协调化的控制”，它从根本上支持需要的满足；它可以通过各种手段使人们享受到更大而不是更小的满足，例如，通过适当的延迟如在两性关系上；动作的优雅，例如跳舞和游泳时；审美的趣味，如对待食物、饮料；独特的风格，如在作词赋诗中；通过仪式化、神圣感和庄严感，通过办事办得完美无瑕而不是应付公事。

可以重申一遍，一个健康的人想进行表现时就可以表现，而并非仅生活在表现中，他必须能够使自己无拘无束。当他认为必要时，必须有能力抛开一切控制、抑制和防御，但他同样也必须有控制自己的能力，有延缓享乐、彬彬有礼、缄默不语的能力，有驾驭自己的冲动、避免伤害别人的能力。他必须既有能力表现出狂欢，也有能力表现出庄重；既能耐得住禁欲，又能沉溺于享乐；既能表现，又能应对；既能克制，又能放任；既能自我暴露，又能自我隐瞒；既能寻欢作乐，又能放弃欢乐；既能考虑现在，又能考虑未来。健康的或自我实现的人在本质上是多才多艺的；他所丧失的人类聪明才智比常人少得多。对于达到了极限的完备人性，他能够做出更多的反应，采取更多的步骤。也就是说，他具备人类所有的聪明才智。

不同的动机会产生不同的行为，而这些行为本身通常是可以受主观意识的支配的。数以百计的实验表明，如果有足够数量的可选择的食物并允许自由选择，那么各种动物都有选择有益于己的食物的一种普遍的、先天的能力。

在一些特殊情况下，动物仍能保持这种躯体智慧，例如，肾上腺被切除的动物会通过自动重新调整食谱的方式来维系生命，怀孕的动物将出色地通过调整食谱来满足胚发育的需要等等。

我们现在知道，这并不是一种完全的智慧。动物的食欲并非总是足够的。例如，在满足身体对维生素的需要方面就不得力。在防毒方面，低等动物的能力高于高等动物和人。业已形成的偏好和习惯可能妨碍当前新陈代谢的需要。更重要的是，在人类，尤其对那些神经质的人来说，许多种因素会破坏这种躯体智慧的自我调节，尽管还不至于使这种能力完全丧失。

正如著名的自我调节实验所表明的，这个原则并不仅仅表现于食物选择，而且也表现在身体的各种其他需要方面。

马斯洛指出：“非常清楚，有机体在自我控制、自我调节和自主性方面，比我们设想的要更出色。有机体应该获得更多的信任。我们逐渐懂得，在食物选择、断奶时间、睡眠时间、便溺训练时间、活动需要以及其他需要方面，我们应更多地依赖于婴儿的内部调节。”

然而，近来我们从生理上或心理上有缺陷的人那里知道，存在着好的选择者和差的选择者，尤其是从精神分析家那里知道了许多这些行为背后的原因，并开始考虑这些原因。

在这方面，有一个引人注目的实验，这是一个对于价值理论影响深远的实验。实验揭示出，在允许自由选择食物的情况下，小鸡的选择能力表现出巨大差别。由于选择到最好的食物，好的选择者长得比差的选择者更大、更强壮、更强悍。如果将好的选择者所选择的食谱强加给那些差的选择者，后者则会长得大些、强壮些和强悍些，尽管达不到前者的水平。这就是说，好的选择者可以为差的选择者选择更好的食物。马斯洛认为在人类当中也会得到同样的发现。从这种观点出发来考虑价值理论，会发现仅仅基于对未经选择的人的统计描述的理论是不充分的。平均好的选择者和不好的选择者、健康的人和病弱的人是毫无意义的。只有健康人的选择、偏好和判断可以告诉我们什么东西有益于人类的未来。神经症患者的选择至多只能告诉我们怎样使神经症患者保持安定，脑受伤者的选择只能告诉我们怎样防止灾难性的衰退，与此相同，肾上腺被摘除的动物的选择可以使它自己避免死亡，但这种选择会导致健康动物的死亡。

这是享乐主义的价值理论和伦理学赖以建立的主要基石，然而，不能将缘于病态的快乐与缘于健康的快乐置于一处去求平均。

任何道德律的制定必须进一步考虑的事实是：这种体质的差异不仅存在于鸡和兔中，而且也存在于人类中。有些价值对所有（健康的）人类是共同的，但有些则不是，有些只是对某一类人适用，或仅适用于某些特殊的个体。我们所说的基本需要对全人类是共同的，因而是共同的价值。但是，特有的需要产生特有的价值。

个体之间的差异造成了关于自我、关于文化和关于世界的不同偏爱，即产生了价值。这些研究与关于个别差异的普遍的临床经验互相印证。这一点还得到了文化人类学研究的支持。这些研究设想各种文化差异是由于每种文化都只选择人类的多种可能性中的一小部分来开发和抑制，认可或反对。这一观点与生物学的理论和事实以及自我实现的理论是一致的。这些理论表明一个组织系统趋向于自我表现，趋向于发挥功能。一个肌肉发达的人喜欢去运用自己的肌肉，以此来自我实现，来达到一种和谐、自由、健全的主体感受，这些是心理健康的至关重要的方面。有智慧的人必须运用他的智慧，有眼睛的人必须运用他的眼睛，具有爱的能力的人有爱的冲动和爱的需要，并以此而感到健康。能力躁动着要求被运用，只有它们被充分运用之后才停止躁动。这就是说，能力是一种需要，因此，也是一种固有的内在价值。能力存在多大程度的差异，价值观念也就存在多大程度的差异。

马斯洛指出，某种行为的产生，绝不是由单纯的惟一的需要或者单一的因素来决定的。举例说，任何看来是由生理需要促动的行为可能有多种动机，如吃东西、性享乐等。心理学家通过长期临床研究发现，任何行为都可能是多种冲动发泄的渠道。也可以这样说，大多数行为由多种动机促成。在动机决定因素的范围内，任何行为都往往由几个或者全部基本需要同时决定，而不只是由其中的一个决定。由一种动机决定的情况极其罕见。吃东西可以部分地是为了填饱肚子，而另一方面是为了安抚其他需要，改善其他需要的状况。一个人进行性行为，可能不仅出于性欲发泄的目的，而且还要确立自己男性的自信，或者是为了通过征服获得强者的感觉，或者是为了赢得爱情依赖感。作为说明，马斯洛指出，如果不是在实践上，也至少是在理论上对某人的一个单一行为尽可能进行分析，从中发现生理需要、安全需要、爱的需要、尊重需要和自我实现需要的表现根源。这一点与特质心理学中更幼稚的一派形成鲜明对比。后者用一种品质或者一个动机来解释一种行为，例如，一个进攻性行为的起因仅仅是一种进攻性的特质。除了动机以外，行为还有许多决定因素。行为并非全部都由基本需要决定，甚至有的行动可以是没有动机的。例如，有一类重要的决定因素是所谓外界。至少在理论上，行为完全可以由外界决定，甚至由具体的、孤立的外界刺激决定，如联想或一些条件反射。如果外界给予“桌子”一词作为刺激，我们立即感觉到记忆中的桌子形象，或者想起一把椅子，当然这时我们的基本需要并非是“桌子”和“椅子”。

另外，马斯洛再次重申的概念是关于基本需要或者动机的接近程度。他发现，一些行为的动机非常明确，另一些行为的动机不甚明确，还有一些行为则根本没有动机（但是所有行为都有其决定因素）。

不过，要特别注意表现性行为与应对性行为之间的根本区别。表现性行为并不试图做什么，它只是人格的反映。蠢人言行愚笨，并不是他想要或者有意去这样做，也不是他有这样的动机，而完全是由于他就是他。一个健康孩子的漫不经心的动作，一个愉快的人独自一人时面带微笑，健康者走路时脚步的轻快和他站立时挺直的姿态等，这些都属于表现性的非机能性的行为。另外，一个人言谈举止的风格，无论有无动机，几乎总是表现性的。

那么，是否所有行为都表现或者反映了性格结构呢？答案是否定的。生搬硬套的、习惯的、机械的或者随俗的行为可能是，也可能不是。由刺激物引起的行为就属于这种情况。

最后有必要强调，行为的表现性和行为的目的性不是两个相互排斥的范畴，一般的行为通常二者兼而有之。

4. 需求的满足

有关各层次需要的关系，马斯洛认为，人类动机生活组织的主要原理乃是基本需要按优势或力量的强弱排成等级。其主要动力原则是健康人的优势需要一经满足，相对弱势的需要便会出现。生理需要在尚未得到满足时会主宰机体，同时迫使所有能力为其服务，并组织它们，以使服务达到最高效率。相对的满足平息了这些需要，使下一个阶层的需要得以出现。后者继而主宰、组织这个人，结果，他刚从饥饿的困境中逃出来，继而又为安全需要所困扰。上述原则也同样适用于归属与爱、自尊、自我实现层次的需要。

① 条件与特征

马斯洛认为，与个人动机有着密切关系的是社会环境或社会条件。在满足基本需要的各个先决条件中，马斯洛举出了这样一些条件：言论自由，在不损害别人的前提下可以随心所欲，质询自己，自卫自由，正义，诚实，公平及秩序。一旦危及这些先决条件，人们就会做出类似基本需要受到威胁时的那种反应。用马斯洛的话来说，“这些先决条件本身并不是目的，但因为它们跟那本身就是目的的基本需要有着如此密切的联系，以致这些条件也几乎成了目的了。人们会保卫这些条件，因为，没有了它们，基本需要的满足就无从谈起，或至少受到了严重的威胁。”

曾有一段时间，马斯洛一直意识到他的动机理论有不足之处。他觉得他的动机理论似乎无法解释：既然整个人类是趋向于发展的，为什么还有那么多人无法发挥他们的潜力？后来，他的思想有了些突破。他引入了“挑战”（刺激）这一外部环境的附加前提条件，从而认为，人似乎有点自相矛盾，既有惰性倾向，同时又有运动、发展的倾向。他解释道，这部分是由于生理的原因——人需要休息或恢复。但这同时也是一种心理反应：人需要聚集能量。他在一本题为《人类行为与最少努力原则》的书中对这点作了概括。

他说，动机的层次发展原理只是一般的模式。在实际生活中，动机的层次发展并不是固定不变的，例外是很常见的。如在有些人身上，自尊就似乎比爱更重要。而另一些显然是天生俱有创造性的人，尽管缺乏基本需要的满足，他们仍积极投身于创造活动。在东方文化中，普遍存在着这样的情况：高级需要不是偶尔在低级基本需要的满足后出现，而是在强迫、有意剥夺、放弃或压抑低级基本需要及其满足后出现（如禁欲主义）；富有理想和崇高价值的人为追求某个理想或价值可以放弃一切……他们是坚强的人，对于不同意见或者对立观点能够泰然处之，他们能够抗拒公众舆论的潮流，能够为坚持真理而付出个人的巨大代价。

一个长期失业，多年来心里只是想着食物的人，可能会失去或者减少对高级需要的欲望。心理变态者对爱和友情的需要显然完全受到挫折，以致他们给予并接受爱与友情的欲望也都丧失殆尽。当然，历史上也有许多人完全无视自己的基本需要而成了某种理想的殉道者。

有幸生于能满足人们基本需要的环境中的人会使自己的性格发展得非常统一，以致他们能在相当长时期内忍受这些需要的丧失或挫折。在人的早年生活中，尤其是在出生后的最初两年里就满足他们的这些需要是很重要的。正如马斯洛所说："幼年时期就得到安全感，变得坚强的人，在以后的生活中无论遇到何种威胁，他们通常都能保持安全感和坚强性格。"

马斯洛还提醒人们不要过于拘泥地理解各层需要的顺序。我们决不能以为只有当人们对食物的欲望得到了完全的满足后才会出现对安全的需要；或者，只有充分满足了对安全的需要后，才会滋生出对爱的需要。我们这个社会中有很多人，他们的绝大多数基本需要都部分地得到了满足，但仍有几种基本需要没有得到满足。正是这些尚未得到满足的需要能强烈地左右人的行为。一旦某个需要得到了满足，那么它就不能影响一个人的动机了。"一种需要一旦得到满足，它就不再成其为需要。"

人们可能意识到，也可能意识不到他们的基本需要。"普通人意识不到的时候多于意识到的时候……尽管在合适的技术和成熟的人的帮助下，他们也可能会变得略有所知。"行为是很多驱力作用的结果。它可能是几种基本需要综合作用的结果，也可能是个人的习惯、过去的经历、才赋和能力以及外部环境作用的结果。如前所述，假如听到"桌子"这个词，人们马上想到记忆中的一张桌子或者椅子，这种反应与马斯洛所说的基本需要是风马牛不相及的。

也许只有通晓以往心理学的人才能够充分领会上述这些观点对大多数行为科学家来说是多么激进。马斯洛把这一点说成“那具有悠久历史的、令人深信不疑的、似乎无懈可击的心理学原理在我的四周土崩瓦解。……真、善、美在我们这个文化中的普通人身上只是勉强地互相联系在一起，而在神经症患者身上则情况更糟。只有在进化的、成熟的、自我实现的和充分发挥作用的人身上，它们才紧密地联系在一起，在所有实际活动中，它们可以说是融为一体的。”

马斯洛说，“如果这一发现结果证明是真实的，那么，它与如今指导着所有科学思想的一个基本公理是完全背道而驰的。那条基本公理是：人的认识越是客观，越是不受个人感情的影响，则它就越是远离价值。知识分子几乎总是把事实与价值看成是反义词，认为两者是互不相容的。”

综上所述，马斯洛指出，满足理论是一个不完整的理论，它必须与挫折理论、学习理论、神经症理论、心理健康理论、价值理论、约束理论等结合起来才可能变得更为合理，更加完善。

② 需求层次论

讲到此，我们有必要对马斯洛的需求层次论做一个概观的梳理。

(1）生理需求（Physiological need）

马斯洛认为，人的需要中最基本、最强烈、最明显的就是对生存的需求。人们需要食物、饮料、住所、性交、睡眠和氧气。一个缺少食物、自尊和爱的人会首先要求食物；只要这一需求还未得到满足，他就会无视或掩盖其他的需求。整个机体将被生理需要所主宰，其人生观也呈变化的趋势。马斯洛说：“如果一个人极度饥饿，那么，除了食物外，他对其他东西会毫无兴趣。他梦见的是食物，记忆的是食物，想到的是食物。他只对食物发生感情，只感觉到食物，而且也只需要食物……这样的人真可谓单靠面包为生。”

马斯洛认为，对这种人来说，似乎能确保他一生衣食无忧，那他就会感到绝对幸福并且不再有任何其他奢望。生活本身的意义就是吃，其他诸如自由、爱、与人交往、哲学等都被视为无用的奢侈品，因为它们并不能当做食物来填饱肚子。

马斯洛说，我们可以根据人类需要罗列出一张生理需要的很长的单子，但这可能没有多大意义。举个例子说，我们可以证明有多少不同的感官快乐，如品尝、嗅闻、抚摸等，这些都可以涵盖在影响人类行为的生理需要中。另外，尽管生理需要比高级需要更容易分割和确定，但它们不应该被当做互不相关的孤立现象来对待。比如，一个自以为饥饿的人实际上很可能缺乏爱、安全感或其他的东西。反之，有些人用或试图用如吸烟或喝水等其他行为来克服饥饿。因此，所有的人类需要都是相互关联的。

在马斯洛看来，上述情况虽然是真实的，但却不是普遍的。在正常运行的和平社会中，经常处于危机状态中的极度饥饿是罕见的。当一个人说“我饿了”，他常常是在感受食欲而不是饥饿。

对文明社会中的多数人来说，这些低级需要都已得到相当的满足。“要是面包很多，而一个人的肚子却已饱了，那会发生什么事呢？”马斯洛自己回答道：“其他（高一级的）需要就立刻出现了，而且主宰生物体的是它们，而不是生理上的饥饿。而当这些需要也得到了满足，新的（更高一级）的需要就又会出现。以此类推。我们所说的人类基本需要组织在一个有相对优势关系的等级体系中就是这个意思。”马斯洛坚决主张，人的一生实际上都处在不断追求之中，他是一个不断有所需求的动物，“几乎很少达到完全满足的状态。一个欲望得到了满足之后，另一个欲望就立刻产生了。”

生理需要还受到了心理学其他两大学派的承认与重视。行为主义者认为，人只有生理的遗传冲动。马斯洛认为这一结论可能来源于这样一个事实，即行为主义学派的大多数研究都是在老鼠身上做的，而老鼠除了生理动机外，显然很少有别的什么动机了。马斯洛认为行为主义者关于生理需要对人的行为有强有力的影响的观点是正确的，但这只限于生理需要没得到满足时。

马斯洛指出，生理需要虽是基本的，却不是人类惟一的需要。对人来说，较高层次的需要才是更重要的需要，才能给人们持久而真正的欢乐。

（2）安全需要（Safety need）

马斯洛指出，如果生理需要相对充分地获得了满足，接着就会出现一种新的需要，即安全需要。安全需要的直接涵义是避免危险和生活有保险，引申的涵义包括职业的稳定、一定的积蓄、社会的安定和国际的和平等。当这种需要未能得到相应满足时，它就会对个体的行为起支配作用，使行为的目标统统指向安全。处于这种状态下的人，可能仅仅为安全而活着。

由于在健康、正常的成人身上，安全需要一般都能得到满足，所以观察儿童或患神经症的成人就最有助于理解这种需要。儿童心理学家和教师发现，儿童需要一个可以预料的世界。儿童喜欢统一、公平及一定的规律。缺乏这些因素时，他就会变得焦虑不安。他喜欢的是一定限度内的自由，而不是放任自流。按照马斯洛的观点，这一点事实上对发展儿童的适应性是很有必要的。

不安的或患神经症的人，行动起来很像不安的儿童。马斯洛说：“这样的人做起事来总好像大难就要临头似的。他总像在应付一件紧急事件……一个神经症病人好像总是在怕挨打屁股似地行事……”不安的人对秩序与稳定有一种迫切需要，他尽量避免奇怪或不测之事。当然，健康者也寻求秩序和稳定，但这并不像对于神经症患者那样是生死攸关的大事。

（3）归属与爱的需要（Belonging ness and love need）。

当一个人的生理需要与安全需要都很好地得到了满足之后，爱、感情和归属的需要就会产生，并且作为新的中心，重复着前面描述的整个环节。处于这一需要阶层的人，把友爱看得非常可贵，希望能拥有幸福美满的家庭，渴望得到一定社会与团体的认同、接受，并与同事建立良好和谐的人际关系。如果这一需要得不到满足，个体就会产生强烈的孤独感、异化感、疏离感，产生极其痛苦的体验。

马斯洛说，“有这种需求的人会开始追求与他人建立友情，即在自己的团体里求得一席之地。他会为达到这个目标不遗余力。他会把这个看得高于一切，他甚至会忘了当初他饥肠辘辘时曾把爱当做不切实际或不重要的东西而嗤之以鼻。”

马斯洛特别强调要将爱与性区别开来。他指出，性可以作为一种纯粹的生理需要来研究。一般的性行为是由多方面决定的，它不仅出于性的需要，也出于其他需要，其中主要由爱和感情所决定。他说，爱的需要既包括给予别人爱，也包括接受别人的爱。

他认为弗洛伊德把爱情说成来自性欲是个极大的错误。“当然，犯这种错误的，不止是弗洛伊德一人，但弗洛伊德却可以说是西方文明中这个观点的最有影响的代表……弗洛伊德各种理论中最广泛地被人接受的就是：温情即是目的受抑制的性欲。”

马斯洛发现，心理学对爱的研究少得惊人。“人们有理由指望那些严肃地讨论家庭、婚姻、性生活的作者会把爱作为他们这个任务的一个适当的、甚至基本的部分。但我必须告诉诸位，在我工作的那个图书馆里有关这些主题的书中，竟没有一本严肃地谈到过这个问题。更有甚者，爱这个词根本就没有被编入索引之中。”

马斯洛发现，缺乏爱就会抑制成长和潜力的发展。他说：“爱的饥饿是一种缺乏症，就像缺乏盐或缺少维生素一样……我们需要碘和维生素 C，这一点对每个人来说都是毋庸置疑的。我提醒你们，我们需要爱的证据与此完全是属于同一类型的。”

马斯洛说，爱是一种两个人间健康的、亲热的关系，它包括了互相信赖。在这样一种关系中，两个人会抛弃恐惧，不再戒备。当其中一方害怕他的弱点和短处会被发现时，爱常常就受到伤害了。我们必须懂得爱，我们必须能教会爱、创造爱、预测爱。否则，整个世界就会陷于敌意和猜忌之中。

（4）尊重需要（Esteem need）

当上述三方面的需要获得满足之后，尊重的需要就会产生并支配人的生活。它包括自尊、自重和来自他人的敬重，如希望自己能够胜任所担负的工作并能有所成就和建树，希望得到他人和社会的高度评价，获得一定的名誉和成绩等。

马斯洛指出，自尊包括对获得信心、能力、本领、成就、独立和自由等的愿望。来自他人的尊重包括威望、承认、接受、关心、地位、名誉和赏识。

他认为，尊重需要的满足将产生自信、有价值、有能力和“天生我才必有用”等等的感受。反之，这一需要一旦受到挫折，就会产生自卑、弱小以及无能的感觉，并进而产生补偿或精神症倾向。马斯洛认为，最稳定和最健康的自尊是建立在当之无愧地来自他人的尊敬之上，而不是建立在外在的名声、声望以及无根据的奉承之上。

（5）自我实现的需要（Self-actualization need）

马斯洛指出，当上述所有需要都获得满足之后，动机的发展就会进入到最高阶层——自我实现的需要。关于这一需要的内涵，马斯洛认为，“它可以归入人对于自我发挥和完成的欲望，也就是一种使他的潜力得以实现的倾向。这种倾向可以说成是一个人想要变得越来越像人的本来模样，实现人的全部潜能的欲望。换句话说，一位作曲家必须作曲，一位画家必须绘画，一位诗人必须写诗，否则他始终无法宁静。一个人能够成为什么，他就必须成为什么，他必须忠于他自己的本性。这一需要就可以称为自我实现的需要。他发现，当一个人对爱和尊重的需要得到合理满足之后，自我实现的需要就出现了。”

当然，每个人满足自我实现需要的方式是不大相同的。有的人可能想由此成为一位理想的母亲，有的人可能想在体育上大显身手，还有的人可能想在绘画或创造发明上有所表现。在这一需求层次上，个人间的差异是最大的。

马斯洛晚年的时候对上述五需求理论进行了部分调整，他说当其他需要均已满足，自我实现的需要并不一定已满足，自我实现的需要并不一定会有所发展。对世界上众多市侩式的人物来说，自尊已经达到了个人发展的顶峰。这就涉及到马斯洛所说的“低级需要”与“高级需要”的问题了。

③ 低级高级的差异

在谈到低级需要满足后高级需要的产生时，马斯洛指出，他所说的满足是相对意义上的满足。他看到，对于大多数正常人来说其全部基本需要都部分地得到了满足，同时又都在某种程度上并没有得到满足。因此，随着基本需要层次的上升，满足的百分比是逐渐减少的。并且，新的需要在优势需要满足后的出现，并不是一种突然的、跳跃的现象，而是一种缓慢的逐渐从无到有的过程。比如，某人当前的第一需要 A 仅满足了 10%，那么需要 B 可能还杳无踪影。然而，当需要 A 得到了 25% 的满足时，需要 B 可能会显露出 5%；当需要 A 满足了 75% 时，需要 B 也许显露出 50% 等等。由此可见，动机的发展并不是封闭式的，而是相互交叠的。

（1）高级需要是一种在物种上或进化上发展较迟的产物。食物的需要是一切生物的共同需要，爱的需要是高级类人猿和人类所共有的，而自我实现的需要则是人类独有的。愈是高级的需要，就愈为人类所特有。

（2）高级需要是较迟的个体发育的产物。任何个体一出生就显示出生理需要，一开始也许还以一种初期的方式显示出安全需要。只有在几个月后，婴儿才初次表现出有与人亲切的迹象以及有选择的喜爱感。再过一段时间后，婴儿逐渐表现出独立、自主、成就、尊重以及表扬的要求。而自我实现的需要，即使天才人物也要等到三四岁才会有所表现。

（3）愈是高级的需要，对于维持纯粹的生存愈不迫切，其满足也就愈能长久地推迟；并且，这种需要也就愈容易永远消失。与低级需要相比，高级需要不太善于支配、组织以及求助于自主性反应和机体的其他能力。例如，剥夺高级需要不像剥夺低级需要那样引起强烈的抵御反应和应急反应。与食物、安全相比，尊重可能是一种非必要的奢侈。

（4）在较高需要层次上生活的个体，其身体状态就愈佳、愈长寿、愈没有疾病、胃口愈好、睡得也愈安稳。有关身心症的研究已屡次证实，焦虑、恐惧、冷漠等易产生不良的身体和心理疾病。较高层次的需要的满足，不仅可以维护个体的生存，而且还可以促进他们的成长。

（5）从主观上讲，高级需要不像低级需要那样迫切。它们很难被察觉，甚至容易被搞错，容易因暗示、模仿或错误的信念和习惯而与其他需要相混淆。因此，一个人如果能知道自己真正的高级需要，知道自己真正想要什么，那无疑是一个重要的心理成就。

（6）高级需要的满足能引起更合意的主观效果，即更深刻的幸福感、宁静感以及内心生活的丰富感。安全需要的满足，充其量只能产生慰藉、松弛的作用，它很难产生心醉神迷、浑然忘我的高峰体验，或导致被爱时所感受到的异常兴奋状态。而自我实现需要的满足，则能达到这一点。

（7）追求且满足高级需要代表了一种普遍的健康的趋势，一种脱离心理病态的趋势。

（8）高级需要的满足有更多前提条件。遗传占优势的需要必须在高级需要的满足之前得到满足。从更一般的意义上说，在高级需要的层次上，生活变得更复杂了。寻求尊重、地位比寻求友爱涉及更多的人，需要有更大的舞台，更长的过程，更多的手段以及更多的从属步骤和预备步骤。在友爱的需要与安全需要相比较时，也同样存在上述差异。

(9) 高级需要的实现需要有更好的外部条件。这些条件包括家庭、经济、政治、教育等等。

(10) 那些两种需要都满足过的人们通常认为高级需要比低级需要具有更大的价值。他们愿为高级需要的满足牺牲更多的东西，而且更容易忍受低级需要得不到满足时的失落。例如，他们比较容易适应禁欲生活，比较容易为了原则而抵挡危险，为了自我实现而放弃钱财和名声。对两种需要都熟悉的人普遍认为自我尊重是比填满肚子更高更有价值的主观体验。

(11) 需要层次越高，爱的趋同范围就越广，即，受爱的趋同作用影响的人数就越多，爱的趋同的平均程度也就越高。两个相爱甚笃的人会不加区别地对待彼此的需要。对他们来说，对方的需要的确就是他自己的需要。

(12) 高级需要的追求与满足具有有益于公众和社会的效果。在一定程度上，需要越高级，自私的成分就越少。饥饿是以我为中心的，它惟一的满足方式就是让自己得到满足。但是，对爱以及尊重的追求却必然涉及他人，而且还涉及他人的满足。已得到足够的基本满足继而寻求友爱和尊重（而不是仅仅寻找食物和安全）的人们，倾向于发展诸如忠诚、友爱以及公民意识等品质，并极易成为更好的父母、丈夫、教师、公仆等等。

（13）高级需要的满足比低级需要的满足更接受自我实现。在那些生活在高级需要层次的人身上，我们可以发现他们有更多更高的趋向自我实现的品质。

（14）高级需要的追求与满足导致更伟大、更坚强以及更真实的个性。这似乎与前面的陈述有些矛盾。前面的陈述指出，生活在高级需要层次意味着更多的爱的趋同，即更多的社会化。实际上，生活在自我实现层次的人既是最爱人类的人，又是个人特质发展得最充分的人。

（15）需要的层次越高，心理治疗就越容易，并且越有效。而在最低的需要层级上，心理治疗几乎没有任何效用。例如，心理治疗不能消除饥饿感。

（16）低级需要比高级需要更部位化、更可触知，也更有限度。饥和渴的躯体感与爱相比要明显得多，而友爱则依次远比尊重更带有躯体性。另外，低级需要的满足远比高级需要的满足更可触知或更可观察。而且，低级需要之所以更有限度，是从它们只需较少满足物就可平息这种意义上来说的。我们只能够吃这么一点食物，然而友爱、尊重以及认识的满足几乎是无限的。

对以上内容进行概括后可以看出，马斯洛的基本需要层次理论是一种包含多项联系的复杂结构：基本需要按优势或力量的强弱排列成一种层次系统；层次的基础是生理需要，往上依次是安全需要、归属与爱的需要、尊重的需要、自我实现的需要；层次的顺序是相对的，不是固定不变的；动机的发展是交叠的，即一种需要只要得到某种程度的满足而不是百分之百的满足就可能产生新的更高层次的需要；高层需要与低层需要存在着性质差异。

④ 认知与审美

前述的需求五层次是马斯洛所称的意动的需要，除此之外，他还讨论了另外两种类型的需要，即认知、理解的需要与审美的需要。过去人们常常把这两类需要与前述五种需要归入同一层次系统，这么做显然违背了马斯洛思想的本意。事实上，马斯洛认为这两种需要与意动需要并不处于同一阶层发展系统之中，而是表现出一种既相互重叠，又相互区别的关系。

关于认知和理解的需要，马斯洛列举了很多理由说明它是客观存在的。它具体包括理解、系统化、组织、分析、寻找联系和意义、创立一个价值系统的欲望等等。这些欲望也组成了一个小小的阶层系列，其中了解的欲望优先于理解的欲望。优势阶层集团所具有的一切特征也同样适合于这个小集团。

关于认识和理解的欲望，马斯洛认为精神健康的一个特点就是好奇心。必须承认，还没有足够的科学材料和临床材料来证实这是一种基本需要。马斯洛列举以下几点理由来说明好奇心是一个全人类的特点：(1) 动物行为中常常表现出好奇心。(2)历史上的许多例子证明人即使危险临头也会探求知识，伽利略与哥伦布就是这样的人。(3)对心理成熟者的研究表明，他们往往对神秘的、未知的、不可测的事物心驰神往。(4)马斯洛的临床经验提供的例子表明，曾经健康的成人也会感到厌倦、压抑，对生活失去兴趣，并厌恶自己。这样的症状也会出现在有才智的人身上，如果他们“做着愚蠢的工作，过着愚蠢的生活的话……我接触过许多女性，她们风华正茂，却无所事事，于是她们的智力就开始逐渐衰退。有些人接受了建议，使自己致力于一件值得努力的事情上，她们的病情就会减轻或消失。这使我想到，求知的需要是存在的”。(5)儿童似乎有着天然的好奇心。(6)好奇心的满足是主观上的满足；人们都说学习和发现未知的东西会给他们带来满足和幸福。

马斯洛特别强调，没有必要在意动需要与认知需要之间采取绝对的二分法。了解和理解的欲望本身就是意动的，即它们具有力争的特点。并且如同基本需要一样，也属于人格需要。另外，认知需要与意动需要之间是互相关联而不是截然分离的。它们是彼此协调而不是互相对立的。获取知识、使宇宙系统化，在某种程度上也是在世界上获取基本安全的方法，或者对于智者来说，是自我实现的表达方式。探究和表达自由也可看做是满足基本需要的前提。

许多行为学家认为，对秩序、系统和稳定的追求是一种强迫性神经症的形式。马斯洛认为这一点虽然是正确的，但是健康人身上也会有这种行为，只是不会为此而陷入无法摆脱的境地。用马斯洛的话来说，“有人把这一过程称为寻找意义，那么我们就应该假设人有一种理解、组织、分析事物、使事物系统化的欲望，一种寻找诸事物之间的关系和意义的欲望，一种建立价值体系的欲望。”

行为科学往往忽视人对美有本能需要的可能性。马斯洛发现，对美的需要至少对有些人来说是很强烈的；他们厌恶丑恶。他早期对学生进行的一些研究证明，环境的美丑对他们是会产生影响的。实验证明，丑会使人变得迟钝、愚笨。马斯洛发现，从最严格的生物学意义上说，人需要美正如人的饮食需要钙一样，美有助于人变得更健康。

他指出对美的需要与人的自我形象有关。那些没有因为美的作用而变得更健康的人是因为受到了自我形象太差的限制。一个邋遢的人在一家一尘不染的豪华饭店里会感到很不自在，因为他觉得自己“配不上”。

他讲了一个就诊于他的病人的伤心故事。那个病人总是贬低自己，总觉得自己分文不值，甚至没有必要再活下去。当他最后真的自杀的时候，他是在一堆垃圾上击毙自己的。这就是一个认为自己“不配”享受美的人的情况。

马斯洛还发现健康的孩子几乎普遍有着对美的需要。他认为审美需要的冲动在每种文化、每个时代里都会出现，这种现象甚至可以追溯到原始的穴居人时代。

⑤ 生存欲望

只要我们对平时生活中的种种欲望进行分析，将不难发现，各种欲望之间有一个共同的特点：即：它们通常是达到目的的手段而不是目的本身。例如，我们需要钱，目的是为了买一辆汽车，原因是邻居家有汽车，而我们又不愿意低人一等，所以我们也需要一辆，这样我们就可以维护自尊心并且得到别人的爱和尊重。马斯洛指出，当分析一个有意识的欲望时，我们往往可以究其根源，即追溯该人的其他更基本的目的。也就是说，我们面临一个与心理病理学中的症状的作用十分相似的状况，这些症状的重要性并不在于它们本身，而在于它们最终意味着什么，或者说，在于它们最终的目标或结果是什么，在于它们要干什么或者它们的作用可能是什么。一天中数千次地出现在我们意识中的特定的欲望比它们本身重要的是它们所代表的东西，它们所导致的后果，以及它们的最终意义。

如果再深入分析，我们还可以总结出一个特点，即，欲望总是最终导向一些我们不能再追究的目标或者需要，导致一些需要的满足。这些需要满足的本身似乎就是目的，不必再进一步证明或者辩护。在一般人身上，这些需要的特点是不能经常直接看到，但经常是繁杂的有意识欲望的概念的引申，也就是说，动机的研究在某种程度上必须是人类的终极目的、欲望或需要的研究。

这些事实意味着更合理的动机理论的又一个必要性。既然这些目的在意识中不易直接见到，我们就不得不立即解决无意识动机的问题。仅仅仔细研究有意识动机的生活常常会遗漏许多与有意识中看到的东西同等重要或更重要的方面。精神分析学反复论证过，一个有意识的欲望与它下面潜藏的最终的无意识目标之间的关系完全是直接的。最终，我们可以断言，无意识生活是合理动机理论中不可缺少的一部分。

马斯洛指出，充足的人类学证据表明，全人类的基本欲望或最终欲望不完全像他们有意识的日常欲望那样各不相同。其主要原因在于，两种不同的文化能提供两种完全不同的方法来满足基本特定的欲望。以自尊心为例，在一个社会里，一个人靠成为好猎手来满足自尊心；而在另一个社会中，却要靠当一个伟大的医生、勇猛的武士或者一个十足的铁石心肠的人等等来满足欲望。

因此，如果我们从根本上考虑问题，或许可以这样认为，这个人想要成为好猎手的欲望与那个人想要成为好医生的欲望有着同样的原动力和根本目的。这样我们就可以断定，把这两个看起来风马牛不相及的有意识欲望归于同一范畴，而不是根据单纯的行为将它们分为不同的范畴，这将会有益于心理学家。显然，目标本身远比通向这些目标的条条道路更具有普遍性，原因很简单，这些道路不会受特定的文化局部所制约。

马斯洛指出，无休止的需要是人的特性，但并非所有的需要都会得到满足，只有极少数会达到完全满足的状态。一个欲望满足后，另一个会迅速出现并取代它的位置，当这个被满足了，还会有一个站到突出位置上来。人总是在希望着什么，这是贯穿人整个一生的特点。这样，我们就有必要研究所有动机之间的关系，同时，如果我们要使研究取得广泛的成果，就必须放弃孤立的动机单位。内驱力或欲望的出现所激起的行动，以及因目的物的获得而引起的满足，统统加在一起，仅仅给我们提供了一个由动机构成的总体合成物的人为的、孤立的、单一的例子。这种动机的出现实际上总是取决于整个有机体所可能具有的其他所有动机的满足或非满足状态。需要某种东西本身就说明已经存在着其他需要的满足。假如大部分时间我们都饥肠辘辘，假如我们不断地为干渴所困扰，假如我们一直面临迫在眉睫的灾难的威胁，或者，假如所有人都恨我们，我们就不必去作曲、发明数学方法、装饰房间或者打扮自己。

动机理论的创立者们注意到以下两个事实：除了以相对地或递进的方式外，人类从不会感到满足；需要似乎按某种优势等级自动排列，这两个事实却从未给予过合理的重视。

通过对精神病理学的研究，马斯洛了解到一个有意识的欲望或一个有动机的行为的特性，这种特性与欲望及文化的特性同出一源，那就是这个欲望或行为可能起到一种渠道的作用，通过这个渠道，其他意欲便得以表现。

例如，众所周知，性行为与有意识的性欲所暗含的、无意识的目的的可能是极为复杂的。其实某个社会中男子的性欲可能是确立自己男子自信的欲望，而在另一个社会或其他社会里，性欲则可能代表了吸引注意力的欲望，或者对于亲密感、友谊、安全、爱的欲望，或者这些欲望的任何几种组合。在潜意识里，所有这些人的性欲可能有着相同的内容，而且他们可能都会错误地认为自己追求的仅仅是性满足。但是，最重要的是我们已经知道这是错误的，而且我们也懂得，认真对待这个性欲和性行为所根本上代表的东西——并不是该人在意识中认为它们所代表的东西，对于理解人是有益的，这既适用于预备行为也适用于完成行为。

另一类同样可以证明这一点的证据是，人们发现，一个单一的精神病理学症状可以同时代表几种不同的甚至是相对立的欲望。患脏躁症者的胳膊可能象征着报复、怜悯、爱的尊重的愿望的满足。单纯根据行为方式来考虑第一例中的有意识愿望或第二例中的表面症状，意味着我们武断地拒绝了完整地理解个人行为和动机状态的可能性。因此，我们要特别指出的是，若一个行为或者有意识的愿望只有一个动机，那是不同寻常的、非普遍性的。

从某种角度来讲，几乎有机体的任何一个事态本身就是一个促动状态。如果我们说一个人失恋了，这是指什么呢？静态心理学会很好地解答这个问题，但是动力心理学会以丰富的经验论证这句话所表达的多得多的含义，这种感情会同时在整个机体的肉体和精神两方面引起反应。例如，失恋还意味着紧张、疲惫和不愉快，而且，除了当时与机体其余部分的关系之外，这样的状态自然地、不可避免地导致许多其他情况的发生：重新赢得感情的强烈欲望，各种形式的自卫努力，以及故意的增长等等。因此，很明显，我们要想解释“此人失恋了”这句话所暗含的状态，就必须加上许许多多的描述来说明此人由于失恋而遭遇了什么事情，换句话说，失恋的感情本身就是一个促动状态。

马斯洛指出，目前流行的关于动机的概念一般是（或至少是）出于这样一种假设：促动状态是一个行为特殊的与众不同的状态，与机体内发生的其他情况界限分明。然而，合理动机的理论的设想却是一切机体状态的普通特点，即动机是连续不断的、无休止的、起伏的，同时也是极为复杂的。

马斯洛指出，事实上，对于大多数正常人来说，其全部基本需要都能部分地得到满足时生命才会存在，才有自我实现的基础，而且这种基础是相对的。如果这种基础比较高级，那么，他的生存需要的层次也高，他自我实现的机会也多，同时又都在某种程度上有所缺憾。只有具有某种缺憾（当然这种缺憾是相对的，没有固定的），才会不断去追求，才会不断达到自我实现。优势需要满足后出现新的需要，是一种缓慢地从无逐渐变为有的过程，而不是突然地从天而降的。人就是由这种低级需要发展到高级需要，逐渐获得升华和发展的。

在此，马斯洛对大家系统地解释了一个积极的动机理论。这种理论符合已知的、临床的、观察的、经验的事实。但它最主要是由临床经验直接导出的。在马斯洛看来，这个理论符合詹姆士和杜威的机能主义传统，并且与韦特海默、哥尔德斯坦和格式塔心理学的整体论以及弗洛伊德和阿德勒的精神动力论相融合。这种融合或综合可以称为整体动力理论。这是一个系统的理论，一般不能单纯理解，而是有一定发展层次的。

马斯洛指出，虽然生存需要没有等级之分，但它却是有相对之分的。一种生存状态，对于某些人是满足的，但对于另一些人却是远远不够的。这要取决于生存的欲望了。一般来说，只要满足了最基本的生存需要，一般的人都能生存，但一般的人都不会感到这种需要就满足了。只有这样，人类才会发展。

5. 完美人格的形成

① 以人为本

马斯洛指出，动机理论必须以人为中心，而不是以动物为中心。这一观点有别于以动物做实验的行为派心理学，马斯洛之所以强调这一点，是因为动物实验的结果经常被作为人们对人性的理论研究所必须依据的基本材料，他指出，动物资料对研究心理学很有助益，但使用时必须谨慎和明智。

关于动机需要的核心问题，马斯洛首先讨论了本能的概念。他说，本能的定义就是一个动机单位，在这个动机单位里，内驱力有动机的行为以及目的物或者目标效果都明显地由遗传所决定。沿种系阶梯上升，他所解释的本能就有一种逐步消失的倾向。例如，对于白鼠，可以公正地说，它们有饥饿的本能、性本能、母性本能。当然猴子的性本能已肯定存在。按照他的定义，人类的这种本能都已消失，在它们的位置上只留下遗传反射、遗传内驱力、自发学习、有目的行为中的文化学习以及目的物选择中的文化学习等的混合物。因此，如果我们仔细观察人类的性生活就可以发现，纯粹的内驱力本身是由遗传决定的，但是，对象的选择以及行为的选择却一定是在生活的历史过程中获得或通过学习取得的。

如果我们追随种系阶梯不断上升，那么，我们将愈加重视口味而忽略饥饿。例如，对于食物的选择，在白鼠那里，变易性少得多，而在猴子那里又比在人那里更少有变易性。

最后，当我们沿种系的阶梯上升，本能逐渐减退，以作为适应文化的工具的依赖将越来越大。为了认清这些事实，我们不得不使用动物资料。举例而言，仅仅由于我们人类远远更像猴子而不是白鼠，因此我们宁愿选择猴子而不是白鼠作为动机实验的对象。不能以任何低级的、甚至更简单的动物为出发点看待这个理论，而必须以高级动物特别是人类为出发点。在动物身上所获得的很大一部分发现被证明只适于动物而不适于人。研究人的动机要先从研究动物开始是毫无根据的。对于隐藏在这种貌似简单、普遍的谬误后面的逻辑，或更确切地说，对逻辑的背离，哲学家、逻辑学家，以及科学家在各自的多种领域内都已给予了足够的证据。就像研究地质学、心理学或者生理学不必先研究数学一样，研究人也不必先研究动物。

任何动机理论都必须考虑到，机体通常表现为一个整体，但有时则不然。这是因为还有一些值得重视的、特殊的、孤立的条件作用和习惯以及各种局部的反应、分裂和非整合现象。在日常生活中，正如我们有时同时做好几件事情，机体甚至也可能以非一元化的方式做出反应。

显而易见，当有机体面临一次极大的欢乐、一个创造性的时刻或一个重大的问题、一个威胁或一个紧急情况时，它在整合方面的步调最为一致，但是当威胁具有压倒优势而机体太虚弱或孤立无助、不能控制这个威胁时，机体便趋于分裂。总而言之，当生活轻松顺利时，机体可以同时做许多事情，可以同时向很多方向发展。

马斯洛认为，一部分现象看起来非常特殊、孤立，但实际上并非如此，这些现象在整个结构中占据一个有意义的位置，例如转变性歇斯底里症。我们眼中的表面的非整合作用，除了表明我们的无知之外，再没有其他的意义了。不过，我们已经掌握了足够的知识以肯定孤立、局部、分裂的反应在一定情况下是可能的，并且，这类现象不一定是虚弱、病态或者不好的，相反，它们经常被看做是机体的一个最重要的能力。几乎所有机体都以不完整的、独特的或分散的方式对付局部的、熟悉的事情或易于解决的问题，而机体的主要能力用来解决更重要或更具挑战性的问题。

马斯洛指出，大多数的心理学家完全忽视了动机的可能性。总体来说，我们有意识地渴望一切实际可能获得的东西，换言之，关于愿望，我们比心理分析学家可能允许的要现实得多，他们总是专注于无意识的欲望。

一个人的收入增加后，他自己的希望也相应地活跃起来，并且积极地为获得几年前连做梦都不敢想的东西奋斗。一般人希望有小汽车、冰箱、电视机，因为获得这些东西确是一件可能的事情。他们没有获得快艇或飞机的奢望，因为这些东西实际上距普通人太遥远了；而且他们很可能在无意识中也不存在这样的希望。

重视达到目的的可能性这个因素，对于理解我们的文化中各个阶级之间的动机差别，理解我们的文化与其他贫困地区的文化在动机上的不同是至关重要的。

与达到目的的可能相关联的是现实对于无意识冲动的影响。弗洛伊德认为，一个本我冲动是一个分离的存在，与世界上任何其他事物都没有内在的联系，甚至与其他本我冲动也没有联系。只要现实条件控制、减弱了这些冲动，或者阻止了它们的发泄，它们就成为自我而不是本我的一部分了。

然而杜威的论点是，成年人的所有冲动，至少是特有的冲动，是与现实结合并且受现实影响的。一句话，这就等于主张根本没有本我冲动。言外之意就是，假如有本我冲动，那它们在本质上是病态的，而不是健康的。

尽管没有经验上的解决方法，马斯洛仍然特别提到这个矛盾，因为这是一个至关重要、针锋相对的矛盾。

马斯洛认为，问题不在于弗洛伊德描述的本我冲动是否存在。任何一个精神分析学家都证明，不顾现实、常识、逻辑，甚至不顾个人利益的幻想冲动都可能出现。问题在于，这些幻想冲动究竟是疾病或退化的证据，还是健康人最内在的精髓的展现？在生命的历史中，初期的幻想究竟是从何时由于对现实的感知而开始减弱的？这个时间对于神经病患者和健康人是否都一样？高效率工作的人是否能完全避免这种影响而保持其动机生活的某一个隐秘的角落？

② 满足与性格

马斯洛以列维的实验为例。他说，这种实验一般是取一组刚出生的动物（例如幼犬），使它们的某种需要（例如吸吮需要）得到满足，或遭受一定的挫折，这类实验包括小鸡的啄食行为，婴儿的吸吮行为以及各类动物的活动。马斯洛指出，在所有的实验中发现，一个充分满足的需要遵循自己特殊的轨道，然后根据其性质，或者是全然消失，或者是在实验对象的以后生活中保持理想化的低水平。在那些某种需要受到挫折的动物身上出现了各种病理现象，其中与我们讨论密切相关的是：第一，坚持已超过正常消亡时期的需要；第二，大大加强了这一需要的活动性。

应该强调的是，列维关于爱的需要的实验揭示了生命早期满足与成年性格形成之间完整的联系。健康成年人的许多典型品质是童年爱的需要满足的积极后果，这一点是显而易见的。这些品质包括宽容被爱者的独立的能力，忍受爱的匮乏的能力，爱但又不放弃自主性的能力等等。

马斯洛说，如果我尽可能明确、直观地描述对立的理论，它可以归纳为：充分热爱孩子的母亲在孩子身上（以奖励、强化、重复等方式）培养了一种以后生活中对爱的需要的力量减弱的倾向，例如，亲吻的可能性减小，更少依恋母亲等等。教会孩子从各个方面寻求感情，并且对感情怀有永久的渴望的最好途径是在一定程度上拒绝给他们爱。

心理学的教师们在讲到对孩子进行自由选择实验时，往往将性格品质的形成归功于训练。“如果孩子从梦中醒来后，你就把他抱起来，那么，他不是就学会了在想要人抱他的时候就哭喊起来吗（因为你鼓励了这种哭喊）？如果孩子要吃什么你就给什么，难道他不会被宠坏吗？如果你注意孩子的滑稽举动，他不就学会装憨弄傻来吸引你的注意了吗？如果你迁就孩子，他不就会一味地要求放任自流了吗？”要回答这些问题，仅仅靠学习理论是远远不够的，我们还必须求助于满足理论和机能自主理论。

另一类支持关于需要满足与性格形成之间关系的论点的资料，可以从能够直接观察到的满足的临床效果中获得，任何与人直接接触的人都能获得这类资料。

检查基本需要满足所产生的最直接的后果，是能够说明检查一般是从力量最强的需要开始。就生理需要而言，在我们的文化中，我们不会将食物或水的满足视为性格品质，虽然在其他的文化中我们的态度有可能不同。然而，即使在生理需要的层次上，我们也遇到了相对来说是难以决定的两种可能。如果我们可以谈论休息和睡眠的需要，当然也就可以谈论它们的挫折以及挫折的效果（困乏、疲劳、精力不济、萎靡不振，甚至可能有懒惰、嗜睡等等）。这就是原始需要满足的直接后果。它们如果不是公认的性格品质，至少对于人格的研究者有明确的意义。虽然我们尚未习惯于这样考虑问题，但这个观点也适合于性的需要，如性压抑，以及对立面性满足的范畴。

不管怎样，我们可以有充足的资料来探讨安全需要。担心、恐惧、害怕、焦虑、紧张、不安和极度不安，都是安全需要受到挫折的后果。同类的临床观察清楚地显示了安全需要满足的相应效果，如焦虑以及紧张的消失，具有安宁感，对未来有信心，有把握，感到安全等等。无论使用什么词语，感觉安全的人与惶惶不可终日者之间有着性格上的区别。

其他基本的情感需要，如归属、爱、尊重和自尊的需要，也有这种情况。这些需要的满足引发了诸如深情、自尊、自信、可靠等特性。

需要满足的特性产生的后果与一般品质有很大关系：仁慈、慷慨、无私、宽容（与褊狭相对）、沉着平静、愉快满意以及其他诸如此类的品质。这些品质似乎是一般需要满足的间接后果，即不断改善的心理生活状况的间接后果。

需要满足的特性产生的后果与一般品质有很大关系。当然我们还无法断言它是否是更强有力的决定因素，然而，偏重强调两方中任何一方所产生的后果的对比是相当鲜明的，我们至少必须意识到这个问题。性格教育是否能在课堂里进行？书本、演讲、问答式教育以及劝诫是否是可以使用的最好工具？讲道、全日制学校是否能造就出好人？是否好的生活就能造就出好人？是否爱、温暖、友谊、尊重以及善待儿童，对于儿童后来的性格结构有更重大的影响？这些都是由于坚持两种不同的性格形成理论而提出的两种不同的问题和观点。

③ 病态与完美

马斯洛发现这样一个结论：人只要任何一个基本需要受到挫折，就可以把他想象为病人。一个健康者根本上就是受其发展和实现自己最充分的潜力和能力的需要促动的。如果一个人活跃地、长期地具有任何其他意义的基本需要，那么他简直就是一个不健康的人，就像他突然显现出一种强烈的缺盐症或缺钙症一样，他肯定有病。如果我们在这种意义上使用“病态”一词，我们还必须公正地正视人与他的社会之间的关系。为此，马斯洛定义了一个明确含义：既然一个基本需要受挫折的人应该被看做病人，而且这种基本需要的挫折完全由这个人之外的力量造成，那么，这个人的疾病完全源于这个社会的某种疾病。因此，我们就该这样给良好或健康的社会下定义：它通过满足人的所有基本需要来允许人的最高意图出现。

如果上述论点看起来还不突出或比较模糊，你可以认为它只是在我们不断变换方式考察人类更深层的动机时，出现的许多模棱两可的论点之一。当我们探索人究竟想从生活中得到什么时，我们就接触到了人的本质。

马斯洛指出，人类似乎从来就没有长久地感到心满意足过，与此密切相关的是，人类容易对自己的幸福熟视无睹，忘记幸福或视之为理所当然，甚至忽略了幸福的价值。他指出这是需要满足引起的病态人格，但令他奇怪的是科学心理学家一直忽视了这一长期被哲学家、艺术家、诗人的议论所充斥的领域，他觉得这可能是由于“所有的行为都有动机”这一广泛公认的教条在作怪，这无疑是一个错误。

我们可以观察到一个铁的事实，即一经满足，机体立即放弃压迫、紧张、紧迫、危急的感觉，允许自己变得懒散、松弛、被动，允许自己享受阳光、玩耍嬉戏，或者装饰、擦洗盆盆罐罐，允许自己观察微不足道的事物，遇事漫不经心，往往是无意中获得而不是有意识地追求，换言之，就是变得相对无目的了。需要的满足导致了无目的行为的出现。

物质生活的富裕使我们看到越来越多的疾病，其症状包括厌倦感、自私自利、自以为是、“理所当然”的优越感、对一种不成熟的低水平的眷恋、人与人之间友爱的丧失等。很显然，在任何一段时间里，物质生活或低级需要的生活本身并不能给人们带来满足。

我们也必须面对另一种新的、由心理富裕导致病态的可能。也就是说，病的起因是由于患者得到无微不至的爱护、关怀，被宠爱、崇拜、欢迎所包围，被膜拜到忘乎所以的地步，被推到舞台的中心位置，拥有忠诚的仆人，无论在什么地方，各种欲望都能得到满足，甚至成为人们甘愿为之自我牺牲和自我克制的对象。

毋庸置疑，我们对这些新现象知之甚少，当然更谈不上具有任何发达科学的意义了。我们所根据的是强烈的怀疑、普遍的临床印象，以及儿童心理学家和教育家逐渐形成的观点：单纯的基本需要满足是不够的，对于儿童来说，他们还必须去体验坚强、隐忍、挫折、约束、限制等感受。换句话说，基本需要的满足最好能被仔细地重新定义，否则它很容易被误解为无限度的溺爱、自我克制，无条件的应允、过分的保护以及奉承等。对儿童的爱和尊重必须至少与对自己作为家长或普通意义上的成年人应得到的爱与尊重协调起来。儿童当然是人，但他们不是有经验的人，必须将他们看成是对许多事情不了解、对有些事情一无所知的人。

由满足引起的另一类病症表现为可称为“超越性病态”的东西，这是指生活缺乏价值观念、缺乏意义感和充实感。许多人本主义者和存在主义心理学家确信——虽然他们没有充足的依据——全部基本需要的满足并不能自动地解决归属感、价值体系、生活目的、人生意义等问题。至少对某些人，特别是年青人，这是在基本需要满足以外需要解决的问题。

马斯洛指出，对于许多人来说，我们不知道究竟有多少人，即使是最强烈的快乐也会变得索然无味，失去新鲜之感，只有体验了丧失、困扰、威胁甚至是悲剧的经历之后，才能重新认识其价值。对于这类人，特别是那些对实践没有热情、死气沉沉、意志薄弱、无法体验神秘感情，对享受人生、追求快乐有强烈抵触情绪的人，让他们去体验失去幸福的滋味，从而能重新认识身边的幸福是很有意义的。

马斯洛指出，人是动物的种，不过，它具有独特的、史无前例的属性。试图以人是动物这种假设为基础来寻求解决人类社会和政治问题的答案，使人类一再陷入荒谬的境地。

人在生物学意义上的成功绝不意味着他的生物本性就没有缺陷或瑕疵，情况远非如此。人是一个充满内在矛盾的可疑动物。一方面，他禀赋着理性和同情心，尽管我们现在不再持有启蒙时代的乐观断言，认为只要通过某种政治和教育的改革，人们就能够自然而然地过上富有德行的生活，但我们大多数人仍然相信，民主是为多数人实现某种程度的幸福生活的有效途径。然而在另一方面，我们常常目睹，甚至那些相当有教养的和过着优裕生活的人们仍可能以一种丑陋的方式在行事。弗洛伊德及其追随者试图使我们相信，我们是伴随着一大堆混乱愿望而出生的，这使得我们只有在克服最大困难的前提下，才能与任何人类社会中的生活需要相融洽，并且在大多数场合下，我们只能通过压抑或升华的手段才能达到这一点。

马斯洛认为，所谓适应良好的人格的概念实际上是为成长和进步树了一个低矮的标杆。公牛、奴隶甚至机器人都可以具备这种良好适应的能力。

儿童的超我通常表现出担心产生恐惧，担心受惩罚、失去爱、遭遗弃。对那些有安全感，得到了爱和尊重的成年人和儿童的研究表明，在相同的爱的基础上，在使他人欢乐幸福的愿望的基础上，以及在真理、逻辑、正义、一致性、是非感、责任感的基础上，可以建立起一种良知。

具有健康心理的人的行为更多地由真理、逻辑、正义、现实、公正、合理、美和是非感决定，而较少受焦虑、恐惧、不安全感、内疚、惭愧等心理所左右。

人根据其社会文化环境所作的调整并不像通常所设想的那样可以任意加以选择，相反，它们是互补的。依据经验和训练的修正总是伴随着遗传上的多样化。的确，大体上讲，发展适应性是这两种方式中最为重要的方式，正如我们所指出的那样，由这种适应性带来的细节上的逐渐改进，曾适应了人类进化过程中那些最有意义的特征。社会对于个体所提出的要求是形形色色的，重要的是，它要求个体迅速随时代而变化，以便使得遗传本身足以确保种的持久延续性，至少在文明阶段上是如此。不过，遗传多样化倒是促进了人类适应潜能的不断增长。

人种的遗传品质并不能规定所有人本质上的善或无可救药的恶，不能规定人是有德行的还是邪恶的，聪颖的还是呆滞的，愉快的还是乖僻的。宁可说，它们只是提供人们以可能性的范围，但这种潜在可能只有根据环境才能得到实现。然而，并不存在对所有人都完全一样的遗传特性，甚至也不存在对所有“正常”人来说共同的遗传品质。遗传品质是极其多样性的，这种多样性几乎是与活着的、曾经活着的，乃至将要出生的人的生命数量一样多样化地同时并存。每一个人都是一种史无前例的、非再生性基因模式的载体，人类的本性是复杂多样的，这就如同他们的人生观一样。

人们用不同的方式理解世界，主要的差别就表现在，某些人是较为抽象地在思考，因此，他们很自然地首先会想到统一性，想到整体、无限性和其他诸如此类的概念；而另外一些人们的精神则是具体的，他们往往考虑着健康与疾病、利润和亏损，他们创造了圈套和悲剧，他们几乎不对别的知识发生兴趣，他们总是试图去劳作、付酬、治愈。马斯洛将第一类人称之为梦想家；第二类人是实际的而且可用的。历史表明，这种实际上的事务人往往缺乏远见卓识，同时也说明了“懒惰的”梦想家的正确。不过历史也表明，梦想家们往往出错。

那么，人怎样才能无私？如何摆脱嫉妒？如何获得坚强的意志和性格？如何获得乐观精神、友好态度、现实主义态度？如何实现自我超越？从哪里获取勇气、真诚、耐心、忠诚、信赖、责任感？

当然，对于积极心理学最明显、最适当的研究对象应是心理健康（也包括审美健康、观念健康、身体健康等）的人，但积极心理学更强调对于健全的人的研究，如那些有安全感、自信心的，富有民主思想的，精神愉悦的，内心平和的，富于激情的，慷慨善良的人，以及那些创造者、圣徒、英雄、强人、天才等。

什么力量能够产生社会所期待的优秀品格，如善良、良知、助人为乐、宽容、友好、鉴别力、正义感、好恶感等？

我们积累了许多病理学的词汇，但有关健康和超越方面的词汇却少得可怜。

被剥夺和焦虑感有一定的积极后果。对于正义和非正义原则的研究是必要的，对于自我约束原则的研究也同样是必要的。自我约束原则产生于同现实的接触，产生于不断总结经验、教训、挫折的过程中。

对于个性和个体化的研究（不是古典意义上的个性差异），我们必须发展一门个性科学。

为什么人与人之间存在差异（文化移入、文化同化）？

什么行为是对事业的献身？什么力量导致人们忠诚地将自身奉献于一项超越自我的事业或使命？

满足、快乐、平和、沉静的人格。

自我实现者的兴趣、价值观、态度和选择不是建立在相对的、外在的基础上，很大程度上是建立在内在的、现实的基础上。因此，他们追求的是真、善、美，而不是假、恶、丑。他们生活在稳定的价值观念体系中，而不是生活在毫无价值观念的机器人式的世界中。（在这个世界中只有时髦、一时的风尚、他人的意见、模仿、建议、威望。）

自我实现的人有较高的焦虑和忍受焦虑感的能力，也有较强烈的内疚、惭愧、矛盾的感受。

父母与儿女的关系一直被看做是个问题，看做常出错误的事件来研究，而实际上，这种关系是欢乐、兴奋的源泉，是享受的机会；常常被视为近似瘟疫的青年人的问题也是如此。

④ 自律与同律

在我们试图理解内部和外部、自我和世界的关系时，自律和同律之间的复杂关系是我们面临的又一个难题。我们会很容易地同意下述说法：在我们内部有两大意向或需要，一种趋向自私，一种趋向无私。从自律的自身看，它倾向于引导我们趋向自我满足，趋向和世界争胜的力量，出于它自身的法则愈益充分地发展我们自身内部独特的自我，亦即出于它自身内在的动力、心灵自生自长法则而非环境的法则。这些心灵的法则和外部现实非心灵世界的法则是不同的，是分离的，甚至是对立的。

但我们似乎也意识到有一种与上述倾向相矛盾的倾向，而且是一种强烈的倾向，那就是要放弃自我，使我们自己淹没于非我中，放弃意愿、自由、自我满足、自我控制、自律。由于它的病态形式，导致了血统、乡土和本能浪漫主义，导致受虐狂，对人的轻视，不是寻求完全在人以外的价值，就是寻求人的最低动物本性以内的价值，两者都出于对人的轻视。

马斯洛在高自律和低自律之间进行区分，是希望这样做有助于我们理解内部和外部之间的同型性，并由此为改善人格与世界之间的沟通打下一个理论的基础。

马斯洛指出，人身上发现的自律和力量在感情上可行的人与感情上不可行的人是截然不同的。非常宽泛但并非不太准确地说，是世界争胜的人格的增强，这种争胜是在一种非此即彼的二元方式中进行的。在这种方式中两者不仅是完全分离的，而且是相互排斥的，好像彼此是仇敌，我们或许可以称之为自私的自律和力量。在这个丛林式的世界中，这样的人是凶狠的狼。在马斯洛最初用猿猴来研究“力量”的这些不同性质时，他把这称为专制的或法西斯的统治。在以后对大学生的研究中，他又将之称为不可靠的高统治。

在可行的高统治世界里，人人都有对世界和他人的感情，有大哥哥般的责任感和对世界的信任感，和世界打成一片的情感，而不是敌对感和畏惧感。这些人物的优越力量是为了欢乐，为了爱，为了帮助他人而利用的。

依据种种理由，马斯洛说，这些不同是心理上健康和不健康的自律之间的不同，也是心理上健康和不健康的同律之间的不同。马斯洛也发现，这一区分使人们意识到自律和同律是相互联系的，而不是彼此对立的；当人更健康、更真诚地成长时，高自律和高同律会在一起成长，一起出现，并最终趋向融和，构成一个更高的把两者都包括在内的统一体。在这种条件下，自律和同律、自私和无私、自我和非我、纯粹心灵和外部现实等等的二元分离都会趋向消失，并能看做不成熟和不完善发展的副产品。

马斯洛指出，在自我实现的人中，这种二歧超越可随时观察到，但在我们大多数人中，只有在我们自我内部和自我与世界之间最高整合的时刻才能看到。在男女之间或亲子之间最高的爱中，当人达到力量、自尊、个人特征的极点时，他也同时会和他人打成一片，失去自我意识，并在一定程度上超越自我和自私。在创造的时刻，在深刻的美感体验中，在顿悟体验中，在生孩子时，在跳舞时，在体育体验中，在其他马斯洛曾统称为高峰体验的时刻也发生同样的情况。在所有这些高峰体验中，人根本不可能明确地区分自我和非我。也就是说，高峰体验时的人整合起来了，他的世界也整合起来了；他感觉良好，他的世界也显得良好了等等。

首先请注意，这是一个实证的论述而不是一个哲学的或神学的论述，任何一个人都能重复这些发现。马斯洛断言，这是在谈论人的体验而不是超自然的体验。

其次要注意的是，这含有不同意各种神学陈述的意思。神学家认为，超越自我的界限意味着摒弃或否定，或失去自我或个人特征。在普通人的高峰体验以及自我实现的人中，这些是越来越高的自律发展的终端产物，是达到自我同一的终极结局；它们是自我超越的结果而不是自我湮灭的结果。

最后要注意的是，它们是短暂的体验，不是恒久的体验。假如这是进入另一世界，也总有回归日常世界的时刻。

⑤ 成为你自己

马斯洛认为，许多年轻人的本质实际上都是非常好的，尽管他们往往爱搞一些恶作剧。不管怎么说，即使他们有时也有各种不良行为的证据，但他们就第一流的意义来说也是较为理想的，他们是在寻求价值，他们很想将某些东西作为献身的目标，作为热忱的追求，作为崇拜、仰慕和热爱的对象。

马斯洛指出，所有的自我实现者都会投身于一项自我以外的事业之中，他们专心致志地从事某项工作，某项他们非常珍视的事业——即人们所谓天命或天职。他们从事于命运以某种方式安排他们去做的事，他们做这件事也喜爱这件事，因此，工作与欢乐的分歧在他们身上已消失了。一个人献身于法律，另一个人献身于正义，第三个人献身于美或真理等等。所有这些人都以某种方式献身于寻求马斯洛所说的“存在”价值，那种固有的终极的价值，不能再还原到任何更终极的东西。这些存在价值大约有十四种，包括古人的真、善、美，还有圆满、单纯、全面等等。

这些存在价值的存在给自我实现的结论增添了一系列的复杂性。这些存在价值像需要一样在起作用。那种马斯洛称之为超越性需要的剥夺会酿成某些类型的病态，它们还没有得到适当的说明，马斯洛将之称为超越性病症——即灵魂病。例如，总是生活在尔虞我诈之中而形成不信赖任何人的病态。正如我们需要咨询专家帮助以便解决因为某些需要未能满足而产生的一般病症一样，我们也需要咨询家帮助治疗因为某些超越性需要未能满足而产生的灵魂病。就某种可以说明和实证的方式说，人需要在美中而不是在丑中生活，正如他肚子饿了需要吃饭或疲乏了需要休息一样。说得更具体些，这些存在价值就是绝大多数人的生活意义，但许多人甚至不能认识到他们有这些超越性需要。咨询家的职责可能就在于使他们意识到他们自身中的这些需要，正如传统的心理分析家使患者意识到他们那些类似本能的基本需要一样。最终，某些专家或许会认为自己是哲学的或宗教的咨询家。

马斯洛指出，我们可以试着帮助那些因存在价值问题而来咨询的人向自我实现的方向运动和成长。实际上，许多年轻人本质上是非常好的人。这些年轻人时刻都在进行选择：是前进还是后退？是离开还是趋向自我实现？马斯洛说："我不知道咨询家或超咨询家能否告诉他们如何才能更充分地成为他们自己。"

二、人的潜能和价值

我们通常都害怕面对自己的最高可能，害怕瞥见自己最完美的时刻。其实我们很享受甚至惊叹于一些潜藏于内心的天赋本能，但是，如果你有意地避重就轻，去做比你力所能及的更小的事情，那么，我警告你，在你今后的日子里，你将是很不幸的，因为你总是要逃避那些和你的能力相联系的各种机会和可能性。

1. 健康的心理模式

马斯洛认为，生活在地球上的每一个人都具有一种实质上是生物基础的内部本性，在某种程度上，这种内部本性是“自然的”、内在的、特定的，而且在某种有限的意义上说是不能改变的。每一个人的内部本性一部分是他自己独有的，另一部分是人类普遍具有的。科学地研究这种内部本性，并发现它是什么样的东西是完全可能的。

马斯洛指出，这种内部本性看来并不是内在、原初、必然邪恶的。基本的——生理需要、安全和保障需要、爱与归属需要、自我尊重需要、他人的尊重需要、自我实现的需要，基本的人类情绪，基本的人类智能；或者是中性的、前道德的，或者是纯粹“好的”；破坏性、虐待狂、残酷、恶毒等等，看来并非是内在的。相反，它们似乎是针对我们内在需要、情绪、智能等受挫后的一种强烈反应。愤怒本身不是邪恶的，畏惧、懒惰甚至愚昧本身也不是邪恶的。不过，这些东西可以导致而且已经导致了邪恶的行为，当然，它们并不是必须如此，它们之间并没有必然的内在因果关系。人的本性远远没有它被设想的那样坏。实际上可以说，人的本性的可能性一般都被低估了。

马斯洛大胆地认为人的这种内部本性是好的，或者是中性的，而不是坏的。因此，他认为，最好的解决途径是让它表现出来，并且促使它表现出来，而不是压抑它。如果允许它指引我们的生活，那么，我们就会成为健康的、富有成果的、快乐的人。

动物的本能是强的、占压倒性优势的，而且是清楚明白的，但人的这种内部本性却是弱的、娇嫩的、微妙的，而且很容易受到习惯、文化压力以及对它的错误态度的影响，甚至被它们制服。尽管如此，但这种内部本性在正常人那里极少消失，即使被否定，它也继续潜存着，总是迫切要求表现出来。

训练、剥夺、挫折、痛苦和不幸的体验能够揭示、促进和实现我们的内在本性，除非它们不是合乎需要的体验。这一点越来越清楚了，即这些体验与成就感和自己实力感有关系，并且因此与健康自尊感和自信感有关系。没有战胜、抵御和克服过这些困难的人，会继续怀疑自己到底有没有这样的能力。对于外部危险来说，不仅确实如此，而且对于控制和延缓他自己的冲动的能力来说，也是如此。有这样的能力，这些冲动就不再可怕。

我们关于人的自然倾向知道得越多，也就越容易告诉他怎样是好的，怎样是幸福的，怎样是富有成效的，怎样关心他自己，以及怎样爱护和激发他的最大潜力。这也回答了许多关于人格前途的问题。作为人类的成员和独特的个体，首当其冲的任务就是要了解一个人真正的内情、底蕴是什么。

马斯洛认为，通过自我实现的研究，我们不但能够发现许多自身的错误与缺点，而且也能清楚地发现我们成长的方向，也许用不了多久，我们就能把那些完善成长和自我实现的人，全部潜能都得到充分发挥的人，内在本性自由地表现自己而没有被歪曲、压抑或被否定的人作为我们的榜样。

每一个人为了他自己，都要鲜明而敏锐地认清一切背离人类美德的事，一切违反人自己本性的罪行，一切邪恶的行为，这些都毫无例外地记录在我们的无意识中，而使我们看不起我们自己。如果我们做了使自己羞愧的某种事情，它就“登记”在我们的耻辱簿上，而如果我们做了某种正直的、杰出的或好的事情，它就“登记”在我们的荣誉簿上。从总体上看，最终的结果便是非此即彼——或者是我们更尊重并认可我们自己，或者是我们更看不起自己，认为自己是卑鄙无耻的、没有价值的、讨人嫌弃的人。神学家通常用麻痹一词来描述一个人明知故犯的罪过。

事实上，病态的文化造就病态的人；健康的文化造就健康的人。而且，病态的个体使他们的文化更加病态，而健康的个体则使他们的文化更加健康。马斯洛认为，造成更好社会的一个根本方法就是增进个体的健康。换句话说，鼓励个人的成长是有现实的可能性的；而要治愈真正神经病患者的疾病，如果没有外界的帮助，成功的可能性近乎于无。通过个人有意识地努力使自己成为更有道德的人是比较容易的；而个人试图治愈自己的强迫行为和强迫观念，则是十分困难的。

在不合需要的意义上看待人格问题，这是对待人格问题的传统态度。斗争、冲突、犯罪、不道德、忧虑、压抑、挫折、紧张、羞愧、自罚、自卑感或无价值，这些全都是精神痛苦的原因，它们不但妨碍行为的效能，而且也是不能控制的。因而，它们自然被视为病态的和不符合需要的，而且要尽可能迅速地把它们“治”掉。

可是在健康人身上，或在那些正趋向健康成长的人身上，所有这些病状也都发现了。在这种情形下，你是应该还是不应该感受到内疚呢？你是否设想一下，你是已经达到了精力的完善稳定，还是正在调整呢？顺应和稳定减少你的痛苦，所以它们是好的；也许它们也是不好的，因为它们抑制了你向更高理想的发展。

弗洛姆曾抨击了传统的弗洛伊德的超我概念，原因是这个概念完全是专制主义的和相对论性质的。也就是说，你的良心或你的超我被弗洛伊德想象成主要是父母的希望、要求和理想的内化，而没有考虑父母是什么样的人。但是，假定他们是罪犯，那么你会有怎样的良心呢？也许可以假定，你有一位厌恶娱乐而总是进行僵硬的道德说教的父亲？或者假定你有一位精神变态父亲？这样的良心是存在的。

马斯洛指出，我们获得的理想资料大量来自这样的早期塑造，而不是来自日后阅读全日学校的书籍。但是，在良心中也有另一种成分，假如你愿意的话，也可以说有另一种良心，而且我们或强或弱地具有这种良心。这也就是所谓的“内在的良心”。这种良心建立在无意识或前意识地知觉我们自己的本性、我们自己的命运、我们自己智能、我们自己的“召唤”的基础之上。这种良心坚持要我们忠实于自己的内在本性，要我们不因为自己的内在本性微弱，或者因为任何别的好处或理由而否定它。所有这些人都深深地领悟到他们对自己犯下了错误，并且因此而看不起自己。

马斯洛说：“事实上，我是在有意识地抵制我们对健康和疾病的任意区分。疾病不一定意味着有表面症状，我要强调的是，在你必须如此时疾病就可能没有症状。当然，我也不敢苟同健康就一定意味着没有症状这种观点。”

概括地说，如果有人告诉你，说你有人格问题，那么，在你对他有深刻的了解之前，你很难确定应该说“好”，还是说“对不起”，因为这要取决于理由，而且这些理由可以是邪恶的，也可以是善良的。

那么，什么将被称之为人格问题？很显然，这要取决于说这话的人是谁。是奴隶主？独裁者？专制的父亲？显而易见，有时人格问题可能是：一个人在竭力反抗他的心理支柱，或是反抗对他的真正内在的本性的压制。马斯洛遗憾地转达了他的印象，大多数人在受到压制对待时并不表示反抗，他们接受它并在以后的岁月中为此付出如此代价：产生各式各样的神经病或精神病。也许他们从来没有意识到他们是有病的，没有意识到他们并未达到真正的幸福，并未真正实现拥有一种丰富的感情生活和安详而又充实的晚年；他们也没有意识到他们并未理解创造性和美的反应，更没有体会到得到令人激动的生活是多么的美妙。

马斯洛指出，我们必须正视合乎需要的悲伤和痛苦的问题以及它们的必要性。在完全没有悲伤和痛苦、完全没有不幸和混乱的情况下是否能达到真正意义上的成长和自我实现；如果这些悲伤和痛苦在某种程度上是必要的和不可避免的，那么这种程度的限度是什么；如果悲伤和痛苦对于人的成长有时是必要的，那么我们就必须学会不要机械地去保护人们免受痛苦，抛弃痛苦始终是坏的观念。从最终的良好后果来看，悲伤和痛苦有时可能是好的和合乎需要的。溺爱意味着不让人们经历悲伤，保护他们不受痛苦。在一定的意义上，溺爱反而意味着不太尊重个体的完善、内在本性和未来的发展。

2. 心理闭锁的根源

马斯洛指出，一个人的心理压抑和闭锁问题不是表面的瑕疵，而是一个全身性的疾病，用特定的理论去解释它是徒劳无功的。心理的压抑和闭锁尽管还有一些次要的决定因素，但它从根本上体现了整个文化以及该文化所特有的精神。过去由于历史的偶然，导致关心意动和情感的是精神病学而不是实验心理学，关于人格和动机的绝大部分知识也是来自对神经病人及其他病人的研究，这无疑是极不完整的。

对造成人类心理压抑和闭锁的原因，马斯洛在努力研究它的起源之外，还充分了解了它具有的两面性：一方面产生安全和秩序，一方面破坏安全和秩序。

马斯洛指出，心理的压抑性受一些因素的控制而不能自行纠正，而这些因素如压抑、选择性知觉、各种防御途径，又呈停滞状态。

由于语义性的方法使用起来方便直接，只需把科学用一些已知和过去的东西来加以限制即可，于是，每一个激进的新问题、每一个新方法都被攻击为不科学的。马斯洛举例说，新鞋子穿起来没有旧鞋子舒服；人们往往用增添设施、而不是用重新修建的手段改进自己的家；同样，大多数科学家也更喜欢舒适、安全以及熟悉的事物。他们认为在一个令自己舒服且自己熟悉的技术概念的环境里工作会更加得心应手，然而错误就在此产生。

勒温在一篇文章中已经指出了造成这个错误的一个原因：将现状与理想混为一谈。我们现在研究的是现状而不是在理想条件下应该怎样或者可能怎样，例如智商、体重、估计寿命以及幼儿成熟的标准等。我们对想知道自己寿命有多长的期望到底有多高？如果想知道的话，我们可以根据实际情况计算出人们标准的寿命。

我们可以借助默顿关于自我实现的预言来理解只有坚定信念才能实现信念的涵义。默顿指出，有时情况和现象显得过于杂乱无章，因而旁观者的观点就变成了一个极为重要的决定因素。例如，人们强烈地认为黑人根本就是游手好闲、漫不经心、懒惰成性、不可教育的等等，那么，这个强烈的观念本身就变成了一个决定因素，并且往往导致这个观点的预言的实现。假定黑人不该接受教育，而且这种观点牢不可破，那么，为黑人建学校根本就是没有必要的。如果没有让他们上学的学校，那他们就得不到教育，他们就会表现出由于缺乏教育、愚蠢和迷信等所生的全部恶果。而迷信、愚蠢和平均智商水平低反过来又被当做黑人不可教育的证据。再有，害怕战争的现象也是如此。对战争的恐惧本身往往导致战争的爆发，其途径我们现在都已经熟悉。我们对于另一个例子则比较熟悉，那就是贵族政治综合症——羊群与牧羊犬，认为人类中只有很少一部分人举止彬彬有礼，有自治和独立判断的能力，而大部分人都是愚蠢并且易受影响的，他们只配接受领导、接受照顾。可实际上，在人们受他人领导并依照行事时，人们往往失去了他们身上最宝贵的东西——自主性。换句话说，这种信念是一种自我实现的预言。

克勒曾对行为主义的实验方法进行过郑重的批评，他指责说，即使在最好的条件下，走迷宫也绝不可能实现顿悟。在那种情况下，一个天才甚至也只能通过试验和错误来学习。这就是说，克勒声称这个迷宫为人们实现能力的可能性设立了一个限度。

假如一个人在一个低顶棚的房间里为人们测量身高，而这个房间只有四英尺高，那么没有人身高会超过四英尺。我们每一个人都清楚这是一种方法运用的错误，事实上他测量的最高高度是顶棚高度，而不是个人的身高。克勒认为，用于指导实验和临床心理学的许多领域中的方法、概念和预期结果，在这个意义上正是自我限制的方法。换句话说，这些方法将情境安排得使人不可能在最充分的高度上或在最理想的境界上表现自己。这些方法可用来也只能用来证明，一个人像实验者们事先设想的那样是个跛足人。这样的自我限制的方式只衡量出他们自身的局限。

马斯洛认为，严格地说，我们只能衡量现状，不可能衡量潜力。而且一些现状得不到像潜力那样广阔的发展空间。测量法真的需要发展了，现在我们只能测量他现有的身高，而不会测量他将来有多高；不能测量在最好的条件下他可能表现的智慧，而只能测量目前条件下的现在智慧。他指出，如果一个人专注于研究精神错乱者、神经病患者、精神变态者、罪犯、违法者、意志薄弱者，那么，他对人类的希望必然会越来越受限制，越来越现实，越来越退缩，他对人的期待会越来越少。

3. 超越环境

马斯洛指出，用顺应时代、顺应现实、顺应社会、顺应别人来鉴定心理健康的观点是十分危险的。它是陈腐观点以新的而又更隐蔽的形式复活的体现。这就是说，一个可信赖的或者健康的人，可以抛开他自己的实际情况，忽略他的自主性，不靠他自己内部精神的和非环境的法则，不是把他作为超越环境、独立于它或与它斗争的方式下定义，而是以环境为中心的思想来给健康人下定义。例如，控制环境的能力，在同环境的联系中是有能力的，适当的、有效的和游刃有余的，工作出色，很好地认识环境，与环境相处融合，在环境条件下是成功的等等。从另一方面说，环境、工作的分析和任务的要求，不应当作为个体价值或健康的主要依据。人不仅有对外的定向，而且也有对内的定向。一种超出精神中心的观点，不会适用于给健康心灵下定义的理论任务。马斯洛指出，我们一定不要陷入以“对什么有用”的思想方法来给优秀有机体下定义的陷阱，仿佛他是一个机械装置而不是他自身，仿佛他仅仅是达到某种外部目的的工具。

马斯洛曾重点讨论怀特在《心理学评论》上发表的论文《重新考虑动机》，以及伍德沃斯的书《行为的动力》。他之所以选择这些文章，是因为它们是极好的高度精致的成果，是因为它们促进了动机理论巨大的飞跃发展。他完全赞同他们所论述的一切。但是，他觉得他们走得还不够远，他们以隐蔽的形式包含着马斯洛提到的那种危险，即，虽然熟练、效力、胜任可以是积极的而不是消极的顺应现实，但是，它们依然是顺应论的演绎。马斯洛认为，我们必须超过这些论述（尽管它们是正确的，也足以让人信服），才能清晰地认识到要超越环境，不依赖环境，坚定地反抗它，同它斗争，小看它，或者违背它、拒绝适应它。因为，对于心理健康的理论来说，只有心灵外部的成功是不够的，我们必须把心灵之内的健康包括在内。

马斯洛认为大多数人在给自我下定义时只是简单地根据他人对一个人的评价，这是一种极端的文化相对论的做法。在这里，健康的个体性被完全抛弃了，但并不是说不成熟的人格就不是这样，只是我们正在谈论的是健康的、充分成长起来的人，而他肯定是以超越其他人的看法为特征的。

马斯洛指出，为了理解完全成熟的（真正的、自我实现的、个性化的、创造性的、健康的）人，我们必须保留自我与非我之间的区别。

马斯洛曾于 1951 年发表一篇题为《抗拒文化适应》的论文。他的健康研究对象表面上是承认习俗的，但私下对这些习俗却是随心所欲的、马马虎虎的和超然的。也就是说，他们能够接受这些习俗，又能脱离它们。马斯洛发现，实际上他们全都平静地、幽默地抵制文化的愚蠢和缺陷，用或大或小的努力来改进它们。如果他们认为斗争是必要的话，他们就会明显地表现出与这些缺陷进行坚决斗争的能力。在这篇论文中有这么一段话："爱慕和赞同与敌视和批判等各种比例的混合状态，表明他们从美国文化中选择那些他们认为是好的东西，而抵制他们认为是坏的东西。一句话，他们权衡和鉴别它们（根据他们自己的内部标准），然后自主采取决定。"

他们也表现出对一般人的非同寻常的排斥性，以及对独处的令人惊讶的喜好和需求。

由于这些原因以及其他原因，可以称他们是自主的，也就是说，他们是被他们自己的性格法则统治的，而不是被社会的法则统治的（只要这些法则彼此不同）。

在这里，马斯洛特别指出的是这些人的超然、独立、自我管理的特点，以及在内部寻求指导生活的价值和法则的倾向。他认为只有很清楚地区分这些，才能为反省、沉思以及所有进入自我的形式、抛弃外部世界来寻求内部唤唤的形式找到理论支持。这一过程包括了所有顿悟治疗的过程，在这一类治疗中，抛弃外部世界是绝对必要的，达到健康的途径是经由转入幻想、转入初始过程的。一般来说，这是恢复内在心灵的过程。

马斯洛指出，关于心理学的东西都可以从对于健康、创造性、艺术、娱乐和爱的兴趣中学到。从这些探索的种种结果中选出一个结果来强调，而且，这是对人性的底蕴、无意识、原初过程，以及对古代的、神话般的和诗意的东西，在态度上的变化。因为不健康状况的根基首先是在无意识之中发现的，所以我们通常就认为无意识是丑陋的、邪恶的、疯狂的、肮脏的和危险的，而且也倾向于认为原初过程是歪曲真理的。但是，现在我们发现这些底蕴也是创造性、艺术、爱、幽默、娱乐的源泉。

在所有领域，马斯洛都对那种认为一切行为都有动机的大众理论进行了批判，因为行为的应付方面和表现方面有重要的区别。马斯洛强调，表现行为或者是无动机的，或者是较少动机的（依据每个人对“有动机的”含义如何理解而定）。在更纯粹的表现行为形态上，它们与环境的关系很小，而且没有改造或适应环境的目的。适应、适合、胜任或控制这些词不适用于表现行为，只适用于应付行为。

马斯洛认为，只要集中注意力就不难发现两种效能结构——有机体内部的和环境的。不相干的东西就被推到一边，而不予以注意。各种有关的智能和信息在占统治地位的目标、目的的指引下排列它们自己，这就意味着，重要性变成按照有助于解决问题，即根据有效性来确定了。对解决这个问题没有帮助的东西，就变成次要的了，选择就成为必要的。所以，抽象地说，这就意味着对某些东西是忽略不计的、不注意的、排斥的。

马斯洛指出，只要我们努力想去控制环境或使它产生效用，就必然会对完全、客观、超然不干预的认知可能性造成损害，而且它们之间是相互成正比的。只要我们任其自然，我们就能完善感知。再者，根据心理治疗的经验，我们越是渴望做出诊断和行动计划，我们所做的事就越无益。我们越是渴望治愈疾病，它就越是长期不愈。每一个精神病研究人员，都必须学会不力求治好，不变成急躁的。在这种场合以及许多其他场合，屈服就是克服，恭顺就是成功。

但最关键的是，我们能经常在健康人身上初步发现这种关于世界的存在认知，而且它又可以相应地作为健康的一个标志性特征。马斯洛在高峰体验（暂时的自我实现）中也发现了存在认知，这就表明，就与环境的健康关系来说，控制、胜任、有效这些词所提示的主动目的性甚至已远远超过明智的健康概念或超越概念的需要。

可以预见，感受剥夺对健康人引起的应该不仅仅是恐惧，而且还有愉快。也就是说，由于割断了与外部世界的联系，这就使内部世界进入了意识，由于内部世界又是受健康人更多认可和享受的，所以他们应该更有可能享受感觉的剥夺。

为了更明确无误地理解这一观点，马斯洛强调指出：为了真正的自我而倾向内部，这是一种“主体的生物学”，因为这必须包含一种努力，把自己体质的、气质的、解剖的、生理的和生物化学的需要、智能和反应，即自己生物的个体性，变成有意识的。这听起来可能是矛盾的，但也确实是体验人类共同性的途径。

这些关于健康理论的考虑使我们清楚地看到：

我们一定不要忘记自主的自我和纯粹的心灵，一定不要认为它只是适应的装置。

即使是在我们处理与环境的关系时，我们也必须为和平环境以及恶劣环境的受纳关系提供理论的位置。

4. 智力的羁绊

① 约拿情结

“约拿情结”是马斯洛根据《圣经》中的人物约拿提出

的一个独特的概念。他认为，大多数的人都没有真正理解人性所能够达到的高度，人们不仅惧怕自己身上最坏的东西，也惧怕自己身上最好的东西。他指出，儿童通常都担心受惩罚，担心失去父母及亲属对自己的爱，担心遭到遗弃。对于那些有安全感、得到了爱和尊重的成年人和儿童的研究表明，在爱的相同的基础上，在使他人乐观幸福的愿望的基础上，以及在真理、逻辑、正义、一致性、是非感、责任感的基础上，可以建立起一种良知。健康心理与不健康心理之所以有着巨大的差别，就在于健康心理是以善良、诚实、正义、坦率、公正、合理等思想为基础，而把烦恼、焦虑、恐惧等负面思想排斥在外。

今天，大多数人本主义、存在主义的心理学家都相信人性的一个普遍表现，就是对于成长的渴望，对于提高自我并且实现自我的冲动，以及发挥自己潜能的愿望。如果这一点没有疑问，我们还需要解释为什么大多数人的内心世界并没有得到充分的发展，也没有实现他们的自我。马斯洛认为，解决这一问题最有效的模式还是弗洛伊德有关心理动力学的观点，即冲动本身与阻碍其表达的防御之间是一种辩证的关系。这样，一旦我们接受了这种假设，即最根本的人类冲动是要向健康、完善、完美和自我实现的方向发展，我们就有必要分析一下所有阻碍成长的障碍、防卫、逃避和抑制的倾向。

举例来说，弗洛伊德的术语“固着”（Fixation）和“倒退”对我们是很有帮助的。在过去半个世纪中，心理分析领域的发现当然也有助于我们理解对成长的畏惧，以及成长中断甚至倒退。但是，马斯洛发现弗洛伊德的概念并不能够解释这一领域的所有问题。因此，设计了一些新的概念。

马斯洛说："当我们立足于心理分析的知识，并且超越弗洛伊德的心理学时，就会不可避免地发现我称为'健康无意识'的心理机制。简单地说，我们不仅压制自己危险的、可怕的、可憎的冲动，也常常压制美好而崇高的冲动。例如，社会上普遍有一种感情脆弱的忌讳。人们常常耻于做一个心地善良、充满爱心的人，也就是耻于做一个高尚的人。这种对于美好本性的忌讳在青春期的男孩子身上最为明显。为了看起来体格健壮、态度沉着、无所畏惧，他们常常会残酷地抛弃所有可能被称为女人化的、女人气的、柔顺的特征。"

其实，这种情况并不限于男孩子，它在社会上相当普遍。一些十分聪明的人常常会对自己的智力持矛盾的看法。为了和"普通人"一样，他们甚至会完全否定自己的智力，尽量去逃避自己的命运。要一个有创造性的天才承认自己的天赋，完全接受它、发挥它，超越自己的矛盾心理，常常需要很漫长的一段时间。

马斯洛发现的这种情况也同样适用于强大的人：那些天生的领导者、指挥官或老板等。他们也经常为如何看待和对待自己感到困惑。对于自高自大、偏执的防范，更确切地说，对于罪过的虚荣心的防范，使他们陷于一种内部冲突：一方面，每个正常的人都愿意公开、愉快地表达自我，发挥自己全部的潜能；另一方面，他又发现自己必须经常掩饰这些能力。

在我们的社会中，优秀的个体一般要学会像变色龙一样披上谦虚的外衣。至少，他已经学会不公开对自己以及对自己的能力的看法。我们的社会就是不允许一个聪明的人说：“我是十分聪明的人。”这种态度会冒犯他人的。这常常被称为自夸，会引起对立的反应、敌意，甚至会遭到打击。

这样，一个人如果说自己很优秀，即使有理由这样说，即使这完全是事实，已经得到了证实，人们也会认为说话者是在宣称自己的支配地位，并相应地要求听者服从。这样，人们感到反感，并变得怀有敌意，也就不足为怪了。这种现象在世界上的各种文化中都很普遍。于是，优秀的个体便常常通过贬低自己来避免他人的攻击。

但是，问题摆在我们面前：我们必须自感坚强、充满自信才能够具有创造性，达到既定的目标，实现自身的潜力。结果，优秀的运动员、舞蹈家、音乐家或者科学家便被迫陷入这样一种矛盾的冲突之中：一方面，正常的内在精神使他们希望最大限度地实现自身的潜能；另一方面，社会却要求他意识到别人会把他的真实能力看成是一种威胁。

我们说的神经症患者便可能是由于惧怕惩罚和敌意而过度压抑自己的人。他放弃了自己最高的可能性，以及实现自己全部潜能的权利。为了避免惩罚，他变得谦逊、逢迎，甚至还有受虐倾向。总之，由于害怕声张优秀而受到惩罚，他自愿降低了自己人格成长的可能性。出于安全的需要，他削弱并且阻碍了自己的发展。

但是，人的深层的本性并不能够完全被否定。如果它们不能够直接、自发、酣畅地表现出来，就不可避免地要以一种隐秘的、模糊的甚至鬼鬼祟祟的方式表现出来。至少，失去的能力会在噩梦中、在令人焦虑的自由联想中，以及在奇怪的口误中、或者难以解释的感情中得到表达。对于这样的人，生活变成了一场永无休止的斗争。

如果说神经症患者已经完全放弃了成长的潜能，杜绝了自我实现的可能性，那么他看起来却是一个典型的“好人”了：谦逊、顺服、腼腆，甚至自我贬低。这种潜力的放弃及有害后果的最具戏剧化的结果，便是导致人格分裂。其中，受到否定与压抑的潜能最终以另一种人格的形式逃离出来。在所有这类病例中，分裂之前所表现出来的人格是一个完全传统、服从、温顺和谦恭的人。他一无所求，抑郁寡欢，毫无生物性的自私倾向。在这种情况下，戏剧化一般出现的新人格一般都更加自私、追求享乐、易于冲动、难以拒绝诱惑。

于是，大多数优秀的人所做的便是向社会妥协。他们虽对既定的目标跃跃欲试，向自我实现的目标迈进，对于自身的特殊才能，他们也常常希望一展身手，尽显其能；但是，他们同样会将上述倾向用谦逊、恭顺掩盖起来，或者至少会寡言少语，以隐其锋芒。这有助于我们用新的眼光来看待神经症。神经症患者是在争取自己与生俱来的完整人性，他们是要自我实现，充分发挥自己的潜能。但他们又为恐惧而感到紧张，进而掩饰或隐藏自己正常的冲动，使这些冲动带上罪恶感。这种罪恶感使他的恐惧得以减轻，同时也抹平了其他人。

更简单地说，神经症可以看成是既有所有动物与植物共同具有的成长与表达的冲动，又与恐惧纠缠在一起。在这种情况下，成长是以一种扭曲、痛苦、毫无欢乐的形式发生的。正如心理学家安吉尔在1965年时所作的恰当的评论，这种人可以说是在“逃避自己的成长”。

如果我们承认自我的核心部分地具有生物的性质，包括身体构造、组成、生理机能、性情、偏好、为生理所驱使的行为，那么我们同样可以说一个人会逃避自己命中注定的生物特性，甚至可以说这样的人是在逃避自己的事业、责任和使命。也就是说，他在逃避一项适合他的特性任务，他为之而生的任务。他在逃避自己的命运。

在这个意义上，我们每个人都在被召唤着去完成一项适合我们特性的任务。逃避、恐惧、犹豫不决、矛盾重重都是典型的“神经症”的反应。这些反应之所以是病态的，是因为它们造成了焦虑与心理障碍，产生了各种各样的症状。

但是，从另外的角度来看，这些机制也同样可以看成是走向健康、自我实现和完整人性的本能要求的体现。那些萎缩的个体，渴望着完整人性，但从来都不敢大胆去实现。而那些奔放的个体，则向着自己的命运昂首阔步。这两者之间的差异，简单来看就是恐惧与勇气之间的差异。神经症可以说是在恐惧与焦虑下实现自我的过程。在这个意义上，也可以看成是一种普遍的朝向健康的过程，只不过这种过程受到了阻碍和束缚。神经症患者也要求自我实现，但他是在曲折地蹒跚而行，而不是向着目标勇往直前。

② 成长停滞

尽管马斯洛对人性和潜能一直持乐观的态度，但同时也认为自己是一名现实主义者。于是，在上个世纪 60 年代，他越来越被这样一些问题所困扰：“为什么没有更多的人能充分发挥自己的潜能？”“是什么阻碍了人们潜能的发挥？”

马斯洛指出，我们必须正视成长道路上的停滞问题，也就是说要正视停止成长和逃避成长、固着、倒退以及防御的问题。为什么如此众多的人却没有真正的同一性，为什么他们如此缺乏做出自己的决定和抉择的能力，原因是什么呢？

原因其实很简单。首先，这些指向自我完成的冲动和定向倾向虽然是固有的，然而却非常微弱。因此，同具有强烈本能的其他动物形成了鲜明对照的是，人的这些冲动可以轻易地被习惯、不正确的社会态度、创伤事件、错误的教育所淹没。因此，选择和责任问题在人类比在任何别的物种上要尖锐得多。

其次，在西方的文化中，历史已决定有一种特殊的倾向——把人的这些类似本能的需要，设想为坏的或恶的。作为这种倾向的后果，便以控制、压抑、镇压、约束人的这个原初天性为目的而设立了许多文化机构。

最后，在成长的道路上，作用在个体的力量不只是一种而是有两种。除了一种把他推向健康的压力之外，还有一种可怕的拉他倒退的力，使他生病和软弱的力。也可以这样说，我们或者是向前，朝着“高级涅槃”前进；或者向后，朝着“低级涅槃”倒退。

马斯洛认为，在谈论人的价值的善恶时，许多学者、科学家，以及众多的哲学家和神学家们完全无视下述这些明白无误的事实：即专业的心理治疗学家每天都在转变和改善着人性，每天都在帮助人变得更强大、更有道德、更有创造性、更和蔼、更热爱、更利他、更安详。这种情况有时是可笑的，有时是很可悲的。人的这种提高，只是改善自我认识和自我承认的一些后果。这种自我认识，还可能在各种不同的程度上产生许多其他后果。

马斯洛指出，自知虽然不是自我改善的惟一途径，却是主要的途径。对于大多数人来说，自知和自我改善是很不容易的。它需要巨大的勇气，并且需要通过长期的斗争。虽然熟练的专业治疗专家的帮助可以使改善的进程容易得多，但是，这绝不是惟一的道路。从治疗中学到的许多东西，可以运用到教育和家庭生活中去，也可以用到指导一个人自己的生活中去。一个人想要学会恰当地尊重和欣赏这种畏惧、倒退、防御和保险的力量，只有通过心理病理治疗的研究。学会尊重和理解这些力量，就使得帮助自己和别人健康成长的可能性变得大多了。不真实的乐观，最终意味着幻想破坏、愤怒和绝望。

马斯洛认为，人的大多邪恶是由于人的软弱和无知，这也正是许多人做坏事、造成自己的悲剧和自毁的原因，同时也是他们堕落和生病的原因。但这种软弱和无知是可以理解的，可以宽恕的，而且也是可以治好的。

概括地说，在没有理解人的健康倾向的情况下，我们永远不可能理解他的弱点；否则，只会造成治疗上的错误。但是，同样在没有理解人的弱点的情况下，我们也永远不可能充分理解人的力量并帮助他；不然的话，我们就会犯过分信任理性的错误。

如果我们希望人成为更完善的人，那么我们就必须帮助他们认清自己的健康一面，而且要认清他们，同时也要帮助他们认清不健康的一面。只有充分认识疾病和健康之间的这种辩证法，我们才能在成长的道路上趋向更健康。

③ 恐惧感

马斯洛指出，我们身边不乏标签化的人，他们往往都极有系统地管理和安排生活的每一个方面。因为他们不敢面对任何突发事件，任何一个没有现成答案，必须凭借自信、勇气和安全才能找到答案并得以解决的问题，都会让他们感到极大的恐惧。对这样一种明显倾向于标签化的人，首先必须努力将任何种类的问题抛开。

马斯洛曾试图把出于恐惧的认知活动，和那些没有畏惧或正在克服畏惧，因而可以称为“健康的”认知活动区分开。换句话说，这些认知冲动似乎不是在畏惧条件下，就是在勇气条件下发挥作用的。但在不同条件下，这些冲动会有不同的特征。

当好奇、探索、运筹出于畏惧或焦虑的唆使时，主要目的可以看做是为了减轻恐惧。从行为上看，似乎是对研究对象或探索领域的性质有兴趣。事实上，很可能是生物机体试图使自己安静下来和降低紧张、警惕和恐惧的一种努力。此时此刻，未知的对象首先是一种引起恐惧的东西，而审察和探索行为则主要是为了使对象成为不可怕的东西。有些生物机体，一旦恢复了信心，可能接着就会进行对对象本身的审察活动，而且完全出于一种对外界独立存在的现实的好奇。另一些生物机体，在对象一旦成为熟悉的东西而不再可怕时，当然也有可能完全丧失对它的兴趣。那就是说，熟悉能导致不再注意和厌倦。

马斯洛指出，焦虑和恐惧一般都比认识现实性质的非人格兴趣更强有力。在这样的场合，“勇气”既可以看成是恐惧的消失，也可以看成是克服恐惧的能力或虽有恐惧仍能行动的能力。

任何认知活动，无论是制度化的还是个人化的，它们都能对照这一背景得到较好的理解。那么，认知活动中包含多少恐惧和没有恐惧的兴趣？鉴于多数人类活动都是二者的混合，我们必须问一下，恐惧和勇气的比率如何？行为可以看成是这两股力量相互作用的合成物，也可以作为恐惧缓解设计（防御的）和以问题为中心的设计（争胜的）的一种混合。对此，马斯洛曾在不同场合以几种不同的方式进行说明。首先，他把他所谓的“争胜的机制”与弗洛伊德的“防御的机制”进行区分。前者是指在没有恐惧或不顾恐惧的情况下，对生活中的问题进行积极、勇敢、胜利的解决；后者是为了继续寻求满足时减轻恐惧。

另一种有益的区分是在成长性动机和匮乏性动机之间做出的。认知既可以更倾向前者也可以更倾向后者。在认知主要是由匮乏激发时，它更倾向需要缓解、体内平衡和感受到的匮乏的减轻。当认知行为是由成长激发时，它不倾向需要缓解而更趋向自我实现、丰满人性，更趋向表现，更无我，更以真实为中心。这似乎在说：“一旦我们个人的问题得到解决，我们就能真正为世界而对世界感兴趣。”

成长被看做是一系列日复一日的无尽抉择，每次抉择不是退向安全便是趋向成长。在这过程中，必须一次一次地选择成长，必须一次一次地克服畏惧。

事实上，有许多方法对付这样的恐惧，其中有些是认知方面的。对这样的人，那些生疏的、模糊不清的、神秘的、隐匿的、意外的事物往往是有威胁的。有一种方法可以使这些事物变成熟悉的、可预见的、可以驾驭的、可以控制的，即不可怕的、无害的，那就是认识并理解这些事物。因此，知识可能不仅有促进成长的作用，而且有减轻焦虑的功能，有保护、维持体内平衡的功能。外在表现的行为可能是非常相似的，但动机可能极其不同，因而主体的后果也不同。一方面我们有慰藉的叹息，高度紧张的下降感，这和一个青年学生第一次用显微镜观察一个细胞的精密结构，或忽然理解一首难解古诗的韵律或政治理论的意义时的启蒙、兴奋甚至狂喜完全不同。在后一类事例中，你会觉得自己变得更高大、更聪明、更强有力、更丰满、更胜任和更敏锐了。

马斯洛指出，安全需要有时能完全克服认知需要以达到缓解恐惧的目的，摆脱了恐惧的人往往能更大胆、更勇敢，能为求知本身进行探索和推理。

他说，寻求知识有助于恐惧的缓解。他以哥尔德斯坦所取得的那些脑伤士兵为例，认为他们在能力上的真正损伤和真正丧失，不仅使他们觉得自己缺少能力，而且在他们看来，外部世界更是不可抗拒的。在面对那些他们无法应付的问题时，他们的很多行为可以理解为一种保持自尊和避免恐惧的尝试。为了达到这样的目的，他们首先尽力缩小自己的活动范围，以回避那些他们无力处理的问题，并使自己处理那些仅仅在自己能力范围内的问题。因此，大胆的尝试缩减了，企望和目标变得“适度”，他们使每一件东西都有自己的位置，他们极力使自己的狭小世界变得能够预测、控制。最后，他们倾向于冻结它们，使它们成为静止的、不会改变的形式，并避免再变动。就这样，他们使个人的世界变得更可预测、更可控制，并且不那么易于引起恐惧了。

对于那些能力有限而又不信赖自己的人，对于那些觉得外部世界远远超过自己能力而不能接受这种事态的人，这些行为是合理的、合乎逻辑的、可以理解的，它们是起作用的。依靠这些办法，这些士兵的焦虑和痛苦的确减轻了。对于偶尔来参观的人，这些病人看起来与正常人毫无差别。

从实用的观点看，这些能给人以安全感的机理是健全的。

若以新盲人为例，这一点就能很容易地看清楚。这些盲人由于能力更为欠缺，也必然要把外部世界看得更危险、更不可抗拒，并立即精心构筑各种安全机制保护自己免受实际伤害。为了达到这一目的，他们会缩小自己的活动范围，甚至是闭门不出，除非他们能使外部世界“受到控制”。对他们来说，每一件家具都必须有固定的位置；每一件东西都必须保留在原来的地方；不能让任何无法预料或意外的事情发生，那是十分危险的。世界必须依然如故，变动意味着危险。从一个地方到另一地方的路线必须默记无误，一切必要的东西都必须停留在原处。

在强迫性神经症患者身上也能见到类似的情形。这里有一个基本的问题似乎是有一种对人自身内部的冲动和情绪的畏惧，他有一种无意识的担忧，怕这些冲动和情绪会失去控制，因此，他一方面严密控制自己，另一方面他又把这种内心的戏剧性情绪和冲动投射到外部世界并力求控制它。他在自身内抵制的东西——情绪、冲动、自发性、表现性，他在外部也作出拒绝，因为他拒绝他的内在呼声和信号，从而丧失对他的自发的愿望和类似本能的冲动的信赖，所以他只好仰仗外部信号告诉他如何行动以及何时行动，如仰仗日历、钟表、日程表、时刻表、资格、几何图形化、定律以及各式各样的规则。由于他爱变化、流动和意外袭击而使他不能自动自发，因此，他必须摊开未来，计划未来，使未来严格就范，使未来变得可以预测。最终，他的行为也会逐渐“组织”到可重复的程式中。

从上可以看出，强迫症患者的生活圈很狭窄，他们也会逐渐变成一个拘束的人。为了便于控制自己的世界，他压缩外部世界；为了避免恐惧，他安排、规范甚至冻结他的世界，使它变得可以预测并因而可以加以控制。这种人倾向于“靠数字”生活，靠规范手册生活，依赖于外部暗示，依赖于逻辑和事实而不是冲动、直觉和情绪生活。

在某些多疑的和妄想狂的人那里，我们还能了解到下面一些事实：这些人不由自主地需要知道一切正在发生的事情；他们害怕不知情；他们必须了解闭锁的门的背后进行的一切；那边的奇怪声响必须得到解释；听不清的话语必须听清楚。危险在于不知情，只要真相不明就存在着危险。这种求知的行为主要是防御性的，它是强迫性的、呆板的，它是引起焦虑并产生焦虑的。从表面上看，它仅仅是求知的，因为一旦现实被认为是无危险的就不再引起兴趣。那就是说，现实本身没有什么要紧。

④ 陈规化思考

由于熟悉的东西不会让人焦虑不安，所以当人们必须去感知问题时，往往首先努力将这一问题纳入某一熟悉的范畴中去。他们的任务就是要发现这一特殊问题能够置入以前曾经经历过的哪一类问题中去？或者这一问题适合于哪一个问题范畴呢？它能够被塞进去吗？这样一种“置入”反应当然只有在人们感知到相似性时才有可能。马斯洛指出：这种对相似性的感知并不一定就是对被感知的现实的内在本质所进行的谦逊的和被动的记录。不同的人是根据不同的、适合他们个性的标签来进行分类的，但他们却都能成功地把经验标签化。这样的人不愿意陷入束手无策的境地中去，他们要把所有不能忽视的经验统统加以分类，即使他们感到可能需要把这种经验加以裁剪、挤压，甚至歪曲。

马斯洛认为，克鲁克的文章就是讨论上述结论的事实证据最好的文章之一。在这篇文章中，他讨论他医学诊断中所涉及到的那些问题。心理学家们当然更加熟悉许多精神病学家对待他们病人的那种严格的分类学的态度。

马斯洛指出，标签化的一个主要的益处在于，某一问题能被成功地置入某个范畴之后，就会自动随之出现一套相应的处理技巧。这还不是标签化的惟一理由。一位医生在处理一种已知的、虽然不能治好的疾病时，比在处理疑难病症时常常感到更为轻松一些。由此我们可以看到，那种把问题置入某一范畴中的倾向的背后潜藏着很深的动机。

一个曾多次处理同一问题的人，就如同一台加满了油的机器，可以随时运转使用。当然这就意味着一个人强烈地倾向于按以前的方式来处理同样的事情。正如我们所看到的，对问题的习惯解决既有好处，又有坏处。在这里我们可以再列举它的一个好处，就是一个人做事情时可以轻松自如一些，可以节省精力，可以有一种自动性，使自己的兴趣得到适当满足，不会感到焦虑不安，等等。而主要的坏处则在于，一个人由此而失去了灵活性、适应性和发明创造性，以为这个动态的世界能够被当成静止的世界来加以对待。

马斯洛指出，习惯既是必要的，又是十分危险的，它既有益处又有害处。毫无疑问，习惯能节省我们的时间精力和思想，但我们却要为此付出很大的代价。

我们总习惯于像对待那些无生命的东西一样对待有生命的东西，并且把一切不管怎样变幻不定的现实都放在那种牢固不破的形式之下加以思考，我们似乎只有在不连续的、不动的和僵死的东西里面才感到舒适自在。

例如，当我们面临某一问题时，往往有一种倾向于套用早期成功办法的习惯。这意味着：必须把眼下的问题置入某一问题范畴中去；必须选择那些对于这一特殊范畴的问题最有效的解决办法。因此，这里就必然要牵涉到归类亦即前面所说的标签化。

同样适用于标签化注意、感知、思维、表达等等现象的最恰当的描述就是习惯现象，即：一切标签化结果都是“要把世界冻结起来”。因此，理智在一个特定的情景里总是本能地选择那些已知的和相似的东西，它把这些东西找寻出来，以便能够应用它那“同类相生”的原则。常识之所以能够预见未来，原因正在于此。

实际上，世界在不停地变化，宇宙万物都处在一个发展过程之中。从理论上讲，世界上没有静止不动的（虽然为了某些具体的目的，许多东西可定为是静止不动的）。如果我们必须十分严肃地看待理论的话，那么，每一经验、每一事件、每一行为都以这种或那种方式（不管是重要的还是不重要的）有别于以前曾经发生过的，或者将来还要发生的所有其他的经验、行为，等等。没有任何两样东西是相同的，没有任何一样东西是保持不变的。如果你清楚地意识到这一点，那么当你做事情时把一些东西看成好像是相同的，好像是保持不变的——即根据习惯来做事，那么也是完全可以的。之所以能够这样做，是因为一个差别之成其为差别，就在于它具有某种不可忽略的重要性，但有些差别有时却是无所谓的。只要你认识到差别毕竟总是存在的，而且你必须判断它们是否具有某种重要性，那么你就可以尽可能地去利用习惯了，因为你知道什么时候应该把什么撇在一边。没有任何习惯是简单的，对于那些不是一味依赖习惯行事的人来说，习惯是有用的，但对那些不太有见识的人来说，习惯则会导致无能愚蠢和危险。

马斯洛指出，我们之所以说习惯是保守的机制，一方面是因为任何习惯的反应仅仅由于其存在，便足以阻止对同一问题其他习得的反应形式；但是另外还有一个重要的原因是学习不仅仅是肌肉反应，而且也使人们产生一种感情和喜好。例如，我们不仅仅学说英语，我们还会逐渐喜爱上英语。这样一来，学习就不完全是一个中立的过程了。我们不能说，如果这一反应是错误的话，我们就把它抛弃掉，或者用一个正确的反应来代替它。因为通过学习，我们自己已经被束缚住了，献上了自己的满腔真情。因此，如果我们愿意把法语学好的话，那么当我们的教师口音不好时，我们最好干脆暂停学习，等我们找到一个好老师时学习起来会更为有效。

马斯洛指出，经验并不像硬币，它是有机体一个一个习得的；如果这些经验有某些深刻影响的话，它们就会改变整个人。这样，某一悲剧性的经验就会使他由一个不成熟的人变为一个成熟的人，能够使他变得更加明智、更加宽容、更加谦卑，使他能够更好地解决成年人生活中的所有问题。与此相反的理论则会认为，这样一个人只是通过某种特殊的机遇获得了处理或解决某种特殊问题的技巧。他除了在这方面有所变化以外，并无其他的变化。

如果把世界看做是不断向前发展的，那么所有的时刻都可认为是新的和独一无二的。从理论上说，所有问题都必然是新的。如果一个问题十分类似于过去的问题，那么根据过去的经验寻找一个特定的解决办法就不完全是有益的，而且还有可能是危险的。任何一个人，不管他抱有多大的理论偏见，都会同意这样一个事实：至少有些生活问题是新的，因而必须用新的解决办法。

习惯从生物学角度对人的适应具有双重作用，既有必要性，又有危险性。它们必然意味着存在某种不真实的东西，即一个固定不变、静止不动的世界，但它们通常又被当做人最有效的适应工具之一，而这又意味着有一个变化的、动态的世界。习惯一旦形成，它就会发展成一种惰性，抗拒变化。但是当某一情况已经发生了变化，我们就该随之而发生相应的变化，或者迅速作好变化的准备。因此，习惯的存在有可能比毫无反应更加糟糕，因为习惯阻止我们并使我们不能及时对某一新的情况作出必要的新的反应。

马斯洛指出，我们建立起习惯是为了在处理反复出现的情况时节省时间、精力和思想，如果一个问题以同样的形式反复出现时，我们的内心就会弹出某种习惯性的答案，进而不去重视这一反复出现的、不变的和熟悉的问题的反应。

马斯洛认为，标签化有以下某一方面或某几方面的含义：人们仅有陈规化的问题，或者不能感到新的问题，或者重新塑造这些问题。这样，它们就可以归为熟悉的问题而不是新的问题了；人们仅仅使用那些陈规化的和机械的习惯和技巧解决这些问题；人们在遇到生活的所有问题之前已经有了一系列现成的、简捷的和单调乏味的解决办法与答案。这三种倾向加在一起，就几乎完全可以窒息人的发明创造性。

即使像柏格森这样深刻的心理学家也因为受到这种倾向的强烈控制而给理智下了错误的定义，他认为理智仅仅是对事物进行标签化。他说，“理智是一种把彼此相同的东西联系起来的能力，是一种感知同时也创造重复性的能力。”“解释那不可预见的和新的东西总是意味着把它融入到那安排在一个不同秩序里的旧的和已知的因素中去。理智既不能接受真正生成的东西，也不能接受全新的东西。”这就是说，在这里它又一次漏掉了生活的一个基本方面。

马斯洛指出，我们生活中的许多问题其实都是重复的、熟悉的、相对静止不变的。因此，它应该成为什么样子，往往就会以那个样子出现。一个从事所谓比较高级的活动、思想、发明和创造的人会发现，这些活动首先需要无数精细的习惯来解决日常生活中的小问题，以便创造者能够自由地把他的精力投入到所谓更高的问题中去。但这里却又涉及到一个矛盾，甚至可以说是一个悖论。实际上，世界并不是静止的、熟悉的和重复不变的，相反，它常常处在一个流动变化的过程中，是常新的，总是要发展成某一别的东西。我们必须承认，习惯对于世界的那些恒常不变的方面不管多么有用，当有机体必须处理世界那些变幻莫测、起伏不定的方面时，当有机体必须解决那些独一无二的、新的、前所未有的问题时，习惯肯定会起某种阻碍的作用；

习惯可以帮助我们取得进步，但却不是通向进步的惟一途径，它只在这样一个范围内能帮助我们取得进步，即它能够节省时间，保存精力。但是如果节省下来的时间和保存下来的精力不是用于改造其他行为的思想活动的话，就根本没有进步可言。刮胡子对你来说越是变成习惯性的，那么，在刮胡子的时候，你就越是能够自由地去考虑那些对你有某种重要性的问题。

至此，我们得出这样一个悖论：习惯既是必要的，同时又是危险的，既有益处同时又有害处。毫无疑问，习惯能节省我们的时间、努力和思想，但却使我们付出了很大的代价。它们是适应的一个最重要的武器，但却又对适应起着阻碍的作用。它们是解决问题的办法，但归根到底却又与新的、非标签化思维相违背，也就是说，它们对新问题是毫无作用的。尽管习惯在使我们适应世界的时候很有用，但它们却常常阻碍着我们的发明创造性，也就是说，它们常常阻碍着我们去使世界适应我们自己。最后，它们常常以一种懒惰的方式代替了真实的和新鲜的注意、感知、学习和思想。

5. 有序的生命需求

①自 信

马斯洛指出，满足自尊需要能增强人的自信，使人觉得自己是一个有价值、有能力和有力量的人，在这个世界上有用处，位置重要而必不可少。然而这些需要一旦受到挫折，就会产生自卑、弱小以及无能的感觉。这些感觉又会使人丧失基本的信心，使人要求补偿或者产生神经病倾向。从对严重的创伤性神经病的研究，我们已经明白基本自信的必要性，并且认识到，没有这种自信人们会感到无依无靠。

马斯洛认为社会上所有的人（少数病态者除外）都需要一种对他们而言稳定牢固的高度评价，有一种对于自尊、自重和来自他人的尊重的需要或欲望。这种需要可以分为两类：

第一，对于实力、成就、适当、优势、胜任、面对世界时的自信、独立和自由等欲望。

第二，对于名誉或威信（来自他人对自己的尊敬或尊重）的欲望，对于地位、声望、荣誉、支配、公认、注意、重要性、高贵或赞赏等的欲望。

上述需要被阿德勒及其拥护者们大力提倡，却通常被弗洛伊德所忽略。然而，精神分析学家和临床心理学家对于它们的突出的重要性给予了越来越广泛的注意。

从神学研究者关于骄傲和傲慢的讨论，从弗洛姆关于一个人对自己性质的虚假的自我知觉的理论，从罗杰斯关于自我的研究，从像兰德这样的随笔作者及其他来源那里，我们越来越认识到基于来自他人的看法，而不是基于真实的能力、以及对于任务的所谓真正的胜任和适应情况的自尊，并不牢固。最稳定和最健康的自尊是建立在当之无愧的来自他人的尊敬之上的，而不是建立在外在的名声、声望以及违心的奉承之上。即使在这里，将基于单纯的意志力量、决心和责任感所取得的实际的胜任情况和成就，与凭借人的真正的内心天性、素质、遗传基因或者天赋，或者如霍尼所说，依靠人的真实自我非常自然、轻松地取得的成就区分开是很有必要的。

② 自由选择

马斯洛指出，真正自由的选择是指由选择者内部固有的本性所决定的选择，是冲破社会阻力而得到增进的，是由独立人格（不是依附人格：那种年龄上的成熟及力量、勇气、真理、知识和清醒的意识）得到增进的，而不是由于软弱和畏惧。满足这一条件的每一种选择，都能够增高它的自由的百分比。

大量的事实证明，自由与存在价值多数情况下是在“健康人”（完善的、自我实现的性格）或最伟大的、最受人尊敬的、最得民心的人那里得到承认和体现，这是全部人类史的记载。

一些动物实验证明，加强的习惯或已熟悉的学习会使动物的效能灵活性降低。一个人的熟悉作用的实验证明，假如以前有十天以上被迫选取某些东西的话，他会继续选择和偏爱低效能的、烦人的、起初不喜欢的东西。一般的经验也支持这些发现。例如，良好习惯的形成就体现了这种特性，事实证明如果偏爱习惯或熟悉的东西的人会变得更胆怯、更焦虑、更强烈、更僵化、更带强制性、更神经质。临床证据和某些实验证据表明，自我力量、勇气、健康和创造性更有可能使成人和儿童宁愿选择新的、不熟悉的、不习惯的东西。

从适应性上看，熟悉能够切断存在的价值的倾向，只要适应了，坏味也就没坏味了，惊人的事也变得习以为常了。恶劣的条件适应了便不再引人注目，即不再被意识到，即使它们的恶劣影响可能在没有意识觉察的情况下继续存在，例如，持续噪音、持续丑恶或长年缺乏食物的影响。

选择是双向的，即在同等条件、同一时候有不同的事物可供选择。很明显，供选择的两种或两种以上的事物在一起而不是在两地时，分辨起来更容易些。我们可以预期，在两幅画中选取较美的，在两瓶酒中选取较纯正的，在两个人中选取较活跃的，这种选择当可供选择的对象在空间和时间上更靠近时也更有可能。

值得一提的是，如果将一些价值相差不大的东西让那些偏爱高质量东西的人来选择的话，他们极有可能选择高一级的。

在上述的各种意义上，揭示洞察疗法能被看做引向“真正选择”的过程。在成功的治疗以后，做出真正选择的能力要比治疗前大得多，因为决定的因素体现在体质上而非文化上，是由本身而不是由别人或集体内部的人所决定。选择是有意识的而不是无意识的，畏惧已极度缩小。成功的治疗增强了喜欢存在价值的倾向，也就是以存在价值为榜样。

对于精神受到创伤、受到消极限制的人，对于害羞、胆怯的人，对于狭隘的、贫乏的、受强制的人，对于僵化的、定型的、因袭习俗的人来说，较好体验会有更大的困难。因为他们可能惧怕尝试这种体验，或惧怕体验这种爱好，或可能拒绝这种体验，抑制它，压抑它，等等。这种性格上的制约大体上也适用于体质的和获得的两种决定因素。

实际上，选择和认知的自由受社会暗示、不合理的广告、宣传等因素影响，选择的对象可能被误解，然后被误选。这种有害的影响在遵奉的人中比在独立、坚强的人中更大，在年轻人中比在年长人中更大。但由于浅薄、无知以及隐瞒真相甚至说谎和对情境缺乏认知意识，造成了受宣传、虚假广告、权威暗示以及隐蔽的阳性强化的影响，这一类影响的大多数都能消除，只要使无知的选择者自觉地意识到他是怎样被操纵的。

马斯洛指出，在价值的层次系统中，存在价值属于最高层次，但它也由基本需要的层次系统所决定，也受匮乏需要与成长需要优势等所影响。一般地说，如果有两种匮乏需要满足，更占优势的是“较低的”一种，它会被优先选择。因此，可以期待的对存在价值的高度可能的选择机会在原则上依赖于较低的、更占优势的价值的先行满足。由此我们可以对许多事情进行前期推断，比如说安全需要，有保障的人的被选性要高于安全需要受到挫折的人。

另外，体质等身体因素对选择和价值也有所影响。比如说鸡、试验中的白鼠、林中的动物，在出生时就出现了选择上的差异，特别是对有益食物的选择。就生物学的意义说，有些动物是善择者，有些是非善择者。假如任后者自己选择食物，他们会得病或死亡。儿童心理学家曾以非正式的方式报告过人类婴儿的同样情况，儿科专家等也有过这一类的报告。一切生命体在满足自身和抗拒外来侵害的能力上也存在着差异，另外，在对选择的满足上，不同类型的身体也不一样。神经症是对选择能力、存在价值、真正需要满足等等的强有力的破坏者。我们甚至有可能依据对生命体健康不利的选择说明心理上的不健康，如毒品、酒精、不好的食物、坏朋友、不合适的工作等等。

除了上述所说的决定因素外，还有另一个决定性因素——文化条件，关于事业、食物的选择等就属于这类。要强调的是，经济工业条件也很重要；如大规模的、追求利润的、成批销售的工业在向我们提供廉价的和优质的服装方面是非常好的，但在供应优良的、无毒的食物、无化学物质的面包、无细菌的牛肉、无激素的禽类等等方面则是非常不好的。

因此，我们期待存在价值更受以下几种人的喜爱：更健康、成熟的人；年长的人；更坚强、更独立的人；更有勇气的人；更有教养的人等等。能促进存在价值为更多人所选择的条件之一是巨大社会压力的消除。

马斯洛指出，人命定是自由的。我们通过自己所作的自由选择创造我们自己，我们有能力选择不同的行动路线。但是，我们常常会深深沉溺于成规之中，陷入到现实的例行要求和从众的压力之中，以至于我们都看不见我们的生活中还有其他的选择，更谈不到这样去做了。我们的抱怨常常远远超过我们的行动，我们倾向于把注意力放在那些阻挠我们意图的人身上。

“只要那个人没有毁掉我的前程，我就要……”

“要是我有机会遇见那个好人……”

“要是我能碰到好运气……”

“只要我能清除掉我习惯的倾向，我就……”

“要是其他人像我一样的可靠和体贴……”

“要是我具有多种经历的优势……”

“要是世界不变得如此激烈的竞争……”

“要是给我提供了展示我才能的机会……”

这些抱怨以及其他无以数计的类似抱怨，与“我是我命运的主人，我是我灵魂的主宰”的观点格格不入。人们普遍地认为命运主宰着他们，他们从未有足够的机会按照“他们自己的方式”生活。当人们想“自由”时，他们常常凭幻想作出浪漫的结论，认为自由就是“摆脱”担忧和责任。然而，尽管这个幻想可能是吸引人的，但是，这却是对自由的错误和不现实的理解。真正的自由意味着：从可供选择的多种可能性中作出深思熟虑的选择，这个选择反映了你真正的愿望和最深刻的价值观，坚决抵制迫使你的意志自由向外部的或内心的力量妥协的压力。

马斯洛指出，个人自由最重要的因素必然要涉及到个人的责任，个人的责任是人们为什么不愿意拥有自由，而积极地去“逃避”自由的主要原因。如果你承认你的选择是自由的，那么，你必须承认你对你选择的结果要负责任。当你获得成功时，对你的成功承担全部责任很容易，但是，当失败发生时，人们就倾向于躲避掩盖，或责备他人，或谴责他们无法控制的力量。许多人都表现了这样的想法：如果不是外界原因的干扰，我们就能达成我们为自己设定的目标。然而，在许多情况下，这些解释不过是借口而已。设法逃避自由的努力是不合逻辑的，它们代表了否定自由和责任的软弱和不真实的企图。

显而易见，你能够进行自由的选择。但是，你怎么能确定这一点呢？你的遗传基因不仅仅决定你的性别、种族、身体特征，而且也影响你的人格。例如，使同性别的双胞胎（因此具有同样的基因“指纹”）在出生后就分开，并在不同的环境下成长，对其所作的研究得出了有争议的（虽然复杂的）结论。数年后，尽管他们在出生后的经历方面有很大的差异，但是，有的双胞胎表现出了惊人的相似：同样的举止和幽默感，相同的子女人数，相似的职业和爱好——所有这一切都显示了基因因素的影响。

马斯洛指出，环境在塑造人们的性格和人格方面也发挥着重要的作用。儿童的确就像海绵一样，他们吸收周围所有的信息和影响，并把这些因素融入到他们的思想和行为之中。我们的态度、价值观、信仰、兴趣以及与他人联系的方式——所有这些及其他的特质都要受家庭、朋友和文化的影响。

当然，尽管我们早期的发展过程要受环境和遗传的影响，但我们的大脑和我们的思考也在不断地成熟。我们的经历不仅在逐渐丰富，而且还会对这些经历进行思考并从中学习。我们不再是简单地接受他人的看法，而是逐渐具备了审视他人的意见并确定其是否有意义、是否应该接受的能力。

对你的人格来说也是如此，虽然你的遗传基因和早期的经历可能会决定你人格的框架，但是，你未来的自我究竟怎样则完全取决于你自身的努力。

换句话说，在你早期的发展过程中，你能够形成一种人格倾向，并在后来的发展过程中，根据你个人的目标对自己的人格进行再塑造。同样，如果在你早期的发展过程中，形成了你不满意的品质，如胆怯、害羞、悲观、迟钝、消极等，那么，你会意识到这些品质并不代表你的一生都是如此，你完全可以依靠自己的力量重新塑造你自己，使自己成为自己所满意的人。这就是自由的本质，自由的选择意味着要正视现存的环境，从有限的条件中作出选择，努力按未来的目标重塑现在。

然而，自由并不意味着无限的和没有限制的选择自由——这种自由观是一种幻想，是不切实际的一种观点。自由并不是存在于真空之中，它总是包括具体的选择自由和有限的可能性。在分析你的人格时，你可能会感到你也常常缺乏自信心，并被毫无安全感所困扰。在回顾你个人的历史时，你可能发现在某种程度上，这种情感是由于你的父母批评多而表扬少、不能给予形成稳定的安全感和自我价值所需要的个人支持而造成的。你可能发现在你的成长过程中，其他的因素也对你这种情感的形成起到了一定的作用：如离婚或求职遭到拒绝等痛苦和令人失望的事情。所有这些经历都会对你人格的形成产生影响，而且，这些过去的事情已经不能被改变了。因此，对你来说，重要的是：你现在打算做什么？你该如何对待这些事情对你现在思想和行为的影响？这是自由选择的切入点。虽然你不能改变已经发生的事情，但你可以控制你如何对待已经发生的事情。你可以选择让这些已经过去的事情继续影响你的人格，你也可以选择一条不同的生活道路来超越这些影响，塑造你的未来。

马斯洛认为，人并不完全是被决定或被限定的，人可以决定自己的命运。换言之，人最终是自我决定的，人不是简单地存在着，人总是决定他的存在是什么以及未来他会成为什么。无论我们的生存环境如何，我们总是保留人的自由的最后仅存的东西——在既定的环境中选择个人态度的能力。

当然，变化并不会立即发生，正如人格形成的漫长过程一样，对人格进行认识的重塑也需要一个很长的过程。有意义的改变也是一个过程，但是，对自己人格进行转舵以确定新的航程，并坚定地走下去，你就一定会有所改变。

假使自由的力量能创造和改变人们的生活，由此你可能会合乎逻辑地认为，人们将会热情地拥抱这个力量进行自由的选择。不幸的是，人们常常并不是按照这个逻辑去行动。实际上，人们常常花费大量的时间，处心积虑地去设法否定和逃避他们的自由。这是为什么呢？答案正如前面所说：责任。

在我们的社会中存在着一种日益明显的倾向，即通过成为一位受害者而逃避责任。而所有这些都源于人们日益增长的权利意识：人们想当然地认为他们应该有所作为，他们确信他们不仅有“生活、自由和追求幸福”的权利，而且有得到幸福的权利，实际上，他们认为他们有权逐渐增加“权利”的范围——而不承担与这些权利相伴随的责任。

造成这种局面的原因是人们往往过于关注自己的权利，而责任感却日益萎缩，因此，如果他们没有得到他们想要的东西，他们就认为一定是某人的过错。

马斯洛指出，从自身之外解释自己不幸的原因当然有一定的诱惑性，但是这种态度不仅不会取得任何效果，而且还会导致个人尊严、自尊和自由的丧失。相反，如果你能完全地承担个人的责任，那么，你就能通过你所作的选择自由地塑造自己的命运。

马斯洛认为，虽然外部的因素可能会限制你的自由——如受到监禁或从事一项没出路的工作，但是，由你自己内在的强制力所带来的限制，则具有更大的挑战性。人们之所以一般会有拖延和吸烟的毛病、忍受焦虑的煎熬、感到抑郁和消沉或人际关系紧张，不是因为有人强迫他们这样做。相反，他们常常是以他们意识不到的方式而使自己成为受害者。

为了消除强制力，首先必须意识到强制力的存在。例如，如果某人强迫你以某种方式进行思考或感觉，你只有在意识到这种现象存在的情况下，才可能去解决这个问题。同样，如果你没有意识到无安全感或感情幼稚等属于个人的问题，那么，你就不能解决这些问题，从而形成内在的力量驱动你的行为。一旦你达到了这种深刻的认识水平，你就会选择一条不同的道路，使用恰当的决策和解决问题的方法。但是，许多人对自由选择的性质并不了解，也有的人存在着许多疑惑，因此，下面我们对有关自由的几个主要的误解进行考察。

许多时候，我们进行的选择并不自由，因为选择是在他人的强迫下作出的。例如，当你的身体面临着受到伤害的危险时，你所作的选择就是对这些威胁作出的反应明显地感到不自由。同样，如果你在工作中，不得已而向有权解雇你的人向你施加的不合理压力屈服，那么，你所作的选择很明显就会受到这种环境的限制。这些对你自由的限制就是大家都知道的外部的强制力，因为它们是促使你在不得已的条件下进行选择的外部影响力。但是，强制力也有许多早期的形式。政治领导人诉诸恐吓、对熟人微妙的操纵、乞丐暗示的威胁、有权人进行的性骚扰等，这些都是限制你自由的外部强制力的普遍表现形式。

马斯洛认为，把自己从外部强制力中解放出来的方法是消除它们或使其无效，只有如此，你才能作出反映你真实愿望的选择。例如，如果你的选择受到了野蛮的配偶或不讲理的上司的限制，那么，你或者必须改变他们的强制性行为，或者是摆脱这种环境以获得真正的自由。如果你认为你的选择受到你所居住的地理位置的限制，那么，你或许必须通过搬家才能增加你自由选择的可能性。

关于自由的第二个误解干扰着人们进行自由选择的能力，是它鼓励人们被动地接受他们所面临的可供选择的条件。然而，充分地行使自由意味着你要积极主动地创造现实没有提供的选择的可能性。这种能力既涉及到通过采取积极主动的精神进行批判的思考，也涉及到通过创造独特的可能性来进行创造性的思考。例如，如果你在工作中需要完成一个项目，你不应该只考虑原有的条件来实现你的目标，而是应该积极寻求更多的可能性。如果你与某人面临着一个困难的处境，你不应该把自己局限在这个范围内来进行选择，而是应该努力找出解决问题的新方法。人们往往满足于坐在那里，听任环境决定他们的选择，而不是采取积极主动的精神，用他们自己的方式去塑造环境。批判的和创造性的思考者把世界看成是一个他们有责任去塑造和改变的可锻造的环境，这样就能使他们放手去最大程度地行使他们选择的自由。

“没有人是自由的，他是自己的奴隶。”这句格言告诉了我们一个道理：虽然你可能认为你能进行自由的选择，因为你不是能见到的外部强制力的受害者，但是，你的选择可能的确是不自由的，因为你的选择可能是内在的强制力的产物，一些非理性的冲动限制奴役着你。即使你是按照自己的“愿望”进行选择，“愿望”本身也不代表你最真实的自我——你内心最深刻的愿望和价值观。

尽管在社会生活中，没有外部的威胁能强迫人们进行选择，但事实的确存在。不过，在许多情况下，对人的限制不是来自外部，而是来自人的自身，这种内在的限制使人们无法进行源于他们真实的自我的选择。你怎样才能知道自己的选择是源于你真实的自我，或它是内在的强制力的产物呢？对此没有简单的答案。你必须批判地思考你所处的境遇，以便对它有一个全面的了解，但是，下面的一些问题能指导你进行进一步的思考：

你感到你能进行一个自由的和没有限制的选择，如果愿意的话，你能很容易地“作出相反的选择”吗？或者在某种意义上，你感到你的选择超越了你意识的控制，你受到一种不反映你真实自我的力量的“控制”，在某个方面，某种冲动“支配”着你？

你的选择丰富了你的经历，为你的生活增加了成功、幸福等积极的品质了吗？或者你的选择为你带来了消极的后果，损害了你努力要实现的许多积极的目标了吗？

如果有人问你，你为什么要进行选择，你能给出一个有说服力的、合理的解释吗？或者你对解释你为什么会有这样的行为感到不知所措，而只是说：“我无法控制自己。”

当人们吸烟成病时，他们常常感到，他们不是在进行一个自由的和没有限制的吸烟选择，因为对他们来说，要戒烟是非常困难的一件事。相反，他们常常感到他们被习惯所困扰，尽管他们也曾作过无数次的戒烟尝试。

吸烟给一个人的生活增加了许多消极的因素，包括对他自己及他周围的人健康的损害、牙齿有锈斑、呼吸困难等。从积极的方面来看，人们认为吸烟能减少忧虑、抑制食欲、缓减社会的压力等。但是！吸烟只能是治标之举，而不是治本之策。总的说来，吸烟最终的后果是消极的。

想戒烟的大多数人对解释他们为什么吸烟的原因感到不知所措，而只是说："我无法控制我自己。"

现在我们使用这些标准对吸烟进行分析。习惯性吸烟似乎明显是一个内在的强制力的例子。当然，虽然吸烟可能不是你的问题，但是，你可能要考虑你生活中其他的事情。虽然你可能发现，作出别吸烟的劝告是很容易的，但是，当你面对缺乏安全的恐惧感或严重的消沉抑郁时，你可能就不会很容易地接受这类简单的劝告了。

有的内在强制力来源于他人的期望，而我们渐渐地在无意之中把这些期望"内化"为我们自己的一部分。例如，在你的生活中，某人可能要求你无论在什么情况下都要依从，你可能逐渐地把这种期望内化，认为这种自我克制是你自由的选择。不过，虽然你在表面层次上可能还能使自己确信，但在一个较深的层次上你很明显地放弃了自己的心理自由，而服从了他人的要求。这就是人们为什么很难挣脱虐待的和破坏性的夫妻关系的原因：他们不把这种关系看做是虐待的或破坏性的，相反，他们可能认为这样做是他们的自由选择。

在你全部的社会生活中，这种同样的心理模式不断地出现。希望被爱、被人接受、被人尊敬，适应社会整体，得到他人的奖赏，这一切都是人的天性。不过，虽然你可能努力地使自己确信，但是，你在对这些压力和需要作出的反应选择常常真的是不自由的，因为促使你行动的驱动力不是来源于你自身，而是来源于自身之外的力量。这里的关键是你自我意识的程度。自由选择要求你能意识到社会的压力和期望，你能有意识地选择如何对它们作出反应。但不幸的是，我们这个关键的自我意识常常是缺乏的，因此，我们的行为是外部操纵的结果，而不是源于自我的选择。

大多数人确信，只要他们不过分地被外部力量所驱使去做某事，他们的决定就是他们自己的，但是，这是我们对我们自己存有的一个大的幻觉。我们的许多决定实际上并不是我们自己的，而是由外部给我们的建议，我们成功地说服自己，这是我们所作的决定，其实我们仍是在服从他人的期望，被害怕孤独隔绝和对我们的生活、自由和舒适的较为直接的威胁所驱使。

即使你可能认为自己是在进行真正的自由选择，但实际情况可能是你对内在或外部强制力的反应所作的一种“虚假的选择”。因为你没有意识到对你的行为产生影响的某些因素，所以，你生活在玩偶的幻觉中，你的每一项活动都受看不见的提线的操纵。

虽然每个人都参与了某些虚假的思考和虚假的选择，但是，这里的关键问题是，在什么程度上，我们大家都这样做了。如果你是一个对你的信仰和选择进行反省、推理和批判思考的人，那么，你基本上是一个“内在导向”的人，即你是一个独立地进行思考和选择的人。相反，如果你是一个很少对你的信仰和选择进行批判思考的人，那么，你基本上是一个“他人导向”的人，也即你是一个受他人的期望或你几乎不能控制的内在力量决定的人。真正的自由要求我们具有对“自我”进行反省、推理和批判思考的意志和能力，缺乏这些能力，我们就会处于“虚假自我”的危险境地中。

我们会很自然地认为，既然你的自由常常受内在和外在强制力所限制，因而你的责任就会被减少，因为这些内外的强制力似乎是你无法控制的因素。然而，实际情况并非如此，你仍然是有责任的。因为你感觉到你自己所承受的限制主要是你以前进行选择的结果。例如，虽然你现在可能感到迷恋某些药物或处于身心上受到虐待的夫妻关系之中，但事实上，你的这种被奴役和束缚的状况是多年来一直发生的。现在，你可能感到你深陷其中，甚至想象不到会有改变的可能性。然而你的处境不是一夜之间发生的，它是你进行的一系列选择的结果，因此，你应该对所发生的事情负责。

但是，周期性的抑郁消沉、恐惧、情绪不安以及其他的一些心理问题又是怎么回事呢？人们也应该对这些情况负责吗？虽然我们已“进步”到对几乎每一种病症，特别是心理领域，都有药可治的地步，但是，我们需要回首去审视，在上述情绪失调中思考应起什么样的作用，因为我们常常在无意之中，通过我们的思考和选择使情绪失调得以存在，甚至使它们得以强化。当然，在严重的、慢性的和长期的情绪失调的情况下，专业的治疗帮助是必要的，但是，对于较为常见的并影响我们发挥潜能的失调症，如果我们能做到清晰的思考和自由的选择，我们就常常能想方设法并努力冲破这些障碍和困难。

③ 乐观的解释风格

在现实的生活中，以上抽象的观点如何能发挥作用呢？让我们考察一个每个人或多或少都很熟悉的例子：抑郁。请想想你上一次抑郁的情况。你对前途感到倦怠、目标不明确、悲观了吗？你感到这种低落的情绪即使付出很大努力也是无力改变的吗？

马斯洛指出，对慢性的抑郁症有两种传统的解释：

第一种，它始于由来已久的心理疾病，反映了童年期精神上的冲突和无意识的愤怒，它需要数年的临床治疗来进行分析和改善。这种方法自然需要花费大量的时间和费用，即使如此，也没有把握彻底治好这种症状。

第二种，它始于大脑的化学失衡，需要服用抗抑郁的药。实际上，这些化学治疗不仅在严重的抑郁症患者中变得日益普遍，而且对一般的病人也是如此。越来越多的人正寄望于科学能为他们提供简便的治疗方法，帮助他们治愈复杂的心理疾病。如果我们通过简单的服用药片就能“治愈”抑郁症，或许我们用同样的药物手段也能治疗其他任何情绪疾病。

如果对抑郁症只有两种可能的解释，那么，它是在什么地方遗弃了自由呢？从表面上来看，抑郁似乎是一种如此普遍和衰弱的内在强制力，以至于用任何认真的方法谈论选择的自由都是毫无意义的。人们如何能为他们似乎明显无法控制的处境所负责呢？另一方面，如果能说明抑郁症常常是人们进行选择的结果，他们能在其生活中通过不同的选择来祛除这种病症，那么，很明显，自由和清晰的思考就是在生活的所有方面走向幸福和成功的关键。

生活力量的感觉如何？使用哪些方法能成功地最终消除抑郁症呢？

首先我们要意识到，即使当你处于抑郁症非常强有力限制的痛苦之中时，你仍能进行选择。

同样，当你感到特别抑郁时，你可以选择向抑郁屈服，让它剥夺你进行有意义和有作为的生活的愿望，或者你也可以选择战胜抑郁。你用什么武器来打败这个始于你自身的敌人呢？你具有思想的力量，能够进行批判的思考、清楚的推理及自由的选择。这也正是对人的行为进行解释的非常直接且容易使人误解的方法。顺应不良的行为和神经过敏的情感，都是基于不合逻辑和自我毁灭的基础之上的。通过改变你思考的方式，可以把行为和情感转变到积极的方面来。马斯洛认为，不明晰、不合逻辑和方向错误的思考会产生心理疾病，通过清除不恰当的思考模式，这些心理疾病可以得到缓解和减轻。

假如你正耐心地排队等候公共汽车，这时，突然有个人猛地从后面推了你一把，你会有怎样的感觉？如果你认为这个人是有意地推你，那么，你很可能会感到很气恼，甚至是愤怒。但是，当你转过身来看看是怎么回事时，你看见那个推你的人戴着一副墨镜，手里拄着一个拐杖向前探着路。你现在的感觉又怎么样呢？如果你认为那个人是个盲人，你可能对你最初的愤怒感到很尴尬。现在，假定每个人都上了汽车，你把这个人领到了座位上，他摘下墨镜，开始读报，现在你的感觉又如何？是的，你肯定明白了一切。我们对世界上所发生的事情的情绪反应，直接建立在我们对事物如何思考的基础上。当你的思考变化时，你的情感也会发生变化。

“合理的情绪心理疗法”是改善人们生活质量的一种方法，它是建立在以下原则基础之上的：

神经过敏的倾向常常是天生的或是在童年期就有的，但是，这些倾向由于个人不断重复早期就有的神经过敏的信念而延续下来。

既然情绪是密切关联的，是人的思考的产物，那么，神经病就是由错误的、不合逻辑的信念组成的，这些信念导致某人会用自我毁灭的方式去感觉和行动。

人们可以通过改变他们不正常的思考模式，并代之以明晰的、理智的思考模式，来清除他们身上这些自我毁灭的倾向。要做到这一点，就必须找出那些不断反复，使人们的情绪失调和行为失当的不合逻辑的信念，向这些信念提出挑战，并代之以正确的信念，最终达到对影响生活每个方面的个人生活哲学作基本的调整。

这种“合理的情绪心理疗法”的方法在帮助人们解决个人问题方面被证实是特别有效的。因此，我们就把这个方法应用到我们一直在探讨的抑郁问题上，看看它究竟是怎么回事。在对这个方法如何运作有了一个明确的认识之后，你就能把它运用到你生活的任何领域，从而使你的生活更加自由和幸福。

慢性的抑郁症是一种被意识到的思想失调，是对世界悲观认识的自然结果。当我们每个人都可能遇到的不幸降临在一个悲观者身上时，悲观者对此的反应是抑郁：“这完全是我的错，它将永远地持续下去，它将损害我所做的一切。”这种反应是习惯性的、自动的，它反映了一种在塑造个人的生活中发挥着重要作用的思考模式。当同样的不幸降临在一个乐观主义者的身上时，他的反应是尽量减少挫折和不幸感：“这个错误主要是由环境造成的，无论如何它都会很快地消失。此外，生活中还有很多值得我们追求的东西。”这种反应在帮助乐观者深处逆境而不抑郁是很有作用的。

悲观者对不幸的这种习惯性的消极反应方式反映了错误的、不合逻辑的信念，这种信念会带来许多情绪问题，其中包括抑郁。解决这些问题的方法是用正确的信念代替错误的信念，以确立新的思考和反应模式。例如，悲观者可以通过改变他们的“解释风格”，学会像乐观者那样去思考和感觉，“解释风格”是悲观者习惯性地向自己解释事情为什么发生的方式。马斯洛指出，你的解释风格反映了你对自己和世界的基本信念——它体现了你的生活哲学。你是一个可尊敬的、有价值的人，还是一个一钱不值的人？你能完善自己并提高生活质量，还是对有意义的改变无能为力？你的解释风格反映了“你心目中的世界”是肯定的还是否定的。随着你对自己不断地重复——这也反映了你的解释风格——日复一日，年复一年，你就会建立起塑造你人格的思考和感觉的模式。

例如，假定你刚知道两周后你将失去你的工作，你对就业的前景感到很渺茫，每个人面对此种情况都会有这种心理体验。虽然同样的事情可能会降临到悲观者的头上，也可能会降临到乐观者的头上，但他们对此所作的反应是完全不同的，从中反映了他们不同的解释风格：

（1）个人化：正如上述所反映的，悲观者倾向于指责降临在他们身上的不幸，从而导致自尊心的削弱，他们的结论是感觉自己毫无价值，才能平庸，不值得人们去爱。相反，乐观者能清楚看到外部环境在其不幸中的作用，他们能够客观地评价自己的力量和失败，并乐观地面向未来，更好地完善自己，这样使他们的自尊心比那些不断责备自己的人更强一些。当好事来临时，情况就会是另外一个样子：悲观者习惯地把荣誉和赞扬送给外部的环境和人们，而乐观者则认为这是他们自己努力的结果，自己应受到赞扬。

（2）永久：亦如上述所表现的，悲观者倾向于把不幸看成是永久的、一系列消极的事情，它们总要发生，并毁灭他们的幸福。相反，乐观者则倾向于把不幸看成是暂时的，把消极的事情看成是他们能克服和战胜的暂时的挫折。从积极的方面来看情况也恰恰是相反的：悲观者倾向于把成功和幸福看成是暂时的，而乐观者则坚信这样的成功和幸福是一种正常的状态。

（3）渗透：最后，亦如上述所反映的，悲观者认为，不幸的事情会渗透到他们生活的所有方面，表明他们的生活是一场失败。相反，乐观者认为，消极的事情是特定的和孤立的，与生活的其他方面没什么联系。在积极的事情方面，两者恰恰也是相反的：悲观者认为他们的成功仅限于那一件事上，而乐观者则把成功看成是他们生活获得全面成功的标志。

在生活的每个方面——学习、工作、运动、健康，甚至是长寿——乐观者都比悲观者有更大的成功可能，就像才能和动机在取得成功方面是非常重要的一样，乐观可以被看成是继才能和动机之后第三个取得成功的重要因素。当你面对逆境时，不能给自己说泄气的话，这是很重要的乐观技能，它能使你学会一系列新的认识的技能和态度，从而以更有效的方式重塑你对世界的看法。这种新的看法会使你获得解放，给你进行真正的自由选择的力量，这种选择能反映你最真实的、真正的自我。当你学会了这些积极的思考技能时，你也能把它们传授给你的孩子和你生活中的其他人。

让我们再回答生活的最终目的是什么？我们努力要实现的幸福生活是什么？

马斯洛说，幸福生活不是一种固定的状态，不是像得到调整、实行和实现这类的目标状态，也不是像驱动力或减少紧张那样的一种心理状态。幸福生活是一种过程，而不是一种固定的状态；是一个方向，而不是一个终点。幸福生活的核心是通过真正的自由选择来创造自己，把自己从外部的和内在的强制力中解放出来。当你过着这样的生活时，你就可以在你生活的各个方面都能发挥出你的潜能，就能够完全地向你自己敞开心扉，按照自己的意志行事，体验自己内心的力量。你就不仅能较清楚地意识到像恐惧、失望和痛苦等这样的情感，并坦然地接受它们，而且也能体验到勇气、体贴和尊敬这样的情感。你就能完全基于自己的体验生活，而不是通过防御和否认把它们都排除在外。

随着你达到了心理的自由，你的直觉就变得越来越可信，因为它们反映了你内心深处的价值观，你真正的愿望和你真实的自我。当我们受到内外强制力对我们自己的阻碍时，我们的直觉就会受到曲解，其结果常常是自我毁灭。如前所述，你需要对自己作明晰的思考，有一个乐观的解释风格，因为它能使你尽可能地用最有成效的方式来对待生活。当你达到了这种思想明晰和精神和谐的境界时，“感觉不错”就是对你应该进行的选择的一个有力的可信赖的指导。在这种良好的状态中所进行的选择将有助于你创造一种丰富的、令人振奋的、具有挑战性的、有激励作用的、有意义的和有所作为的生活。它将使你不断地发展自己，并充分发挥自己的潜能。

④ 做应该做的事

马斯洛曾引述韦特海默的一段话作为研究事实的向量性质问题的开始：

什么是结构？七加七等于多少，这种情境是一个带有空隙、缺口（空位）的系统。可能以任何方式填满缺口。一种填法——十四，就它在整体中的作用看，是和情境相符的，适合缺口的，在此处是这一系统中在结构上所需要的。它适当地处理了这一情境。另外的填法，如十五，就不适合。它不是正确的填法，它是任意确定的，是盲目的，或破坏了这一缺口在这一结构中所具有的作用。

这里，我们有“系统”概念，“缺口”概念，不同“填空”、情境需要的概念；有“需求性”。

如果一条数学曲线有一个缺口（某一部分缺少什么），情况也类似。要填满缺口，从曲线的结构看，往往有一些限定条件，某一填补对于结构是适合的、明智的、正确的；其他的则不符合需求。这和内在必要性的老概念是有联系的。不仅逻辑运算、结论等等，而且发生的事情、主体的作为、存在的状况等也能在这样的意义上成为合理的或愚蠢的、合逻辑的或不合逻辑的。

我们可以制定一个公式：给定一情境，或一个带有一个空位的系统，某一填空是否正确，往往取决于这个系统或情境的结构。这里存在着一些需求，在结构上决定的需求，存在着纯理论的明确判别可能性，能分辨哪一种填空适合情境，哪一种不适当，哪一种违背了情境的需求……这里坐着一个饥饿的儿童，那边有一个男人

> 在盖一间房子，缺少一块砖。我一只手拿着一块面包，一只手拿着一块砖。我把砖递给饥饿的儿童，把香气四溢的面包递给了那个男人。这里我们有两种情境，两个系统。对于填空作用来说，我的分配是盲目的。

接着，又引韦特海默在脚注中附加说的：

> 在这里，我不能讨论这样的问题——如阐明“需求”概念等等。我只能说，通常对“是”和“应该”的简单分割必须改正。这样一种秩序的“决定”和“需求”是客观的性质。

马斯洛指出，格式塔心理学的全部文献都证明，事实是动态的，而不只是静态的；它们不是无向量的（仅有数量），而是有向量的（既有数量，又有方向）。事实在做着各式各样的事情，它并不只是仅仅躺在那里。它们自行分类；它们完成自身，一个未完成的系列“要求”一个美好的完成。墙上卷曲的画需要弄得平展；未完成的课题总是不断打扰我们，直到我们完成为止。糟糕的格式塔会使自己成为较完美的格式塔，不必要的复杂印象或记忆会使自己简单化。音乐的和谐要求正确的和弦才能达到完美；不完善的趋向完善。一个未解决的问题坚持不懈地指向它的恰当解决。我们总是这样说“情境的逻辑要求……”事实是有权威的、有要求的品格，它们需要我们；它们可以说“否”或“是”，它们引导我们，向我们提出建议，表明下一步该做什么，并引导我们沿着某一方向前进。建筑家谈论地基的需要；画家会说那片油画布“要求”多用些黄颜色；一位服装设计师会说，她设计的服装需要一种特别的帽子配套；啤酒和汉堡配套比和罗克福配套更好；或像某些人说的，啤酒“喜欢”一种乳酪胜过另一种。

哥尔德斯坦的著作特别证明生物机体的“应该”。一个受损伤的机体不满足于它的现状，不安于受损，它努力着、敦促着、推进着，它为了重新使自己成为一个完整的统一体而不断和自身作战、斗争。丧失了某一能力的统一体力争变成一个新型的统一体，使已丧失的能力不再危害它的统一。它管理自己，制造自己，再造自己，它肯定是主动的。换句话说，格式塔和机体论心理学家不仅有“是”的洞察，而且有“向量”的洞察（应该的洞察？），而不是像行为主义那样认为生物机体仅仅是被“做成”那样，而不是自己也在“做着”，也在“要求着”。

马斯洛始终这样认为，事实的许多这一类动力特征、这一类向量的性质，恰恰落入了“价值”一词的语义范围。至少，它们在事实和价值之间的二歧鸿沟上架起了桥梁，这种二歧之分已被大多数科学家和哲学家循惯例而不假思索地认为是科学自身的一个规定性特征。许多人认为科学在道德上和伦理上是中性的，关于目的或应该没有任何需要注意的。就这样，他们给一个不可避免的后果敞开了大门，那就是说，假如目的必须来自某处，又假如目的不能来自知识，那么，它们便只能来自知识以外的什么地方。

“事实性”创造了“应该性”。这一点通过一些易懂的阶段引导到一个范围更广的概括。事实的“事实程度”、它们的“事实的”性质的增强同时也引导到这些事实的“应该的”性质的增强。事实程度产生应该程度，我们可以这样说。

应该由事实创造。某物被了解或认识得越清楚，某物也变得越真实越不会被误解，它也会获得越多的应该性质。某物变得越“是”，它也变得越“应该”——它获得更高的需求度，它更自发地“要求”特殊的行动。某物被理解得越清楚，也变得越“应该”，它也变成行动的更佳向导。

从实质角度来看，当任何事物十分明确、十分肯定、十分真实、毫无疑义时，它就会在自身内部提出它自己的需求、自己的需要、自己的适应性。它“要求”某些行动的向导，那么，引向最坚决的行动的最容易理解和最好的向导就是非常确实的事实；事实越真确，它们也就越是行动的好向导。

为了更好地说明这一点，我们可以利用一个不能确定的诊断例子。大多数青年精神病医师在诊断中总是犹豫不决和摇摆不定，对患者宽容、敏感和下不了决心，他们完全不能肯定那是怎么回事。当他参照许多其他诊疗意见和一连串相互印证的测试，又假如这完全符合他自己的观察并做过反复核实时，他会变得十分肯定，例如，确诊患者是精神变态；于是，他的行为以一种非常重要的方式向肯定改变，向坚决和有把握改变，变得确切知道该做些什么，以及什么时候和如何去做。这种确定感武装了他，使他敢于反对患者亲属的不同意见和对立看法，反对任何其他有不同想法的人。仅仅由于他没有怀疑，所以他能排除对立径直行事。以另一种方式说，他理解了问题的真相。在这一认知的作用下，他能够不顾他可能加之于患者的痛苦，不顾患者的眼泪、抗议或敌意，毫不犹豫地破浪前进。只要你相信自己，你便不再惜力。诊断的确定意味着治疗的确定，肯定的知识意味着肯定的伦理决断。

马斯洛说在他自己的经验中，也有一个例子能说明道德的坚定是怎样来自事实的确定。在读大学期间，他曾研究过催眠术。大学有一项规定禁止催眠，理由很简单，也许认为它不能成立。但他确信它能成立（因为那时他正在做这件事），并相信它是通向知识的一条康庄大道、一种必需的研究途径。他的无所顾忌使他自己也感到吃惊，他甚至不惜说谎或偷偷摸摸地进行。马斯洛那时认为，他不过是做必须做的事，并且绝对肯定它是一件应该做的正当事。请注意“应该做的正当事”这一短语，它同时既是一个认知词，又是一个伦理词。

另一个例子：当父母犹豫不决时，孩子是软弱的；当孩子自信时会变得坚强、肯定而明确起来。假如你确切知道你的所作所为是什么，你就不会瞎摸，即使你的孩子哭喊、有痛苦或抗议也一样进行。假如你知道，你必须拔出一根刺或一个箭头，或者假如你知道你必须动刀才能救孩子的命，你就能毫不手软地去做。

知识给我们带来明确决断、行动和抉择的能力，使我们知道该做什么。这非常像一位外科医生或牙科医师所处的情境。外科医生剖开了肚子找到发炎的阑尾，他知道最好把它割掉，因为如果让它烂在肚子里就会死人。这是一个例子，说明真理命令必需的行动，“是”命令“应该”。

马斯洛指出，所有这一切都和苏格拉底的观念有联系，苏格拉底曾认为，没有人会自愿地选择虚假确认为可能。不仅如此，杰弗逊的全部民主论都以这样的信念为依据，即：充分的知识引导正确的行动，没有充分的知识也不可能有正确的行动。

⑤ 生活原则与目标

生活的意义，除了要诚实之外，还必须受到正确原则的激发，必须不偏离正道，坚持不懈地追求真理、正直和忠诚。一个人若没有原则，就会像一艘在大海中失去了航舵或方向的大船，随风飘荡，任意东西，他就会成为一个没有法律、没有规则、没有秩序、没有政府的人。

力量如果不与正直和善良的灵魂结合在一起，就可能只是邪恶的原则的化身。洛瓦利斯在他的《论道德》一书中指出，道德最危险的敌人是一个假想的最大的野蛮人，他拥有最大的力量和最充沛的精力，如果再赋予他以狂妄自大、野心勃勃和自私自利的品性，他就成了一个十足的魔鬼。

人群中具有这些特点的人可以说是世界最大的灾难和最大的躁动者——这些被高深莫测的上帝造就出来的无赖来到

世间的使命似乎就是要毁灭这个世界。

由高尚的情操激发出充沛精力的人是大不相同的，他的行动受着正直的品格和生活的责任等原则的制约。不管是在商务活动、集体活动还是家庭生活中，他都是公平和正直的。在任何事情中他都诚实守信——包括他的言论和工作。对待反对者，也像对待比自己弱小的人一样，他总是宽厚仁慈的。

人的品格就是良心。他把自己的良心置于他的工作之中、言语之中和每一行动之中。

人的品格也是出于尊重。这种品格是一个最高贵和最高尚的男人和女人的标志：他（她）尊重代代相传的东西——包括崇高的目标、纯洁的思想和高尚的动机——包括以往时代的一切传人，也包括同代人中具有纯洁心灵的工人。尊重是个人、家庭和民族的幸福所必不可少的。没有它，不管是人与人之间，还是人与神之间，就不会有信用，不会有真诚，不会有信任，也就不会有社会的太平和社会的进步。

马斯洛指出，具有崇高精神的人能够把以往发生的所有事情都转化为经验，然后把这种经验与他的理想结合，产生的结果就是他的行动。他明白不能游手好闲的事理，他是掌握自己命运的舵手。真理就是他的女神，他会尽一切努力追求她，而不只是简单地看着她。他是智者的朋友，平凡人的榜样，邪恶者的祛毒剂。

马斯洛指出，合理的目标就是创造的力量，是潜能充分发挥的基础。如果你不想虚度此生，那么就应当从现在做起，如果你还没有确定一个恰当的目标，那么，先不折不扣地完成现有的工作，不管这一工作是多么的微不足道。

生活中没有固定目标的人，他的言行举止很容易受到情绪的影响，哪怕是一件微不足道的事情，也会让他烦恼、恐惧、忧虑。他的承受力就像一根苇草一样脆弱，任何的风吹草动，都足以使他摧折。干任何事情，他总是要左顾右盼，前怕狼后怕虎，他不可能有坚强的毅力和顽强的斗志，最终，他也不能逃脱失败和不幸。因此，马斯洛认为每个人都应该把拥有良好的人格作为人生的最高目标之一。良好的方法是一个人获得不竭动力的保证。而刚毅顽强的精神，作为一种向上的因素，使他的动机保持稳定并受到刺激。人生最好是有一个较高的目标，但是这一目标的重要性，并不是我们每个人都能认识到的。对大多数人来说，生活就是在生命的海洋里“随风漂流”，他们没有考虑这种生活方式究竟意味着什么。要知道，漫无目的的生活是十分危险的，每一个不想遭遇灾难和毁灭的人，都应该立即警醒，终止这种漫无目的的漂流。

马斯洛指出，软弱无能往往是和生活没有目标联系在一起的。实践出真知，斗争长才干。只有树立一个切实可行的目标，并通过坚持不懈的努力，才能使自己变得越来越有力量，才能使自己逐渐成熟起来。

坚持一贯的目标是十分重要的。一个人即使迟钝愚蠢，只要他锲而不舍，持之以恒，也会取得一定的成绩。莎士比亚指出：“一棵质地坚硬的橡树，即便用一柄小斧去砍，那斧子虽小，但如砍个不停，终必把树砍倒。”

迪斯累利先生说过：“不向上看的人往往向下看，精神不能在空中翱翔就注定要匍匐在地。”乔治·哈伯特极有见地地写道：“职业低下的人，如果把目标定得较高，他也可以成为一个高尚的人；不要让精神消沉，一个壮志凌云的人肯定会比一个胸无大志的人有出息。”

一个具有崇高生活目的和思想目标的人，毫无疑问会比一个根本没有目标的人更有作为，有句苏格兰谚语说：“扯住金制长袍的人，或许可以得到一只金袖子。”那些志存高远的人，所取得的成就必定远远离开起点。即使你的目标没有完全实现，你为之付出的努力本身也会让你受益终生。

我们应该再重复并记住这句话：合理的目标也就是创造的力量。如果你不想虚度此生，那么就应当从现在做起。如果你还没有确定一个恰当的目标，那么，先不折不扣地完成手头的工作，不管这一工作是多么微不足道。只有通过这样的方式训练，你才能逐渐地注意力集中，才能养成果敢的性格，才能有充沛的精力，为你将来完成更高的目标打下基础。

6. 无穷的潜力

刚进入 20 世纪时，美国一位最著名的心理学家和哲学家威廉·詹姆斯就断定：普通人只用了他们全部潜力的极小部分。詹姆斯把这当做自己最重要的发现之一。“与我们应该成为的人相比，我们只苏醒了一半。我们的热情受到打击，我们的蓝图没能展开，我们只运用了我们头脑和身体资源中的极小一部分。”由于某种原因——也许是因为各学科都对精神病、“普通人”及动物的研究趋之若鹜，精神病学家和行为科学家竟没有注意到这一重要的论断。不管出于什么缘故，在后来的五六十年里，几乎没人致力于研究人的潜力及如何发展这种潜力。近至1967年，曾在这一领域成为先驱的社会心理学家赫伯特·奥托博士说：“近五十年来人类潜力这一课题完全被社会科学家和行为科学家所忽视，根本没有被他们当做一个中心课题来研究。”

直至后来，马斯洛发展出一套动机理论，他关于人类动机的普遍理论的一个很重要的方面就是相信人类具有大量尚未加以利用的潜力。他相信，所有的或几乎大部分的婴儿，生而具有心理发展的潜力和需要。

通过对全人类中不足百分之一的精英进行研究，我们知道了人的潜力究竟为何物。马斯洛相信，大多数人都有一种自我实现的需要和倾向。然而，尽管事实上好像所有的人都有这种潜力，却只有极少的人达到自我实现。部分的原因是：人们对他们的潜力全然无知，他们既不知道什么是有可能做到的，也不理解自我实现会给人带来什么好处。

马斯洛引用的例子之一就是奥林匹克金牌获得者。一位冠军证明了在他所擅长的领域里潜力到底是什么，而且把他所达到的目标立为其他运动员的标准。马斯洛年轻时想进田径队参加比赛。那时在四分钟之内跑完一英里被认为是绝对做不到的事。结果，人所“不能”的事成了可能的事，因为人们证明了那是做得到的。每一次刷新记录都表明人的潜力在这些项目上有所增加。

马斯洛关于人的概念并没有排除人从出生起就有遗传上的差异这一可能性，然而他却认为人的潜力还是存在的。每个人身上都有这些伟大的潜力，但却又很难加以测量。“我们无法测出一个人将来可能有多高，只知道他现在有多高；我们无法知道在最好的条件下他会变得多聪明，只知道在目前的实际情况下他确有多聪明。”因此，我们所能做的就是看看那些扩大了我们视野的杰出的人，那些“奥林匹克金牌获得者”，看看他们能做到些什么。

马斯洛相信绝大多数人都有创造、自发、关心别人、好奇、不断成长、爱别人和被人爱的能力，以及自我实现者身上所具有的其他一切特点。一个人行为不善，是因为他的基本需要被剥夺才做出的反应。假如他的行为有所改善，那就是说他开始发展他的真正潜力，并向更健康、更正常的人看齐。弗洛伊德告诉我们：每个人过去的经历都存在于他的现实之中。了解了发展理论及自我实现理论之后，我们必须懂得：未来也以理想、希望、责任、任务、计划、目标、尚未实现的潜力、使命、命运、归宿等形式存在于一个人的现实之中。

马斯洛鼓励他的研究生们把奋斗目标定得很高。他会问他们准备写出什么样的伟大著作，或完成什么样的伟大任务。这类问题往往会使学生们发窘，他们想回避这样的问题，但马斯洛问道：“假如你打算做个心理学家，那么是做一个积极进取的心理学家呢，还是做一个消极被动的心理学家？是做一个好的心理学家呢，还是做一个差的心理学家？假如你不渴望写出伟大的新的第一流作品来，那么谁来写呢？假如你故意想偷懒，少花点力气，那么，我警告你，你今后的一生都会不幸。你将总是避开力所能及的事，避开自己有可能做到的事。”

一个人是要有点不知天高地厚的、辉煌的梦想，才敢说他将来要超过柏拉图，而把目标定得这么高的人必定也会有软弱的时刻，因为他知道自己是有不足之处的。但他应该意识到柏拉图自己也肯定有过类似的怀疑、不确定、软弱的时刻，然而不管怎样，他还是奋斗下去了。

马斯洛告诫我们，决不能对人的潜力怀有不切实际的想法。人的本质中是有一种发展的趋势，但是我们还必须认识到人的本质中还有一种相反的趋势，还有倒退、害怕发展、不能自我实现的趋势。

在研究自我实现的人时，马斯洛的发现之一是这样一个事实,即这些人都报告说他们有过他所说的“高峰体验”——即处于最佳状态的时刻，感到敬畏、强烈的幸福、狂喜、完美或欣慰的时刻。显然，并非只有心理健康的人才会有高峰体验，绝大多数的人也会有、而且也常常有高峰体验。马斯洛发现，向别人提出最好的一个问题就是要他描述“他一生中惟一最欣喜、最幸福、最完美的时刻”。

因此，高峰体验是人的一生中最能发挥作用，感到坚强、自信、能完全支配自己的时刻。可以把高峰体验比作一台发动机，突然间所有的汽缸都工作起来了，它运转极好，产生了从未有过的力量；而以往它也有过失误，老是啪啪作响，运转不灵。发明家、优秀运动员、领导者、总经理等，在他们处于发挥作用的顶峰状态时，就会出现这类行为。处于高峰状态的人会比平时更有决断力，更坚强，更专心致志，更能经受得住别人的反对，对自己更有把握。对观察者来说，这个人看上去比平时更可靠，更可倚仗，更可信赖。

在治疗中有时也可能发现这样的时刻。卡尔·罗杰斯把高峰体验描写成“充分作用”。在这一段完整统一的时间里，人会比平时更有自发性，更善于表达，并有一种超脱了过去及未来的感觉。在这些感到强烈幸福的时刻，怀疑、惧怕、禁忌、诱惑和软弱都不存在了——局促不安的感觉也一同消失了。

马斯洛指出，高峰体验可由多种原因造成，例如，倾听美妙的音乐，体育上的卓越成绩，一次尽兴的性交，甚至是一曲完美的舞蹈。“看来每一次真正卓越、完美的体验，或者朝完全的公正或完美的价值前进一步，往往都会产生高峰体验。”以下就是马斯洛记录下来的一些例子。

一个年轻的母亲在厨房里忙碌着，为她丈夫和孩子准备早餐。太阳光照进屋里，孩子们穿戴得整齐又干净，边吃着饭边喋喋不休地说着话。她丈夫正和孩子们随便说笑着。可是当她看着他们时，她突然陶醉于他们的美、自己对他们的巨大的爱以及自己的幸福感，以致进入了一种高峰体验。

一个靠为爵士乐队击鼓来挣钱读完医学院的年轻人几年后报告说，在他全部的击鼓生涯中，有三次进入高峰状态，他觉得自己像是一个伟大的击鼓手，而他的击鼓表演在那三次中也显得非常完美。

再如，一个女主人开了一个晚会，她每一件事都进行得非常成功。那天晚上大家玩得十分开心，晚会结束了，她向最后一位客人道了晚安后，在一张椅子上坐下，当她看着四周的一片狼藉时，她感觉到自己进入了极度幸福欢欣的高峰状态。

进入高峰状态的人不但觉得自己变得更好、更坚强、更统一了，而且整个世界看上去也更美好、更统一、更真实了。对一个普通人来说，一次高峰体验可以说是对自我实现究竟是怎么回事的一瞥。马斯洛从大约一百个人的各式各样的描述中，列出了一些对高峰体验来说通常用到的词，不管它们源于何处。这一系列词与自我实现者的存在价值相同。它们是："真、善、完整、对两极对立的超越、活跃、独特性、完美、必要性、完成、公正、秩序、单纯、丰富、自如、谐谑、自足。"

高峰体验可能具有有益的治疗效果——即能消除神经症症状。马斯洛已从一些心理学家和其他人那里收到了好几份报告，说高峰体验具有如此深刻的影响以致使某种病症永远消失了。在合适的条件下，这样的体验能使一个人发生永恒的变化。

马斯洛博士发现大多数人都不会主动说起他们感到特别快乐的时刻。因为这可不是人们常常在大庭广众之下讲的那类体验。许多人感到窘迫或害羞，因为这些体验不"科学"。

很多人在快乐的时刻或之后，都感到很幸运，心怀感激之情。结果他们会对别人、对整个世界产生爱，甚至会有一种要在这个世界上做点好事作为回报的欲望。马斯洛发现高峰体验带有几乎每个教派和每种信仰习惯上认为属于宗教体验的绝大多数特点。每种宗教、每个时代、每种文化的人都用几乎相同的词语来描述这种神秘的体验，这实在是很有意味的事。

马斯洛断言，在顶峰经验期间，人能更好地认识现实本身，在这种时刻他们能像许多哲学家和神学家那样洞察现实的统一的面目。

7. 发展的天赋

马斯洛的一个与潜力有关的概念是发展（growth）。经过多年研究，他得出了这样一个结论：向自我实现的发展是自然的，也是必要的。他这里所说的发展指的是天赋、能力、创造力、智慧以及性格的不断发展。发展就是越来越高的心理要求不断得到满足的过程。用马斯洛自己的话来说，“从人的天性中可以看出，人类总是不断地寻求一个更加充实的自我，追求更加完美的自我实现。从自然科学意义上说，这与一粒橡树种子迫切地希望长成橡树是相同的。”

有一个现象很好地证明了这一点：有了心理发展才会有心理健康；那些在心理上没能跟上生理成长的人，往往会呈现出心理和生理上的病态来。

正统的行为主义学说认为，人类总是在为解除紧张状态而寻求一种平静，因此，人类绝大部分行为都可以用“缓和紧张”的动机来解释。弗洛伊德也相信这种“缓和紧张”以及“快乐—痛苦”原则。他认为人类总是不断地在追求快乐，避免痛苦。然而马斯洛却指出，越来越多的心理学家和行为科学家都不得不承认，人类天性中有一种寻求发展和自我实现的倾向，因为仅仅用“缓和紧张”来解释人类行为是无法自圆其说的。马斯洛曾这么说：“如果人类行为的动机只是被动地克服令人烦恼的紧张，如果缓和紧张的最终目的只是被动地等待更多的紧张的到来，再去克服它们的话，那么还谈得上什么变化、发展、运动、前进呢？人类还有什么必要去进步，让自己变得更富智慧呢？又怎么谈得上对生命的热望呢？”

马斯洛还说：“所有的证据都表明，实际上每一个人（包括每一个新生儿）都具有一种对健康的积极向往，一种希望发展，或希望人的各种潜力都得到实现的冲动。”

人类有发展的能力，但是根据马斯洛的研究，在那些比较自由的社会里也只有很少的一部分人接近于各方面潜力的完全实现。对于为什么有那么多的人没能发展，马斯洛提出了以下几条理由：

（1）正如我们上面所提到的，人类向往发展的本能是比较弱的。因此，坏习惯、贫乏的文化环境、缺乏能力，甚至错误的教育都能使这种发展的趋向受阻。

（2）西方文化向来有惧怕本能的传统，即把本能看成是动物性的、邪恶的。弗洛伊德和许多基督教神学家们都强调人类本能邪恶的一面，因此，我们的文化总是强调克制、抵抗本能，而不是鼓励本能。

（3）还有一种来自寻求安全的较低级需要的消极影响。发展的过程需要人时刻准备冒险、犯错误、改变习惯。马斯洛说："人可以作出选择，回头是安全，前进则会发展；人必须一而再、再而三地选择发展；一而再、再而三地克服恐惧。""所有引起恐惧和焦虑的因素都会打破倒退与发展之间的平衡，使之变成倒退和停滞不前。"处于和平、安全和友爱的环境中的孩子很容易发展，并容易懂得发展的过程。但处于不安全环境的孩子却总是渴求稳定和安全。甚至一个健康的孩子到了一个陌生的环境也会变得小心翼翼，不敢轻举妄动。

（4）马斯洛进一步探讨了他所谓的"约拿情结"：成年人总是怀疑甚至害怕自己的能力。"我们害怕自己的潜力所能达到的最高水平（当然也害怕最低水平）。在我们最得意的时刻，处在最得意的条件下，在我们最雄心勃勃的瞬间，我们能够想象到自我实现的光辉情景。但我们通常总是害怕那个时刻的到来。在这种高峰时刻，我们为自身存在着某种上帝般完美的可能性而心神荡漾，但同时我们又会为这种可能性而感到害怕、软弱和震惊。"

一个发展中的人总是不断地向自己提出挑战。这就需要勇气。当人进入一个新的、更好的环境中时，不免会产生一种无能的、不自在的感觉，而有些人永远也克服不了这种感觉。发展所带来的快乐需要以努力、自律和一定程度的痛苦为前提。持弗洛伊德观点的人，即只想得到快乐而不愿付出痛苦的人，大概不那么容易发展。弗洛伊德所观察到的现象显然在许多人身上都存在，尤其在他研究的那些精神不健全的人身上存在。

（5）一个人所处的文化背景常常会影响人的自我实现。比如人们常在说怎样才算有男子汉气概，怎样便是没有男子汉气概。同情、善良、温柔等人类天性往往因受到约束而得不到发展，因为整个文化都认为这些品质不是男子汉的标志。

（6）我们前面已提到过这么一个事实：科学家们发现，达到了自我实现的人比一般人更灵活，对新事物更敏感，更易接受。由此可以推断，习惯是发展的大敌。大部分人都容易墨守成规。这本身倒并不是坏事，因为有些习惯可以帮助我们的头脑全神贯注于某项活动。但肯定还有一些很久以前养成的习惯，一旦形成之后人们就会盲目地遵循它们。这往往便限制了个人的发展。“对于世上某些一成不变的事物来说，习惯是十分有用的，但是当我们要去应付世上一些不断变化和波动着的事物的时候，习惯显然就成了障碍和阻力，它影响我们去适应新的、独特的、从未碰到过的情况……对神经不正常的人来说，是否能抓住熟悉的过去是一件生死攸关的事。一般的精神病患者都缺乏健康人对新奇的、尚不为人所知的事物的兴趣，即使有的话，也是处于最低水平上的。”

我们在谈到发展为何会失败时，已经暗示了发展的方法。对于处在健康环境下的健康的孩子，只要鼓励他们去探求，给他们以吃一堑长一智的机会，他们就能发展。对于成人也是这样。过分的溺爱和娇生惯养很容易成为发展的障碍。人应该学会自己来作出选择，如果老是由别人来替他决定，他自然就难以发展。马斯洛认为，发展需要付出一定的痛苦和悲哀。我们应该学会放手让孩子或大人去经历这种痛苦但有益的体验。

后来，马斯洛又提出了另一个理由说明人何以不能发挥其潜力。他通过对齐普夫博士的研究的总结和自己的观察，发现人本身有一种惰性，也就是齐普夫博士所说的“最少努力原则”。

自知之明和自我理解在马斯洛看来是通向自我实现的最重要的途径——这个过程或者受到父母、教师、文化环境的促进，或者受到他们的阻碍。懂得发展过程的专业医师在这方面能提供极大的帮助。当一个人理解了自己，他就会懂得自己最根本的需要和动机是什么，并学会以一种能使它们得到满足的方式去行动。自我理解也可以帮助一个人去理解别人，同别人相处。如果说，全人类最本质的需要都是相同的，那么通过自我理解就可以达到对全人类的理解。

勇气、自信和自尊的发展对于人的持续发展是极端重要的。马斯洛通过对布兰代斯学院研究生的实验得出这样的结论：自由、不受约束对于有些人的发展是有益的，但对另一些人则起到相反的作用。这就是他所谓的“分野原则”——这个原则要么造就了他们，要么就毁了他们。对于已经健康发展的个人来说，压力和挑战有助于发展；但对那些惶惶不可终日的、软弱的人来说则恰恰相反。因为，只有在挑战没有超过人们能力的限度时，挑战才是有益的。马斯洛这样总结道，“这就是说，我们还必须对纪律的好处、溺爱的坏处、失望的好处、艰苦的好处、挑战的好处等等作进一步的研究。”

自我实现的人免不了要有一定的自我约束和一定的自我控制。不过这一切都应由他自己给自己规定，这要比由外界强加到他身上好得多。然而，随着人自身的发展，对控制的需要也越来越少，人的行为变得更加自然。正如艺术家刻苦练笔，直到掌握了所有的技巧，他的艺术就成熟到了无拘无束、顺乎自然的境地一样。马斯洛相信绝大多数的宗教和道德哲学都过分强调控制力与意志力，过于忽视自我理解与自发性。例如亚里士多德在建议把人的各种能力按梯级形式排列时，就把理性放在顶层。而马斯洛却认为，对健康的人的主观感觉，我们必须给予更多的承认和尊敬。

显而易见，受到别人关爱的人，尤其在孩提时代受到关爱的人，往往更容易健康地发展；而被剥夺了爱的人则往往不能。现在几乎所有的思想学派都赞同这个观点。

衣、食、住这些低等需要得到满足并不能保证一个人的发展。“我百思不得其解，为什么富裕使一些人发展，而使另一些人停留在‘物质主义’的水平上……也许我们有必要在自我实现者的定义上再加一条，即他不仅是身体健康，基本需要得到满足，能积极地发挥能力，而且也忠实于一些他正在为之奋斗或摸索着的价值。”

弗洛伊德通常蔑视价值观念。对他来说正确的行为就是不受限制的行为——即不受限制地实现动物的生存本能。而行为主义者和绝大多数行为科学家则认为价值观念不属于对人类本性的科学研究范围。对大多数科学家来说，科学与道德相对论是同义的。

在健康的环境里，发展是值得的，健全的个人就是为此而发展的。人们越是发展，就越希望更进一步发展。“……一刻不停的发展本身就完全是有益的、令人愉快的。”令马斯洛痛心的是，我们现代人的典范已成为一种“四平八稳”的人……除了我们的时代之外，每个时代都有它的英雄典范。我们的文化把圣人、英雄、绅士、骑士、神秘之人都一扫而空，取而代之的是一个毫无问题、四平八稳的人，一个值得怀疑的、苍白的替代者。也许很快我们就会把自我发展、自我实现的人作为我们的典范：他的潜力能充分发挥，他的内在本性能自然表露，而不是被扭曲、压抑或得不到承认。

8. 高级之人

马斯洛由于他提出的令人信服的人类动机理论而闻名世界，这一理论是在 20 世纪 40 年代中期形成的。他认为，人类动机包括先天的需求层次。需求满足的发展方向是走向自我实现。在马斯洛去世的前几年，他更加相信人类具有高级需求，而以往的哲学和心理学的主流都忽视了这一点。

他的这一新心理学与行为主义和弗洛伊德主义心理学截

然不同，通常被称为人本主义心理学和存在主义心理学的“第三种力量”，即人们通常所说的“第三思潮”。

马斯洛指出，关于人性的观念已经发生了很大的变化。在如何看待人性方面发生的极其罕见的而又如此巨大的变化——可能要过一个世纪甚至两三个世纪才发生一次。他说：“当任何新东西突然出现在我的意思里的时候，我首先做的就是同它斗争。从精神分析的方面看，我经历了一种明显的心理对抗，它通常只是一种普遍的恐惧心理。我开始失眠，打冷战，甚至开始消化不良。但我也感到了一丝骄傲，好像是在同强大的对手作斗争一样。我慢慢地明白了，在我的意识里，有一些理性的东西正在形成。所以到现在我将近六十岁的时候，我知道如果我开始失眠，消化不良，变得阴郁和严厉，那么这就是一个好现象。我在提出这个新理论的时候还没有足够的勇气来全部接受它包含的东西。它几乎吓坏了我，我对它推翻心理学主流思想意味着什么感到害怕，它激起了骄傲和谦卑、自大和恐惧的两种心理的剧烈冲突。”

马斯洛在资料掌握不多的情况下就开始了自己的调查，他试图了解自我实现者的动机。他说，所谓自我实现者，就是在现实中不再被“基本需求”驱动的人，他们的“基本需求”已经得到了满足。他认为，这种人要比设想的数目多得多。由于自己的基本需求已经得到满足，他们在世界上具有一种安全感，而不是经常感到焦虑。他们也有一种归属感，感到自己是属于人类大家庭的一员而不是在这个家庭之外。他们拥有良好的爱情生活和感情关系，他们觉得自己值得拥有这份爱情和感情。他们有许多朋友，有自己非常热爱的人。他们的自尊问题处理得很好，他们很自重，没有自卑感，有强烈的自我价值认同感。

马斯洛发现，在这些自我实现者中，有相当多的人都具有存在性的价值观，他们忠实于这些价值并努力做到与这些价值保持一致。这些人几乎都非常清楚自己生活的责任感，他们有一种近乎于天职的使命感。事实上，他们都从事着自己喜欢的工作，他们所从事的都不是那种冷酷的、唯利是图的职业。

例如，一位接受马斯洛研究的对象是一位实习精神病医生，他很喜欢精神病学。另外一位女士则喜欢做一个大家庭的“大母亲”，就是全心全意地抚养许多孩子，呵护她的侄子、侄女，把照顾这些孩子当成自己的天职。还有一位是完全献身于法律事业的律师。因此，马斯洛指出，一个人具体干什么职业并不是自我实现的关键。一个自我实现的人可以是光明磊落的律师，也可以是一个极其尽责的医师。

马斯洛认为，自我实现的人与一般人有一个很大的不同，他们的行为是表达永恒的、终极的价值的一个渠道或媒介，这些价值也就是日常生活中的真、善、美和正义。例如，有一个人对不公平的事感到愤慨，他会卷起袖子，放下他正在做的事，同不公平的事作斗争。为了战胜它，他会在晚上很晚才睡觉，拼命地工作。正义的实现能够使他获得一种深深的满足感。在同这个人交谈的时候，马斯洛了解到他酷爱法律。他谈起法律来就像是赞美情人，即使为它牺牲也在所不惜。同样，另外一个人对音乐也有着同样的感受。还有一个人是搞科学研究的，他觉得探索和发现真理也能够产生类似的感觉。

马斯洛发现，在现实生活中，有的人身体力行，始终遵循着自己所认定的终极价值，实际上他们每天都生活在这些价值中。他说，这些人可能是律师、教育者、科学家或只是水果店的老板，但他们实际上更是智者或圣人。当然，他们的头顶上并没有光环，他们像其他人一样穿着平常的衬衫、裤子和鞋子，戴着平常的帽子。

马斯洛承认，以前他一直以为那些神圣的、高尚的，即那些喜欢美和正义的人看起来都应该是超凡脱俗或与众不同的，后来他开始意识到每个人或多或少都有一些类似高尚的品质，关键是“他有多少神圣性？”或者“他的神圣性达到了什么程度？”以及“他在多大的程度上害怕这种神圣性？”“他在多大程度上压抑了这种神圣性？”因此，他最后想到了这样一点：在这个屋子里，每个人都有一定的神圣性。也就是说每个人都具有那些富有智慧、喜欢正义、愿意为正义而斗争，以及有时被轻蔑地称为“童子军”或“好事先生”的人的品质。

马斯洛说：“从犹太人的传统来说，我所知道的最好的描述词是来自希伯来语的‘正直而有道德的人’(Tzaddik)。在我们的文化中，它并不具有任何有害的或令人讨厌的含义。”他指出，一个正直而有道德的人结合了圣人和政治家的最好的特点，是智慧和务实精神的化身。

当今社会中，有许多人不愿意把自己当成这样的人。他们宁愿让别人把他们看成是坚强的、冷酷的、强壮的人，对任何事情都不心软的人。但是马斯洛早已经学会了打破人们对于神圣品质的态度障碍。他可能会对一个看起来意志坚强的商人说:“现在，瞧，只要有人做了好事，我就会称赞他们。那么，你凭什么获取称赞呢？你想给这个世界带来什么美好的东西呢？”

人们在听到如此直言不讳的话的时候通常会脸红。他们真的会脸红，这是马斯洛知道的惟一能使大多数人脸红的办法，而这些人即使是问他们性的问题也不会使他们脸红的。但是当他们被问及他们的高级动机和冲动的时候，他们就很可能脸红。如果一直问下去，坚持说他们乐于与人为善，他们常常就会承认，他们很愿意做这样或那样高尚的事情。

马斯洛指出，对于那些在生活中身体力行的人来说，存在性价值实际上已成为他们的标志，用弗洛伊德的话说，诸如美、正义、真理等价值已经深植于他们的内心，并被他们完全吸收，变成了他们的血肉，已经完全内在化了。存在性价值已经成了他们自身的一部分，若试图把这些价值从这些个体中去除的话，就如同把某个器官从人的身体中摘除一般，这无疑是有害的，甚至是致命的。

马斯洛的进一步看法是：如果存在性价值既在个人之内又在个人之外，那么它们确切的实质和形态又是什么呢？自我实现的健康的人把存在性价值内在化，这个假设在多大程度上是正确的？如果是这样，我们怎么才能帮助更多的人更完全地认同这些价值？如果我们把“优秀的人”定义为具有积极的存在性价值的人，然后用具体的办法帮助人们去认同这些价值，这样做大概是行得通的。马斯洛把这种方法称为超越性咨询。它是综合了一般咨询医师、心理医生和教育家多种角色的作用的咨询。

马斯洛说，假设以实验为基础来看，我们所说的一切都是正确的。这些存在性价值是人类的最高动机，即大多数心理成熟、健康发展健全的人都具有这些动机。作为一名超越性顾问，我可以对一个人说：“如果你很幸运，生活对你很好，你所生存的环境优越，能够使你得到你需要的所有的爱和尊重，那么你就会逐渐产生这些高级动机。一旦你觉得自尊、自我价值已经得到了足够的满足，你就会进入又一个动机领域。”

马斯洛把这一领域称为“超越性动机”领域。超越性动机不属于基本需求的层次。因为“存在性需求”肯定不是通常所说的“匮乏性需求”。例如，婴儿需要爱，于是你亲吻他，抱紧他，让他依偎着你，再亲吻他，直到他满足为止。精神病学家大卫·利维所称的“代替疗法”，实际上就是对那些没有受到过关怀的人施以温柔的、充满爱意的关怀。

很明显，对于存在性价值的需求不同于匮乏性需求。对存在性价值的需求也就是“超越性需求”，它们有特殊的性质。马斯洛所描述的是成长性动机，成长性需求同匮乏性需求有很大差异。首先你决不会厌烦成长，这与基本需求的满足完全不同，基本需求是肯定可以得到满足的。

假如你喜欢吃牛排，你可以不断地品尝，一块、两块甚至到第三块时还觉得好吃，但是最终你会明白，过多的牛排会使你感到厌烦。爱也是这样，包括肉体爱，甚至用语言表达的爱都是这样。到了某一个限度，你就不再需要更多的肉体上的爱和绵绵情话了，因为你已经感到足够了。但是若将存在性需求作为动机时就不会发生这样的情况。你绝对不会说："我不想再知道任何真理了"或者"我不想再看到任何正义了。"

接着，马斯洛又提出一种假设，他说，如果存在性需求被剥夺，很有可能会导致感情方面的疾病，或者如他所说的"超越性病态"。他说，如果有十六种不同的存在性需求，就会有十六种感情上的疾病或超越性病态的存在。

马斯洛举例说，如果追求真理的权利长期受到阻碍，就可能引起某种感情上的问题；长久地剥夺接近美和正义等的权利，也会导致某种精神障碍。事实上，每个人都有一种在日常生活中体验存在性价值的内在需求，如果这种存在性需求被剥夺或遭受挫伤，就会引起感情上的问题。

那么，有没有一些具体的例子来支持这种理论呢？马斯洛认为，在人类历史上曾经出现过的整个社会的人民被剥夺自由和政治权利的历史就是先例。例如，在纳粹德国就是这样。马斯洛认为，在这些社会里各种病状都出现了，尤其是当前世界还有许多地方没有言论自由和出版自由，市民因为害怕坐牢或枪毙不敢公开发表某些言论。在这些社会里，一些感情疾病是会出现的。

马斯洛指出，在美国社会中，商业电视的冲击虽然还不至于严重到要摧毁存在性价值的地步，然而也是非常有害的。它将使人类道德沦丧，进而破坏人类的精神世界，尤其对那些没有抵抗能力的儿童毒害作用更大。在他们收看的电视节目中，男主角给他们留下了深刻的印象。在商业电视的间歇广告时间，就是这个男主角告诉年轻的观众："好了，孩子们，现在我想让你们买这种早餐麦片！"或者说："这就是我想要你们告诉父母要买的玩具！"美国电视就是这样暗中破坏孩子们体验真理的能力的。马斯洛肯定地认为，这种情况会在儿童中导致各种超越性疾病。

马斯洛更以美的存在价值为例，他说，如果美的东西不再存在，每天生活在完全丑恶的社会里，我们就会发现这些丑恶将对人们的精神产生坏的影响。当然，这些环境所导致的许多心理疾病并不是侵犯了原本未受任何损伤的机体的疾病，也不是那些微不足道的、容易治愈的疾病，而是超越性疾病，这是全身性疾病，因此，它会影响每个人的身心。

例如，一个人如果生活在一个无法接触到真理的社会环境里，他就会从感情和身体上都产生一系列对那种生活方式的敌对的反应。或者说，如果有一个年轻人生活在一个完全失去了美的城市的街区里，这里每一样东西都充满了丑恶，这种状况就会在他的感情和身体上产生重要的影响。

我们可能只需要微量的精神需求，就如我们的身体需要硒和锌等微量元素一样。但是这种精神需求却是实实在在的，不可缺少的。正如为了健康的需要，我们的食物中要摄入一定量的硒和锌一样。因此，马斯洛建议为了精神健康，我们都要吸收或体验纯正的真理、正义和美。缺少硒、锌或者维生素都会不可避免地导致某种疾病，他认为缺乏存在性价值也会导致疾病。

马斯洛指出，人类需要生活在公正的社会里，人类在生活中应该体验美。正如我们每个人天生都具有对微量元素的需求一样，我们生来也有体验存在性价值的高级需求。过去，我们已经习惯于相信人类本质上是有无限适应性的，环境需要人们怎么样，人们就会怎么样，但事实证明实际情况并非如此，因此，我们必须以不同的思维方式来看待自己。几个世纪以来，人类都低估了自己的天性。从某种意义上看，每一个新出生的婴儿都有可能成为一位柏拉图。每个孩子都有对美、真理、正义等高级价值的本能需求。

如果我们可以接受这个观点，那么主要的问题就不是“创造力是由什么造成的？”“贝多芬是怎样出现的？”而是“为什么在上帝的名下并非每个人都能成为贝多芬？”这就是现在要解释的问题。人类的潜能丧失到什么地步了？它是怎样被扭曲的？面对普遍的创造性，我们不应该大惊小怪，似乎任何人创造任何东西都是一个奇迹。

能接受这个观点的人就可以成为马斯洛所说的“道家式的帮助者”，他们对个人不是进行定型塑造和指导。当然，马斯洛并不是说婴儿成长时不需要我们的帮助，他们也需要帮助，否则就无法生活。这将意味着作为父母、教育家、职业顾问等，有意识地为孩子们提供存在性需求，让他们体验美、真理和正义，如同我们细致而周到地给他们维生素帮助，使他们满足生理上对镁、锌和钙的需求一样。

这种方法就是马斯洛所说的超越性建议，它是指导而不是强迫个人去体验存在性价值。马斯洛说：“我记得我在大学里发现心理学的感受，我过去一直在学习法律、地质学和数学，而心理学是多么独特啊！这种感觉，就像是爱上了某人一样。一个人理想的职业就是能够展现他的自我的职业，这是找到自己个性和真正自我的方法，世界上最幸运的人是因为爱而有所得的人，他们被某事吸引而且发现可以做这件事来度过一生。从这个角度来看，有效的超越性鼓舞会帮助人们发现自己独特的潜能，而且是通过我所说的道家式的、不干预式的方法做的。”

马斯洛在对具有高级动机的人进行研究之后归纳出以下一些结论：

（1）人类每个个体都具有高级性质，其存在的情况要比我们曾经设想的好得多。例如，实验资料表明，猴子会完成各种指令，而仅仅为了从笼子中观察外面邻近的地方发生了什么事情，它们会不顾一切地抓住几秒钟的时间向窗外看。你可以从它们的眼睛中看出匆忙的神色。同样，在实验室里，人们发现猴子喜欢看运动的东西而不是静止的东西。随着实验室研究的设计变得越来越复杂，人们就有可能了解猴子或婴儿喜欢哪些活动、感官体验等等。所以我们可以说人类有好奇的本能需求，我们体验新奇事物的动机是天生的。

（2）人类心理可以得到改进，而且确实在得到改进。但这并不是说，人类在心理上可以变得完美。除非是在某一很短的时间内才有可能。马斯洛的意思是，人类的心理可以得到改进，重要的是人们应该促进这种改进。

有许多关于低等动物（如小白鼠）的实验表明，一个激发性的环境对健康的机体的发育是很重要的。也就是说，如果不是生活在有适当刺激的环境中，成长中的小白鼠就会患脑萎缩。这种经验主义的原则对人可能更适用。

（3）人类社会作为一个整体是可以改善的，而且也确实得到了改善。

（4）人类机能的充分激发会产生对生活的热情。马斯洛指出，现在许多年轻人都错误地认为正常人在某种程度上是非常枯燥、单调和乏味的。许多精神病患者进行心理治疗时也坚持说因为害怕变得单调乏味而不想治愈他们的精神病。但是，这并不是看待个性发展的正确方法，它只是另一种低估人性的方法。追求存在价值、美德和心理健康，才是世界上最激动人心的事情。

（5）所有的人都有实现其潜力的权利。从原则上说，世界上任何一个新出生的婴儿都有能力做到这一点，人们也应该帮助他们做到这一点。这种观念肯定会将我们的讨论引入理想人类社会和它对每个成员的责任上。

（6）人类共同构成一个单一的种属。这个陈述看起来相当清楚。因此，从原则上说，我们应该建立一种世界性的政治，这应该是讲得通的。

（7）人本主义和存在主义心理学家都清楚地认识到，所有人都有一些潜在的需求和价值观，如它们被否认、贬低或者不能实现的话，就会导致某种疾病或超越性病态的出现。

（8）最后，在经验体系中，极乐是存在的。它存在于每个人心中。极乐偶尔才能出现，尤其是在高峰体验或者神秘体验中，它们通常是短暂的、转瞬即逝的。从这个证据我们得出结论，必须改变幸福是一种永远可以得到的意识状态的想法。我们的研究显示：人们总是在寻求层次越来越高的幸福体验，在最令人愉快的高峰体验或神秘体验中，尽管确有真正的幸福感和狂喜，但它们最终会消失，其中的新奇感和感情也会消失。不管我们可以活五百年还是一千年，寻求新的体验总是人的本性。

从这个角度来看，我们必须放弃一个古老的错误观念，所谓极乐世界就是一种幸福的休闲状态。有大量的事实表明，如果你喜欢钓鱼或者听贝多芬音乐，于是决定隐退，整日沉浸在娱乐中，那么你最终还是会感到痛苦。当然，你在做这些事时也能够体验到真实的幸福，但是你不可避免地会感到厌烦。所以从某种意义说，在经历了狂喜与幸福后，我们必须准备好接受无法逃遁的失望。我们应该理解，永无休止地寻求越来越大的快乐是人的天性。

三、人性能达的境界

我们每个人都有与生俱来的需求，渴望体验更高的价值，其实，我们追求更高层次价值及动机的需求是天生的，每个人对美、真相、公正等价值都有本能的需求。作为高级生命个体的人，不应仅仅是达到基本生存的需要，还应创造美好的境界，不断满足人性的需要，并向整个人类展示令人惊讶而又激动万分的前景：人，经过充分的努力和发展，竟然可以达到如此高度！

1. 生命如何本能

通过马斯洛基本需要理论的概述，对本能理论进行重新审议的问题，就更有必要了。因为这不仅是要求区分更基本和不太基本、更健康和不太健康、更自然和不太自然的需要，而且，还因为这样那样的一些基本需要的理论问题已经无法再回避下去了。例如，隐含的对文化相对论的排除的问题，隐含的关于体质给定价值的问题，以及条件反射作用范围的必然缩小等等问题，这些问题不应该无限期地推延下去。

有相当数量的其他理论的、临床的和实验的研究都一致指出，本能理论需要重新审议，或者以某种形式恢复它。我们有理由怀疑当前心理学家、社会学家、人类学家过分强调了人的可塑性、灵活性、适应性以及他们的学习能力。有理由认为人有远比现代心理学所估计的更强的自主和自我调节的能力。

例如，坎农的体内平衡概念，弗洛伊德的死亡本能理论；爱好，或自由选择，或自助餐厅的实验；利维的本能满足实验，以及他评论母亲过分溺爱孩子的著作。

许多的观察资料以及大量的心理分析研究发现都支持了上述怀疑。比如：急于给婴儿断奶，对孩子大小便的训练要求过分等，会对孩子的健康发展带来负面影响。

一贯主张循序渐进的教育家、幼儿园工作人员及应用儿童心理学家，在接触儿童的过程中进行了大量的观察，开始倾向于实行一种更宽容的教育方法和制度。

此外，还有许许多多学者、专家提供的资料如：罗杰斯的非指示疗法所依据的概念体系，由动力论者、突生进化论者、现代实验胚胎学者，以及像哥尔德斯坦这样的整体论者提供的大量神经病学和生物学的资料，都涉及到机体在遭受损坏后自发的再调整。

所有已有的和正在进行的探讨，都极力坚持认为我们的机体有更强的自我保护、自我指导和自我控制能力，从而也比一般认可的更值得信赖。

还有各种正在发展中的科学探讨已表明，有必要从理论上假定机体内有某种积极生成或自我实现的倾向。这种生长或自我实现的倾向，曾经由亚里士多德、柏格森和其他许多哲学家以多种模糊形式假定过，而且在精神病学家心理分析家及心理学家中，哥尔德斯坦、兰克、荣格、霍尼、弗洛姆、梅、罗杰斯等也都感到有必要提出这种假设。

但对主张重新考察本能理论产生最重要影响的还是心理治疗家的经验，特别是心理分析。在这一领域，对各种事实之间存在着必然联系这一点是确认无误的。有鉴于此，治疗者不得不把更基本的愿望同不太基本的愿望（或需要，或冲动）区别开来。这是因为：某些需要得不到满足会产生病态，而另一些却不会。某些需要的满足会产生健康，另一些却不会。而这些更为基本的需要竟都出乎意料地“顽固”，难以对付，对它们所有的奉承、取代、贿赂和削弱都无济于事，而且没有任何通融的余地，它们只要求恰如其分的内部满足，人们总是有意无意地尽量满足这种需要。这些需要表现出恰如顽固的、不可削弱的、不能再分析的终极的事实，只能作为既定的事实或不容辩驳的基点。精神病学、心理分析、临床心理学、社会工作或儿童治疗等几乎各个学派，无论它们相互间有怎样的分歧，都假定了某种有关本能或似本能需要的学说。

这是种族的特性、素质和遗传，而不是肤浅的易于控制的习惯，这些经验告诉我们必须考虑。如果必须在这两难抉择中作出任何一种选择，治疗者总是宁肯选择本能来作为基石，而不是选择条件反射或习惯。这当然是不恰当的，因为我们将看到，有另外一些更恰当的可供选择的对象，从中我们可以作出更令人满意的选择。这就是说并非二者必居其一。

本能理论，特别是麦克杜格尔和弗洛伊德提出的本能理论，按一般动力论要求看，具有当时未被充分理解、接受的优点：

本能论承认以下事实：人是自我促动的，人自己的本性和他所处的环境都有助于决定他的行为；人自己的本性给他提供先决的目的、目标或价值体系；在良好的条件下，为了避免疾病，他所想要的常常就是他所需要的（对他是有益的东西）；全人类形成一个独一无二的生物族类；如果一个人不理解他自己的行为的动机和目标，他的行为就是盲目的；总的来说，机体依赖自身的资源，它经常显现出一种生物性的功能或智能。

首先，本能理论家虽有许多甚至可以说顽固的错误，需要反驳，但绝不是本质的或必然的，而且有些错误连批判者自己也同时具有。

其次，本能理论确有失误，那么有哪些失误呢？

最为明显的是语义上和逻辑上的错误。本能论者特意创造一些本能去解释他们不能理解或不能确定其本源的行为，这样做的确很不恰当。不过我们自然加强警惕，不会认为这些本能都是实实在在的真实存在，不会将名称与事实相混淆，也不必进行无效的三段推论，而且，我们对语义学已有极多的了解了。

粗陋的种族中心论、阶级中心论及庸俗化的社会达尔文主义都曾导致早期本能论者的失败。但我们现在已有更多的人种学、社会学和遗传学的知识，显然能够避免这些。

由于本能论者当时从种族学的天真行为中转得过于极端，过于彻底，以致这一行动本身造成了一个错误，即文化相对论。这一学说在过去很多年中曾有很大影响，并且得到广泛的认可，但现在却受到广泛的批评。的确，像本能论者以前做过的那样，寻求跨文化的种族的特性，值得重新予以重视。于是，我们必须既避免种族中心主义，又避免极端的文化相对论。

20 至 30 年代的伯纳德、华生、郭任远等反本能论者，批评本能论“不能根据特定的刺激反应概念来描述本能”，也就是指责本能不符合简单的行为主义理论。

但现在，动力心理学家一致认为，仅仅用刺激反应概念是不能解释任何重要的人类完整品质或完整活动的，而只能引起混淆。典型的例子是，把反射与低等动物本能混为一谈。我们知道，反射是纯粹的动物神经的动作，而低等动物本能则除了运动神经的动作以外，还有先天性冲动、表达性行为、应对性行为、对目的物的追求及感情色彩等特点。

即使仅仅从逻辑上看，我们也没有理由一定得把本能划分为完全的本能（各部分都充分发展的本能）与非本能，为什么除了“本能”与“非本能”以外，就不能有残存的本能，不能有似本能的某种还属于行为的东西？不能有程度的不同，不能有不完全的本能呢？

不加区别地使用本能这个词代表需要、目的、能力、行为、知觉、表现、价值以及感情的伴随物，有时取其中单独一项的含意，有时代表几项的结合，这是很不负责任的，其结果就形成了不精确用法的大杂烩，正如马莫尔和伯纳德指出的那样，几乎每一种已知的人类反应，都被某个作者描述为本能。

人的许多能力或智能如色觉、发音能力等完全是遗传所决定或由遗传提供可能的，这些基本需要的遗传成分可以看成是简单的意动性缺乏，与任何固有的达到目的的行为无关，就像弗洛伊德的本我冲动的盲目、无定向需求一样。满足这些需求的因素似乎也可由某种方式确定为内在固有的。但那些与此有关的行为或能力、认识或感情却不一定是先天的，如追求目的的行为，(竞争行为）就必须经过学习或引导才能获得。

① 本能论者的失误

本能论者的严重失误就在于考虑问题时仅用非此即彼的二分法而不是按程度的差距。试问：一整套复杂的反应，怎么能够说要么完全是由遗传决定的，要么完全不是由遗传决定的呢？要知道，任何一个结构，无论怎样简单，不可能只具有基因的决定因素，即使是孟德尔的甜豌豆也需要空气、水以及养料，更不用说其他任何完整的反应了。谈到这一点，可以说基因本身也需要一个环境，即邻近的基因。

在另一极端，同样明显的是，没有什么东西能够完全脱离遗传的影响，因为人也是一个生物族类。这一由遗传决定的事实，是任何人行为、能力、认识等等的前提，也正因为他是人类的一员，他才能做人类所能做的各种事情。而这一人类成员的身份是一个基因问题。

所以，就出现了这样一种似乎矛盾的不合情理的现象：在自我实现者身上可以清楚地看到动物的自然性，而在神经病人或“一般病人”那里却表现模糊；那些精神层次最高的、最有智慧的“圣人”身上，那些最有理性的人身上，也明显地表现出自然性或动物性。

本能论者的另一个更严重的错误也是由注意动物的本能而引起的。西方文明普遍认为，人类身上的动物性是一种恶的动物性，把我们的动物性看成与狼、老虎、猪、秃鹫或蛇的本性一样，而不是用稍好些或至少温顺些的动物，如鹿、象、狗或猩猩来比较。说我们人类大多数的原始冲动都是邪恶的、贪婪的、自私的、敌意的。神学家把它叫做原罪或魔鬼；弗洛伊德主义者把它叫做“本我”；哲学家、经济学家以及教育家，也用各式各样的名称来称呼它。连达尔文也由于偏爱这种观点，以至只看到动物界的竞争而完全忽视了同样普遍存在的协作，没有注意到克鲁泡特金曾轻而易举地观察到的这一点。应该指出的是，如果必须从动物类推到人的话，我们最好选择那些与我们最接近的动物，如类人猿。既然这些动物是可爱的、令人愉快的，同我们分享许多善良的特性，那么比较心理学是不会支持恶动物性这种说法的。

当论及遗传特性不会变化、不可更改的假设时，我们还要注意另一种可能：纵然一种特性最初就被遗传基因所决定，它也仍然可能改变。如果我们在发现过程中运气不错，这种特性也许很容易改变和控制。如果我们假定癌有一个稳定的遗传基因，也没有必要阻止任何人去寻求一种方法来控制它。即使仅根据演绎的理由，我们也有可能证实智商既具有显著的遗传因素，又可以由教育或心理治疗加以改进。这应该是毋庸置疑的。

马斯洛指出，在这一点上，我们与本能论者的区别在于，我们相信本能有更大的变异性。认识和理解的需要似乎只对聪明的个体有明显的力量。低能者却似乎并不存在，至少发展不完全。利维已经证明，母性冲动在妇女中的差异是极大的，以致从某些妇女那里很难看到这种冲动。音乐、数学、艺术等方面的特殊天才，很可能具有基因的决定因素，但大多数人却没有这种基因的决定因素。

就整个的人类而言，动物的本能永远存在，而动物本能的冲动在一些具体的人身上则会永久性丧失。比方说，在变态人格身上，爱和被爱的需要已经丧失了，而且如我们目前所知，这是一种永久性的丧失，也就是说，这种变态人格是已知的任何精神治疗术医治不好的。我们还有更早的关于奥地利村庄失业者以及苏格兰失业者研究的例子，这些研究的例子表明，长久的失业会严重地损伤心理，以致摧残一些需要。对有些人来讲，这些需要甚至在环境已经变好以后仍不能恢复。从纳粹集中营里也获得了类似的材料。或许巴特森和米德关于巴厘岛人的观察是最具说服力的。成年的巴厘岛人不是西方意义上那种讨人喜爱的人，在巴厘岛拍摄的电影表明，婴儿和儿童有对缺乏爱的抱怨和不满，我们由此只能推断出：这种爱的冲动的丧失是一种后天的丧失。

在物种阶梯上，我们已发现本能与灵活适应新事物、认知新事物的能力往往互相排斥，两者中对其中一个发现越多，对另一个可能期待值就越小。这个发现会导致我们产生一个严重的甚至是悲剧性的错误——把人类的本能性冲动与理解力割裂开来了。对于人类来说，本能性冲动和理解力可能都是似本能的；更重要的是，它们的结果或者隐含的目标可能是同一的、合作的，而不是排斥性的。可惜，绝大多数人都没有意识到这一点。马斯洛说："我们得到一个论点：认识或理解的冲动也许与归属感和友爱的需要一样，是意动的。"

这里有一个词义必须弄清楚：什么是"似本能"。临床心理学家给我们作了诠释，他们认为，只有诸如饥、渴等心理冲动才算是似本能。这样可以做出一个肯定的可能性回答：一些似本能的需要只有人才有，或者由人与动物界中的黑猩猩所共有（如爱的冲动），人类的基本需要是属于似本能。

那么本能与理性两者是什么关系呢？

被错误认知的本能和理性在一般的本能理性两分法中是相互对抗的。但如按照现代知识来正确地划分，它们就不会被看成是相互对立或对抗的。健康的理性与健康的似本能的冲动的重新定义，在健康人那里并不互相排斥，而是指向同一个方向；但对不健康的人而言，它们可能是互相对立的。当前已获得的所有科学资料指出，保护、宽待、爱、尊重儿童，在精神病学上是合乎需要的。这也正是儿童的本能所希望的。正是在这种非常明确的、在科学上可检验的意义上，我们认定似本能的需要和理性是合作的而非敌对的，它们表面的对抗只是对病人表面的印象。

这一拙劣的两分法造成了这样一种混乱后果：只要有任何学习的迹象显露，就断言这是非本能的；反过来说，假如有了点遗传影响的证据，就判定这是本能的。既然对于大多数甚至全部冲动、能力或情感来说，证实这两种看法都是那么容易，这样的争论必然永远存在下去。

本能论者和反本能论者都是极端主义者。我们当然完全可以避免这样的错误。

马斯洛认为，不重视人种与其他物种的本质区别，却过分强调人与动物相关联的部分，是早期本能论者的严重错误。我们至今还可以在他们的著作里看到这种自信的倾向：在一般动物的意义上来解释和罗列本能，以便使每一种本能都适应于任何一种动物。由于这个原因，任何只在人身上有而在动物身上没有的冲动都被认为是非本能的。当然，任何在人和其他动物身上发现的冲动或需要都因此被证实为本能的，无须进一步论证。但这并不能否认这样一种可能性：即使动物中（如黑猩猩）也有如爱的冲动等，还有如信鸽、鲑、猫等，都有自己独特的不同于其他物种的本能，为什么人就不能有自己独有的本能呢？

我们在凭观察寻找本能时，可以看出基本需要中的遗传基础，不过当它明显独立于环境并比全部的环境力量更强大时，才认为它是本能，那么，我们就很可能犯大错误。难道就不会有虽然似本能但仍然较容易受压抑或控制的需要吗？

就不会有容易被习惯、暗示、文化压力、内疚等等掩饰、更改甚至抑制的需要吗？换句话说，为什么就不会有弱本能呢？

本能的力量是否不可抗拒？这个问题也是争论的焦点之一。假如我们尊重文化和生物两种因素，并进一步考虑到文化是比似本能的需要更强的力量，那么如果我们要使柔弱、微薄的似本能的需要不被更强、更有力的文化所吞没的话，就应该保护它们，否则它们很可能被吞没。尽管这些似本能的需要在另一种意义上说是强大的，也就是说，它们顽强地坚持要求获得满足，一旦受挫，就会产生严重的病态后果。这个主张应该是顺理成章的而不是谬论了。

对这一论点很有帮助的是一个与一般见解对立的反论。马斯洛认为，揭露、顿悟和深度治疗（包括除催眠治疗和行为治疗之外的所有治疗）从某种意义来说是要揭露、恢复和加强我们那些被削弱了的和失去了的似本能倾向和本能残余、我们那些动物性的自身、我们的主观生物学。所有这些，都需要人们付出积极的、痛苦的、长时间的努力，这种努力需要人一生的斗争，需要有耐心和坚韧不拔的精神，即使这样，最终还可能会遭到失败。但是，到底有多少只猫、狗或鸟需要帮助才能知道怎样去做一只猫、一条狗或一只鸟呢？它们由于冲动而发出的声音十分响亮、清晰和明确，而我们的声音却是微弱的、混淆不清和容易被忽略的，因此我们需要帮助才能听到那些声音。

所以认为本能和社会、个人利益和社会利益之间存在着固有的对抗，这个论断是未经证明的，而且是危险的。正如本尼迪克特所证明的那样：事情并非只能如此。只有在恶的个人环境和社会环境下才会存在这种对抗。

本能理论的缺陷还在于，它忽略了冲动是在一个强度大小不同的层级序列里，而且能动地互相联系。如果孤立地对待每一个冲动，那些纷繁复杂的问题一定得不到解决，反而产生许多似是而非的问题。例如，动机生命在本质上的一元性或整体性会被抹煞，而形成罗列动机的无法解决的问题。此外，价值或者选择原则是使我们决定一个需要比另一个需要更高级、更重要或者更基本的重要尺度。而恰恰是这么一个重要的尺度也被本能理论忽略了。（与整体化相对的）动机生命原素化的最为重要的一个后果就是给本能敞开了通向涅槃、死亡、静寂、体内平衡、自满、稳定的大门，原因在于，孤立地看待需要所能做的惟一的事情，就是迫切要求满足，这就是说，要求它自身的湮灭。

这里有一个不容忽视的问题：需求是无止境的，一个需要的满足将导致新的需要产生。任何一个需要的满足都将是其他曾被挤到一边的较弱需要的登场亮相。

那么到底什么是满足（包括生理上的满足）？怎样去满足？比如孩子喂养定时与可靠，是满足了饥饿的需要吗？为什么收容所里的孩子无论受到多好的照顾，即生活上得到很好的满足，他们仍常常出现病态的发展呢？

按照墨菲的疏通作用概念，当一个人要满足生理需要（比如饥饿）时，“需要”的信号不能给予满足，而只有“满足”本身才具有实际意义，这就是说，当你饥饿时，饥饿的信号不是满足，只有满足物——食物，才能解决饥饿。推广开去，在一个相当稳定的环境中你的某一个生理需要的信号将产生像餐铃一样的作用，更为重要的学习是疏通作用，而不仅仅是联系作用。这就是说当需要满足某一个生理需要时应该通过学习：了解哪些东西是适合的满足物，这些满足物中又由于某种原因，哪些是最令人满意的或最值得选择的。

本能论者在人性问题上也作出了错误的解释，他们主张“人性本恶”，认为，精神错乱的人、神经病人、罪犯、低能者或面临绝境而孤注一掷者身上，这种恶的动物本能尤为强烈。因而导出这样的结论：良心、道德、理性，不过是一种后天的面具；似乎把人类判定为非理性的，诅咒人类永远摆脱不了战争，摆脱不了充满分裂和对抗的弱肉强食的状况。他们拒绝与不可回避的命运抗争，他们大多是在无所谓中放弃乐观主义的。有些人甚至非常渴望地抛弃乐观主义。

我们以那些迷恋于酒精麻醉的人为例，他们也许是嗜酒如命，也许是被迫应酬，但最后会得到相同的后果。难怪人们发现，在许多问题上弗洛伊德与希特勒有很多相似甚至相同之处。难怪一种恶的动物本能论能迫使像桑戴克和麦克杜格尔这样的非凡人物转向汉密尔顿主义和反民主的阵营。

认清似本能的需要并不是恶的，而是中性的，甚至是有益处的，许多含混模糊的问题就会因此而豁然开朗。

举例来说，对孩子的培养将会引发一场教育革命，在培养他们时甚至用不着说一句训斥的话。当我们意识到合理的动物需要时，会促使我们去满足这些需要，使我们更加宽容。

在传统的文化里，一个丧失了部分天真但尚未被复杂的成年人彻底同化的儿童，即那些健康的动物性需要尚未被完全剥夺的儿童，总是以他自己创造的每一种方式不断地要求赞许，要求安全、自主、爱等等。复杂的成年人对此类表达需要的举动一般会认为，他不过是在卖弄、炫耀，或者以为“他只是想引起我们的注意”。于是，成年人就把孩子狠狠地批评一顿，也就是说，这种动物性需要通常被理解为一道禁令，对孩子的追求不要满足，不要评论，不要赞许，不要喝彩。

如果我们能慢慢地将这些对承诺、爱以及赞许的恳求看做为合理的要求，就像孩子对待饥、渴、寒冷或疼痛的需要满足一样，我们就会自然而然地成为需要的满足者而不是需要的扼杀者。这样做的结果就是孩子和父母都得到了美妙的乐趣，在一起时更愉快，因而也就必然增进相互的爱和理解。

这种文化类型可以理解为无限度的、毫无区别的宽容，即通过培养使孩子获得适应外界文化环境的能力和习惯外表，将是必要的。在基本需要获得满足的情况下，这种人为制造的收获不应引起什么特别的麻烦。而对吸毒的需要，习惯的需要，熟悉的需要，或其他任何非似本能的需要，则是绝对不能包容放纵的。

② 荒谬的人生表

有人竟荒谬地异想天开地企图把人生的需要列成分解式的表格。对此马斯洛认为，种种情况表明，这种为内驱力或需要制作分解式表格的计划应坚决予以取消，这样的表在理论上是不可靠的，它的效用是很短暂的。因为只要人愿意，一些生理需求的数字可任意增大或缩小。而且，此表决不会包括各种感觉上的快意。

马斯洛的看法是：首先，它们意味着各种内驱力均等，也就是说，在力量的强度以及出现的可能性上均等。然而从实际情况看这并不正确，因为任何一种欲望在意识中是偶然显现的，而这种偶然性取决于其他更具优越性的欲望是否满足。各种特定的内驱力出现的偶然性有极大的区别。

例如：人对食物的需要和对娱乐的需要、性的需要，其内驱力的强度和出现频率就是不等的。当食欲满足时，可能会“偶然地”浮现出“性欲”，而当一个人工作过于繁重，沉迷于工作情境中时很可能就没有“食欲”、“性欲”等的“偶然性浮现”。

其次，这样列表意味着这些内驱力中的每一种都与其余的内驱力不相干，似乎是各自为政的独立体，而事实上它们并不是以任何一种类似的形式相互孤立的。实际上，这些需要虽然相对独立，但绝不是彻底独立的。

几乎所有的生理需要，在其得到满足时，同时也对其他种种需要起着疏导作用。比如，一个认为自己饿了的人，实际上也许更多的是在寻求安慰或依赖，而不是蛋白质或维生素。相反，还有可能通过其他活动，如喝水、抽烟等来部分地满足饥饿感。

再次，这种以行为为基础制定的一览表，已完全将内驱力的全部动力性质弃置一旁。例如，它们在有意识和无意识两方面可能是不同的；一种特定的内驱力实际上可能是几种表达自己欲望的途径，等等。这样列表的荒谬还在于，表中内驱力的排列是按具体特征排列的，连孤立分散的数字的算术和这样的形式也算不上。换句话说，一个人在表内列上多少个内驱力，完全取决于他对这些内驱力进行具体深入分析的程度。实际的图景并不是很多木棒依次排列，而是犹如一套木箱，一个大木箱内装三个小木箱，这三个小木箱子又各自装有十个更小的木箱，这十个箱子又分别装有五十个更小的木箱，以此类推。或者可以再作一个比喻，仿佛是对一块组织的剖面进行各种倍数的放大。这样我们谈到某种要求满足或平衡的需要时，可以更明确地说是吃的需要，再具体些，填满肚子的需要直至对蛋白质的需要及某种特定蛋白质的需要等等。我们现在掌握的一览表，大都不加区别地包括进了在不同放大倍数上的需要。由于这种混淆，造成了一些一览表可能包括三种或四种需要，另一些则包括数百种需要。如果我们愿意，可以制成这样一种内驱力一览表，它包括从一至一百万的任何一个数量的内驱力，其多少完全取决于分析的具体程度。我们应该了解到，如果我们试图讨论基本的欲望，就应该将它们清楚地理解为分属不同系列、不同的基本类型或者基本范畴。也就是说，这样一种基本目标的列举应是抽象的分类，而不是编成目录的一览表。

并且，互不相融的关系似乎已非常明显地展现在已经公布的内驱力的一览表之间。然而事实上，它们之间不但没有相互的排斥，而且它们的相互重叠甚至使我们几乎不可能完全清楚和严格地把某一内驱力同其他内驱力分开。此外，在对内驱力理论的任何评论中还应指出，内驱力概念本身多半出自对生理需要的过分关注。在对待这些需要时，区别刺激物、有动机的行为、目的物是非常容易的。但是，假如我们谈到爱的欲望时，要区分内驱力和目的物却不会那么简单，在这里，内驱力、欲望、目的、主动性似乎都是另外一回事了。

2. 人性如何丰满

存在的特征也就是存在的价值，可以类比为人性丰满者的特征，存在的特征体现在存在的价值上，就如同一切理想心理治疗（道家的不干预）的长远目标，理想人本主义教育的长远目标，某些类型的宗教的长远目标和表现，理想的良好社会和理想的良好环境的特征。

人性丰满者究竟具有哪些方面特征呢？

首先是真：真实；诚实；坦率；本分；丰富；本质；未掺假的完全。

善：性本善；善良；广泛；独一无二。

美：洁净。

完整：统一；整合；倾向单一；相互联结；组织；结构；秩序，不分离；协同；同法则和相结合的倾向。既没有多余的也不缺少任何东西。

完善：一切都在合适的位子上，无须改善；恰当；正是如此；适宜；正当，完全；不可超越；应该。

必需：逃脱不掉的；只有与那保持一致，不能有一丝不同，那样就很好。

单纯：专一；纯真且稍有无知；基本构造；问题的中心；不转弯抹角，仅仅必需的东西；无修饰，没有多余的东西。

丰富：分化；复杂；错综；全体；无缺失或隐藏；都在眼前；无所谓重要或不重要；什么都是重点部分，没有非重点；一切顺其自然，简化、抽象、重新安排。

不费力：从容镇定、不慌乱、容易、轻轻松松地完成。

欢娱：玩笑；欢乐；有趣；高兴；幽默；生气勃勃；不费力。

自足：独立性强；需自己，不需别人或工具；突破环境；超越环境；分立；依据自己的法则生活，同一性。

公道：公正合理；应该；适宜；成体系的性质；只有；不能脱离；无偏私；不偏袒。

秩序：合法则；正确；完善安排。

二元超越：承认，坚决，二分、两极、矛盾、矛盾的整合或超越；协同，即对立转化为统一，敌对者转化为相互合作或相互鼓励的伙伴。

活泼：过程；生机盎然；自发；自我调整；充分运转；改变着又保持原样；表现自身。

独特：独具的色彩；有别于他人的特征；不能类比；新颖；可感受到的特性；就是那样；不像任何别的东西。

完成：结束、结局、符合规定；事情宣告结束；格式塔不再改变；目的实现；终点和末端；没有缺失；全体；命运的实现；终止；顶点；圆满封闭；生命还没开始，生命的结束。

可以想象，一旦人具有了这些特征该是多么的完美，这就是具有丰满人性的人。那么，人怎样向丰满人性成长呢？马斯洛给我们提供了宝贵的指导。

我们可以从心理、哲学、教育、精神方面的转移倾向中获得某些好处。这一转移鼓励了对生物基础和体质基础的正确理解。在任何有关同一性或真实自我、成长、揭示疗法、丰满人性或人性萎缩、自我超越或其他任何一类问题的讨论中，都不能不涉及到人的潜在的生物因素和体质因素。简短地说，要帮助一个人向丰满人性运动，不可避免地要通过他对自身同一性等等的认识。最重要的是要意识到自己是什么，作为人类的一员在生物学上、气质上、体质上是怎样的，意识到自己的能力、愿望、需要，也意识到自己的使命，自己适合做什么，自己的命运是怎样的。

可以毫不犹疑地说，对自我觉知至关重要的方面是关于个人自己内部的生物学的现象认识，关于“似本能”的本性、关于个人动物本性和种性的认识。这当然是精神分析要努力做到的事情，就是帮助一个人意识到自身的动物冲动、需要、紧张、抑郁、爱好、焦虑，这也是霍尼在真实自我和虚假自我之间进行区分的目的，这也正是个人对于自己真正是什么的一种主观的意识判断。如果一个人不首先是个人自己的身体、个人自己的体质、个人自己的机能、个人自己的种性，他又能真正是什么呢?

这一模式可以一直延伸到个人发展的最高水平，甚至延伸到个人自我超越的水平，对此马斯洛是深信不疑的。马斯洛说:“我完全有理由接受一个人的最高价值的似本能特性，或可称为精神生活或哲学生活的似本能特性。我甚至觉得这种个人发现的价值论也能纳入‘个人似本能性的现象学’范畴，或纳入‘主体的生物学’或‘体验的生物学’等范畴。”

这一人性程度或量度的单一连续系统，在理论上和科学上具有极其重大的意义。这一连续系统不仅包括精神病学家和医师谈论的各种疾病，而且也包括存在主义者、哲学家、宗教思想家和社会改革家所关注的一切问题。不仅如此，我们还能把我们所知的各种健康和各种程度的健康纳入这同一个单一的连续系统，甚至加上自我超越的、神秘融合的“健康以外的健康”，以及未来可能揭示的任何更高的人性可能性，也就是成为具有丰满人性的人的可能性。

对于更整合的人格来说，我们开始能以一种科学的方式认识它了，因为它影响着信息的接收和发出。许多研究表明，当患者在心理治疗中有好转时，他以不同的方式变得更整合了，更“对经验开放”或更有效地理解，并更充分地发挥作用，更忠实地表现。

马斯洛从另一个角度进行了自己的研究探索，但却获得同样的结论，这是一种对相对健康人格的直接探索。这些探索支持整合是心理健康的一个方面的规定性；它们支持下述结论，即健康人更自发，更善于表现，他们做出行为反应更容易、更全面、更忠实；它们支持又一结论，即健康人能更好地理解（理解自己、他人、和现实的）一切，尽管这不是一种一律的优越性。

或者换一个方式进行解释。马斯洛曾公布过一项实验报告，他发现，看可靠的人照片上的面孔往往比不可靠的观察者所看到的要热情。为什么会这样，这是仁慈心的投射还是天真的投射，或是更有效的感知和理解？结果如何仍有待未来的研究。我们需要的是一个实验，以便能使被观察的面孔具有已知的热情或冷静的水平。然后，我们可以问，那些观察到或归属为更多热情的观察者是正确的还是错误的？或者他们对热情面孔或冷静面孔的判断是正确的还是有误的？他们看到的是他们想要看到的吗？他们是在要求自己喜欢他们的所见吗？

在马斯洛看来，这是一种对现象最纯的最有效的观察和理解，尽管这还有待于实验的检验。它是对认识对象的更真切更可靠的认识，因为它最超然，最客观，最少受到观察者的愿望、畏惧和需要的污染。它是非干预的、没有要求的、最能接受的。在存在认知中，二元倾向于融合，分类倾向于消失，对象被看做是独一无二的。

上述观察在自我实现的人身上最容易发现。但马斯洛也曾在他所问过的几乎所有的人中，都得到这种观察和认知的报告，是在他们生活最高潮、最快乐、最完善的时刻做出的。马斯洛的观点认为，这些认识对象变得更个体化、更统一、更整合、更有趣、更丰富多彩、更健康。而且它们是同时发生的，并能从任何一方开始。也就是说，世界变得越完整，人也变得越完整。同样的，人变得越完整，世界也变得越完整。这是一种动力学相互关系，一种互为因果的关系。一个信息的意义显然不只是依赖于它的内容，而且也依赖于人格能够对它做出反应的程度和范围。更“深的”含义只有更“深的”人才能理解。他的个子越高，他能看到的也越多。

正如爱默生所说：“我们是什么，我们也只能看到什么。”但马斯洛要附加一句：“我们看到的什么又倾向于使我们相信它是什么和我们是什么。”个人和世界之间的沟通关系是一种相互形成和彼此升降的动力学关系，一种我们称之为“可逆的同型”作用。高水平的人才能理解高水平的知识；高水平的环境也倾向于提高人的水平，正如低水平的环境倾向降低人的水平一样。二者之间会相互影响以便使彼此更相似。这些看法也适用于人与人之间的相互关系，而且有助于我们理解人怎样相互帮助和彼此塑造。

3. 成为一个人

①“自我认识”的陈旧

劳伦斯·库比在《教育中被遗忘的人》里曾提出一个观点，认为教育的一个根本目标就是帮助人成为一个人，尽他的可能成为一个具有完全人性的人。

什么叫“帮助人成为一个人”？这句话中的后一个“人”字，指的是“具有完全人性的”“他”自己。

人，常常自己抑制自己，吓唬自己，或贬低自己，甚至有意无意地丑化自己。长此以往，他自己的人性会被自己扭曲，自己的潜能会被自己扼杀，应该可以发挥的才华得不到完全施展的机会。这就是马斯洛所谓的有心理疾患的人表现出来的自我认识的防御机制。

弗洛伊德的一项原理说明：自我的无意识面受到压抑，而真实自我的发现就在于揭露这些无意识的方面所隐含的意思是相信真理能治病。学会破除自己的压抑，理解自己，倾听冲动的声音，揭示胜利的本性，达到真知、灼见和真理——这些就是所需要的一切。

要想实现一个“真实的自我”，认清真正的自己，就一定要破除这些压抑，解开这些枷锁，放下心中的疑虑，树立自己的信心，朝着健康成长的方向运动。在这方面，除了自我的“解放”以外，那些心理医生，那些咨询家，是可以给我们助力的。

咨询家是何许人呢？他如何能帮助来求助的人朝着成长的方向运动呢？

咨询家这里当然是指心理咨询的专家，高明的心理医生。按医学模式的意思，来找咨询家的人一定是一个有病的人，他们受伤痛和疾患的烦扰，是来寻求治疗的。对此，马斯洛说，实际上，我们希望咨询家是一位帮助促进人的自我实现的人，而不是一位帮助治好一种疾患的人。

帮助不是合适的模式，也必须放弃。它使我们把咨询家设想为一位无所不能的专家，他懂得一切，并从他高高在上的特权地位走到下界可怜的凡人丛中，这些凡人什么也不懂，他们不得不以某种方式接受帮助。咨询家也不可能是一位通常意义上的教师，因为教师的训练和擅长是“外在的学习”，而进入一个可能达到的最佳境界的成长过程却是“内在的学习”。

《对真实的探求》一书的作者布根塔建议我们把咨询或治疗理解为试着帮助人成长到竭尽他们所能可以达到的高度。马斯洛说，这或许比我曾建议的词更好些，我建议的词叫做“心灵教育”。不论我们用哪一个词，我认为我们最终必然达到的概念都将是阿德勒很久很久以前就提出过的一个概念，即他所说的“哥哥”。哥哥是可以而且应该承担责任的人，正如任何一位哥哥对他年幼的弟弟所该做的那样。自然，哥哥懂的要多些，因为他多活了几岁，但他俩没有什么质的不同，也不是属于另一种推理的范式。聪明而亲爱的哥哥试着促使弟弟进步，并试着使弟弟胜过自己，在弟弟自己的生活方式中得到更好的发展。这和“教导无知者”的那种模式当然有很多不同之处！

告诉人应该做什么和如何做，诸如训练、塑造或普遍意义上的教导，这些都不是咨询家所关心的，也不赞扬和宣传。咨询家所做的，应该是一种“道家的”启示和启示后的帮助。“道家的”意味着不干预、“任其自然”。道学不是一种放任哲学或疏忽哲学，也不是拒绝给予帮助或关怀。作为这一过程的一种模式，我们可以设想这样一位医师，如果他是一位技术不错的医师并且也是一个品行不错的人，他绝不会把自己的想法强加于患者或以任何方式进行宣传，更不想使哪一位患者模仿自己。

好的临床医师应该是能帮助求助者弄清并破除那些针对他自己的自我认识的防御机制，恢复并理解自己。那么，这个医师最好应该怎么做呢？马斯洛认为，理想的情况是，医师的相对抽象的参照系统如他曾读过的教科书、他曾上过的学校、他对世界的信念等——这些都绝不要让患者觉察到，尊重这个“小弟弟”的自尊及内在的本性、本质和精华所在。让他达到美好生活境界的最佳途径就是更充分地成为他自己。我们称为“有病”的人是那些尚未成为他们自己的人，是针对人性树立起各式各样神经质的防御机制的人。正如对于玫瑰丛来说，不论是中国人、意大利人，还是法国人或瑞典人，结果都一样。对于那个小弟弟来说，帮助他的人自己是怎样具备这种能力的问题也无关紧要，帮助他的人必须给予的应该是某些和他的身份无关的服务，不论他是瑞典人，还是天主教徒，或伊斯兰教徒，或弗洛伊德的信徒，或其他任何人。

这些基本概念包容着、蕴含着而且完全符合弗洛伊德和其他心理动力理论体系的基本概念。

世界每天都在变化，在发展，在进步，人类更是向更远大、更完美、更成熟的方向成长发展，我们每一个人都有迫切要求改变自我状态，塑造成全新的人的愿望，而只有能破除那些在自我认识上的防御机制，正确认可自己，恢复“真正的自己”，才有希望朝着健康成长的路发展。而作为心理导师，作为咨询家，马斯洛也明确地、充满信心地说：“对成人而言，我们也并非是束手无策的，我们已经有了一些能力和才能，有了方向、使命和职业、主要的任务。假如我们认真看待这一模式，那么就帮助他们，使他们已经具有的更完善，使他们处在潜意识内的东西成为在事实上更充分、更真实、更现实的东西。”

② 接受他人

自我实现者有许多在表面上可以察觉的、最初似乎是各不相同的、互不相关的个人品质，可以理解为一个单一的更为基本的态度的表现形式或派生物。这个态度就是：相对地不受令人难以抬头的罪恶感、使人严重自卑的羞耻心，以及极为强烈的焦虑的影响。他们能够以一个人在接受自然的特性时所持的那种毫不置疑的态度来接受脆弱、过失、弱点，以及人性的罪恶方面。一个人不会由于水的滑湿、岩石的坚硬或者树的翠绿而抱怨它们。儿童是睁大了眼睛，用毫不挑剔和纯真无双的眼光来看待世界的，他们注意和观察的只是事实是什么，对它并无争论或者要求；自我实现者也是以同样方式看待自己和他人的人性的。当然，这并不同于东方的出世观念，不过出世观念在一些自我实现者那里，特别是在面对疾病和死亡的自我实现者那里也能观察到。

已经自我实现的人对现实看得更清楚：他们看见的是人性的本来面目，而不是他们希望中的人性。他们的眼睛并不为各种眼镜所累，从而歪曲、改变或者粉饰所见事实的真相。

自我实现者倾向于接受自然的作用，而不会因自然的作用不合意而愤愤不平。普通人特别是神经病患者常有的反感、厌恶在自我实现者中间是相对少见的，他们较少挑食、厌恶身体的产物、身体的气味以及功能等等。这就是他们倾向于接受自然产物的表现。

自我接受与接受他人是紧密相关的，主要体现在两个方面：他们没有防御性，没有保护色或者伪装；他们厌恶他人身上的这类做作。假话、诡计、虚伪、装腔作势、面子、玩弄花招，以庸俗手法哗众取宠，这一切在他们身上异常罕见。

尊重他人的人格，肯定他人的个性，衷心希望他人能健康成长，这是人际交往中很重要的一个前提，一条原则，在爱情关系中更是如此。这是每个论述过理性或健康爱情这一问题的严肃的思想家所强调的，马斯洛通过对自我实现者的观察，也有力地证明了这一点。这些人都为伴侣的胜利感到高兴，而不是觉得受到这种胜利的威胁。他们总是以一种意味深长的深刻而基本的方式尊重自己的伴侣。奥佛斯特里特说得好："对一个人的爱意味着对那人的肯定而不是占有，意味着愉快地授予他一种充分表达自己独一无二的人性的权利。"

弗洛姆对这一问题也有十分感人的论断："爱情是这样一种自发性的最重要的组成部分，我所说的并非那种把自己消融于另一个人中去的爱情，而是那种自发肯定他人的爱情，那种在保存个人的基础之上将个人与另一个人结合起来的爱情。"在这方面，一个最感人的例子就是，一个人对他妻子的成就感到由衷的自豪，即使这些成就超过了他自己的成就，他也同样的兴奋愉悦。另一个例子就是不嫉妒。马斯洛说，"我们在健康人那里看到的爱情，是必须用自发的钦慕来描述的。"这是一种不求回报的敬畏和欣喜。

我们可以欣赏一幅绘画作品但并不存心想拥有它；我们可以欣赏一株玫瑰但并不想去采摘它；我们可以欣赏一个漂亮的小孩但并不想绑架他；我们可以欣赏一只鸟儿但并不想把它关入笼中。同样，一个人也可以用一种无为的或一无所求的方式钦慕和欣赏另一个人。当然，钦慕和敬畏确实与其他一些将人们互相联系起来的倾向相互协作，它并不是使人们联系的惟一倾向，但的确是这种倾向的一部分，特别是那些不那么沉溺于自我的人。

布里克还有这样一段表述:"意念冲动是人的一些倾向。由于这些倾向，关于另一个人的愉快或不愉快的状态的观念本身就是一种令人愉快或不愉快的体验。有这些倾向的人将他人的快乐视为自己行为的目的。一旦这些目的得以实现，他也可以享受到其中的快乐。"

马斯洛说，可以有许多途径，当然是区别于爱情效果本身的途径，可以表现出爱情的这一方面。爱情和尊重可以彼此分开，尽管它们常常是相互伴随的。即便是在自我实现的水平上，离开了爱的尊重仍是可能的。马斯洛并没有断言离开尊重的爱情是否可能，但他认为这也可以是一种可能性，因为有许多尊敬关系的特征可以由爱情关系的外表特征或性质表现出来。

对他人的尊重，意味着对他人独立存在的承认，在爱情关系中也不例外。自我实现者不会随便地利用别人、控制别人、忽视别人的愿望，他愿意给予对方以一种基本的、不能降低的尊严，不会无端地侮辱他。这一点不仅适宜于成人之间的关系，而且还适宜于自我实现者与小孩的关系。他完全可能以真正的尊重来对待小孩，而大多数人往往都很难做到这一点。

弗洛姆在《自为的人》一书中这样定义爱情:"就对象与自己的关系而论，爱情是不可分割的。真正的爱情表现出感动性，意味着关心、尊敬、责任和了解，它并不是在被他人感动那种意义上的'感动'，而是为了所爱的人的成长与幸福所作的积极努力，而这种积极努力又是植根于爱的能力的。"

当这种尊重关系表现在两性之间时，则往往有一种相反的情况，双方好像缺乏尊重，这是一种有趣的现象。马斯洛举例说，我们都清楚地知道，大量所谓尊重妇女的宣传口号和标志事实上都是过去遗留下来的从不尊重妇女的残余，也可能是无意识地表现了对妇女的极端蔑视。当一位女士进屋时，男人总要将她请入座，帮她挂好外套，给她敬上最好的东西，一切东西都首先让她挑选。从历史和动力学角度看，此刻所表现出的这些文化习惯都隐含着这样一个观点，即女人是弱者，是无力照顾自己的，因而所有这一切都意味着保护，就像对弱者和低能者的保护一样。总的来说，具有自尊心的女人对这类尊敬的标志常常感到厌恶和反感，因为她们清楚地知道，所有这些都可能具有正好相反的含义。自我实现的男人真正地并且从根本上说倾向于把女人看做伴侣，是与自己相同的完完全全的人，而不是把她们看做有弱点的人；是平等的人，而并不比自己低一等，并在此基础上尊重和喜欢她们。因而从传统意义上看，他们显得要从容得多，随便得多，不那么拘泥于礼节、客套。这一点当然很容易引起误解，因为往往会看到有人指责自我实现的人对妇女缺乏尊敬。

清楚地了解自己，也善于接受他人的个性，这样的人，是一定可以在通向个性丰满的道路中健康成长的。

③ 最好的人

“人性”一词到底如何定义？马斯洛坦率地承认在理论

上和逻辑上都很难把握住。这个定义的每一成分都需要再定义。当我们用它们写作时，就会发现，我们自己是在沿着一个圆圈的边沿走。在这里，我们暂时还不得不承认这种圆圈。

马斯洛认为：只有在与人性标准对照时，“好人”才能下确切定义。同样，这个人性标准几乎可以肯定只是个程度的问题，即某些人与另一些人相比是更有人性的，“好人”是最有人性的。这是为什么呢？因为人性具有如此众多的规定性特征，每一特征都是绝对必要的，但某一特征本身在确定人性时又是不充分的。而且，许多这种规定性特征本身也不只是个程度的问题，并不能完全地、严格地区分开动物和人。

马斯洛也发现哈特曼的公式是非常适用的。一个好人的好的程度要看他满足或符合“人”的概念的程度。

从某种观点上看，这倒是一种很简单的解决方法，而且是我们一直不知不觉采用着的一种解决方法。比如第一次做母亲的妇女问大夫：“我的孩子正常吗？”大夫明白她的意思而不深究她的不恰当的用词。动物园管理人员去买老虎，他会寻找“好的”品种——真正有虎性的老虎，即具备所有明确规定的虎性并且发展充分的老虎。马斯洛说，当他为实验室购买宿条猴时，他也会只要猴性好的宿条猴，不要那些怪异的或异常的猴。如果他碰上一个没有卷曲尾巴的猴，那么它就不是好的宿条猴，尽管它的某些特性对于一只老虎来说可能是极好的。对于苹果树、蝴蝶来说，同样也是选出“最好的”。分类学家选出新种的“典型样品”，把这个样品存放在博物馆中，成为整个种的范例。

选择标准可以这样概括：在规定这个种的一切性质上，这是整个种群中最佳样品，是最成熟的、最没有残缺的、最典型的个体。在选择好的雷诺瓦（法国画家）或“最佳鲁宾斯”（法兰德斯画家）时也同样掌握这样的原则。

在同样的意义上，我们也可以发掘人类最好的样品，这个人具备适合这个种的一切要素，他应该是具有发展得很好并充分起作用的人的一切能力，而且没有任何一种疾病，特别是没有那种伤害主要规定性的、绝对必要特征的显著疾病的人。这些人可以被当做“最完美的人”。

从现在的情况来看，这并不是个十分困难的问题。不过，马斯洛说如果还可能有点必须注意的问题的话，我们首先碰到的是仲裁的文化标准问题，这个文化标准可以压倒和淹没生物心理学的决定性因素。其次，我们要面对驯养问题，也就是说，要面对人工的和受保护的生物问题。在这里，我们必须记住，人在某些方面也可以认为是被驯养的，特别是在我们特意保护的那些人身上更是如此，例如脑损伤的人、年幼的儿童等等。

就这个时代的状况看，人的似本能倾向比文化的力量要弱得多，所以，要梳理出人的心理生理学的价值，总是一个困难的任务。有困难也好，没有困难也好，反正完成这个任务是可能的，而且这个任务是十分必要的，甚至是极重要的。

马斯洛指出，我们研究上的巨大问题是“选择健康者”。实际上，这一点已做得相当好了，就像医生现在能够选出身体健康的有机体那样。在这里，巨大的困难是理论上的，也就是健康的定义和概念化问题。

人，都是有追求的。而最大最根本的追求，应该是做一个实实在在的“我”自己。

一个人能够成为什么，他就必须成为什么，他必须忠实于他自己的本性。

除非我们正处在自己最理想的岗位上，否则，就算所有的生存需要都已得到满足，也肯定会有新的欲望和不安迅速发展起来。一位作曲家必须作曲，一位画家必须绘画，一位诗人必须写诗，否则他始终难安静。

这个“难安静”，就是一个人的“内心的冲动”，正是由于这个潜意识的内驱力，把这个“人”的潜在的才能、智慧、创造力“驱”了出来，也把这个“人”一步步地推上自我实现，成了颇具个性的独特的“这一个”。

“自我实现”一词是由哥尔德斯坦提出的，属于人对于自我发挥和完成的欲望，是一种使他的潜力得以实现的倾向。这种倾向可以促使一个人越来越成为独特的个人，达到他所能够达到的一切目标。

采取何种方式来满足这一需要，对于不同人而言也许是大相径庭的。有的人可能想成为一位理想的母亲，有的人可能想在体育上大显身手，还有的人可能想表现在绘画或创造发明上等等，不一而足。

创造性行为与其他任何行为一样是有多种决定因素的。在具有天赋创造性的人们身上可以看到他们满意与否、幸福与否、是饥饿还是满足等方面内容。而且创造性活动显然是有报偿的，或者是有纯经济效益的，对人生、前途、命运等具有改善作用。通过仔细观察，我们可以区分基本满足者的艺术与智慧的成果与基本不满足者的艺术与智慧的成果。我们还必须以一种积极的方式将外显行为与它的形形色色的动机或目的区分开来。而在这一层次上，个人间的差异就更大了，人的独特个性也就更显露出来了。

自我实现需要的明显的出现，通常要依赖于生理、安全、爱和自尊等需要的满足。

4. 超然人生之态

我们所有的人都有一种改善自身的冲动，希望能更多地发展并运用自己所具有的才能和潜能，以便使自己的一生获得更大的发展和成功。

那么，人究竟怎样做才能变得越来越聪明，自身人性也一步步走向完善，达到自我实现呢？

马斯洛的回答很明显，我们需要做的，就是观察和探索。人性自身就具有对这些问题的答案：我怎样才能完善？我怎样才能幸福？我怎样才能富有成就？当这些价值被剥夺时，机体就告诉我们它需要什么，从而也就告诉我们要珍惜什么。

马斯洛的自我实现理论中有一个需要层次论的独到的基本概念，他认为“人具有高级层次的需要，并且这种需要也是不断发展和成长的。”“完善自己”“自我实现”是一种高层次的基本需要。自我实现的本质特征就是充分发挥人的潜力和创造力，因此下面要讨论的实际上是需要的满足的问题。

马斯洛强调，高级需要和低级需要具有不同的性质，而且这样的高级需要与低级需要必须归入基本的和给定的人性储备中。这一定会在心理学和哲学理论上引起许多革命性后果。因为目前大多数文明同它们的政治、教育、宗教等理论，始终是建立在与这一信念正好对立的观念之上的。总的看来，它们假定人性原始的以及动物的方面严格地限制在对食物、性之类的生理需要上。追求真理、爱、美的高级冲动，被假定为在内在性质上不同于这些动物性的需要。而且，这些兴趣被假定为相互对抗、排斥，为了优势地位而不断发生冲突。人们是站在高级需要一边而反对低级需要这个角度来看待所有文化及其工具的，所以，文化必然是一种控制因素和阻挠因素，是一种不幸的必需品。

高级需要就跟对食物的需要一样，是类似本能的和动物性的，认识到这一点必然具有很多影响。

也许，最重要的影响是明白认知和意动的二元分离是错误的，是必须予以澄清的。对知识的需要，对理解的需要，对哲学沉思生活的需要，对理论参照系统的需要，对价值系统的需要，这些本身都是意动的，是我们原始的动物本性的一部分（人是非常特殊的高级动物）。

既然我们也了解我们的需要并不完全是盲目的，而且知道它们已被文化、现实及可能性所修改过，那我们就可以进一步推测，认识在它们的发展中起了很大作用。约翰·杜威主张，需要的真实存在和界限是依靠对现实、对满足的可能和不可能的认识而定的。

如果意动在本质上也是认知的，或者反过来认知在本质上属于意动，那么它们之间还有什么分歧的必要呢？

这些古老的哲学难题，有些甚至可以看成是因为对人类动机生活的误解而产生的假难题。例如，什么算是自私的，什么算是不自私的，二者有什么区别的问题；假如我们似本能的爱的冲动，使我们从注视我们的孩子吃好吃的东西，比我们自己吃能得到更多的个人的“自私的”愉快，那么，我们应该怎样解释“自私”，怎样把它与“不自私”相区别呢？假如对真理的需要比对食物的需要更具有动物性，那么，为真理而冒生命危险的人比为食物而冒生命危险的人更少一些“自私”吗？

假如从食物、性、真理、爱或尊重的满足中能同等地得到动物性的快感、自私的愉快和个人的愉快，那么，显然需要重新更正快感理论。这意味着在低级需要快感衰落的情况下，高级需要的快感很可能坚持下去。

古典浪漫主义的酒神与太阳神的对立必定能得到解决。至少就它的某些形式来说，它同样是建立在动物的低级需要与反动物的高级需要的分裂之上的，但这显然是不合理的。与此同时，我们也必然要对理性与非理性的概念，理性与冲动之间的对比，以及作为与本能生活对立的理性生活的一般概念，作很大的修正。

马斯洛指出，通过对人的动机生活的严密审查，可以得到伦理哲学家需要的许多东西。假如我们将最高尚的冲动看做是马本身而不是勒马的缰绳，假如我们将我们的动物性需要与我们最高的需要看成是具有同样性质的需要，那它们之间明晰的分歧又怎么能够存在下去？我们又如何确定它们可以有不同的来源？

进一步说，假如我们清醒而明确地意识到这些高尚而美好的冲动的存在和日益强大，从根本上说，首先是满足更迫切的动物性需要的结果，我们当然应该更少谈到自我控制、禁止、法律等等，更多地谈到自发性、满足以及宽容等等。

假如本能是较弱的，高级需要在性质上是似本能的；假如文化比本能冲动更强，而不是更弱；假如人的原始冲动最终被证明是好的，而不是坏的；那么，人性的改进也许可以通过对似本能倾向的培养来实现，或者通过促进社会改革来实现。的确，改善文化的意义就在于为人们内在的生物倾向提供一个更好的实现自身的机会。

神学家们总是感到有必要努力调和肉体和精神、天使与魔鬼以及人类机体上高级和低级的东西，这是一个古老的难题，至今还没有一个人找到过满意的方法。而今天，由于发现高级需要层次上的生活，可相对地摆脱低级需要满足的支配，这种机能自主似乎正可作为神学家们寻觅不休的解决方案。虽然高级需要的发展是建立在低级需要满足基础上的，但一旦牢固建立，就可相对独立于低级需要满足而不必受其限制了。

马斯洛认为，除了达尔文的生存价值外，我们现在还可以提出“成长价值”。对于个体来说，不仅生存是好的，努力去发展完美的人性，使人的潜力得到发挥，追求更大的幸福、更深的宁静以及高峰体验，走向超越，获得对现实更丰富、更准确的认识，等等，都是有益的。我们不再以生存的可能性作为证明贫穷、战争、独裁、残忍与丑恶的惟一证据。在我们眼里，这些现象的丑恶还在于它们降低了生命、人格、意识以及智慧的质量。

5. 人，那最终的样子

如果你选择作为研究对象的是一些非常优秀而健康的人，坚强的人，有创造力的人，纯洁的人，明智的人，那么你就会得出对人类的一种不同的看法。你会问，人能成长得多么高大？人能变成什么样子？

马斯洛说：“我的直觉告诉我，人们在一些别的事情上，肯定比以上问题的讨论要少。自我实现很难界说，更困难得多的是回答：什么是超越自我实现？或者，假如你愿意：超越真实性是什么？这类问题在所有这一类问题中，仅仅诚实是很难回答的。”关于自我实现者，我们还能有别的什么说法没有？

马斯洛发现，对于他的学生，对于其他和他持同样看法的人，自我实现的观念已变得非常熟悉了。但马斯洛强调：“请记住，有些思想还不是很成熟。它常常能使我对于利用它的人比对于现实有更多的了解，我所做的是探索自我实现的某些性质，是就自我实现过程的操作意义来看，就某一特殊时刻的情况看，自我实现意味着什么？例如，它在星期二下午四时意味着什么？”

根据马斯洛介绍，从设计到开始，马斯洛对自我实现的调查并不是研究工作性质的。这些调查起初只是他作为一个青年知识分子的努力，他试图理解他所敬爱和崇拜的两位老师，本尼迪克特和韦特海默（他认为他们是非常优秀的人物）。这是一种高智商活动。他不能满足于简单的崇拜，而是力求理解这两个人物为什么如此与众不同。在马斯洛取得哲学博士学位从西方来到纽约市以后，他们是他的老师，马斯洛钦佩地称他们是最卓越的人。“我的心理学能力完全不足以理解他们，似乎他们不仅仅是人，而且是某种意义存在的超人。”马斯洛的调查研究是作为一种前科学或非科学的活动开始的。他做了有关韦特海默的描述和杂记，也做了有关本尼迪克特的杂记。当他试着理解他们，试着去思考他们的事迹，并在日记和记事本中写下自己的看法的时候，他忽然在一个奇妙的时刻认识到，从他们这两个典型能够归纳出某些共同的特征。他是在谈论某种类型的人，而不是两个没有可比性的个体，这件事使他极为兴奋。他试着观察这一样式能否在其他地方发现，后来他果然又在别的地方别的人身上发现了。

按照严格的和有控制研究的常规标准来讨论，这的确不算是实验室研究。他的归纳是从他对一定类型的人的选择中做出的。很明显，需要有其他裁判。尽管如此，有人已造出也许是二三十位他非常喜爱或崇拜而认为是十分卓越的人物，试着描绘他们，并发现他们。他已能做出一种综合症说明——对于他们每一位都适合的样板说明。他们仅仅是来自西方文化的人，选出的人带有各种内在固有的倾向性。虽然这样的归纳并不很可靠，但对关于自我实现者的界说它仍然是惟一适用的。

马斯洛的研究成果发表以后，又出现了许多不同的印证路线支持他的发现，不是重复的验证，而是从不同角度做出的研究。罗杰斯和他的学生的研究成果集中起来，成为对全部综合症的确证。布根塔提供了心理治疗方面的印证。某些使用治疗很有效的麻醉药 ISD 的研究及某些测验结果——的确，每一事实都印证了马斯洛的研究成果，虽然还不是全面的验证。马斯洛对于这项研究的主要结论非常自信。他不能设想有任何研究能在这一模式中做出重大的改变，虽然不可避免会有些小的改变，他自己也做过某些小的改变。但个人的自信不能替代一个科学的论据。马斯洛说："假如你对我关于猴子和狗的论据提出疑问，你就是在怀疑我的资格或把我看成制造谣言的人，我也就有权利反对你这样做。但假如你怀疑我关于自我实现者的研究成果，你就可能是有自己的理由而不是故意贬低我，不信任我了，因为你对于研究这个问题的人了解并不太深。"是他选出了一些人据以得出全部结论的。他选出的这些人年龄已经比较大了，都是非常优秀而健康的、坚强而纯洁的、明智的、有创造力的人，得出的这些结论是处于前科学的范围中的，但结论陈述是以一种能够经受检验的形式提出的。在这样的意义上，这些结论是科学的。我们还不知道这些发现是否也适用所有的人类。我们不知道自我实现在其他文化中的意义如何，虽然在中国和印度对自我实现的研究也已经开展了。我们不知道这些新的研究将有什么新的重大发现。真的很难预料：人到底将能变成什么样子。

① 研究对象

马斯洛所研究的内容，在多种领域上来说都是超前的。它最初不是按照常规的研究安排的，它不是一项社会性的研究，而是一次旨在解决各种个人道德的、审美的以及科学问题的私人性的探索。马斯洛只是力图使自己信服并且从中获得教益，而不是让别人去论证。但是出乎意料的是，这些研究对我们如此具有启发作用，满含着令人拍案叫绝的东西，以致尽管有方法上的缺点，为其他人写出某种形式的报告还是合情合理的。

马斯洛急切地思考心理健康问题，以至于任何材料，任何意见，哪怕是很不成熟、有待讨论的一些意见和建议，似乎都具有启发价值。因为他认为坐等不是办法，假如总是坐等惯常可靠的材料，我们将不得不永远等待下去。这样，应该做的惟一令人佩服的事似乎就是不害怕犯错误，勇敢地投身进去，尽力而为。其实错误有时乃是成功的起点，人是可以从“犯错—改正—再犯错—再改正”中逐步走向真理，并从中学到足够多的东西的。

马斯洛把自己认识的一些著名人物和了解到的历史人物以及另外一些人作为研究对象，还在一次对年青人的研究中，对三千名大学生进行了筛选，但只有哈佛大学生可直接作为研究对象，有一二十名也许将来可作为研究对象。马斯洛不得不断定，他在原来的研究对象那里发现的自我实现的类型，对正处在发展中的青年来说是意义无穷的。

因此，马斯洛与艾维林·巴斯金博士和但·里德曼合作，他们开始对一组相对健康的大学生进行调查。他们决定任意在大学生中选出最健康的百分之一。尽管这次探索在持续了两年之后，在完成之前被迫中断，但它在临床水平上却具有特殊的启发意义。他们也曾希望由小说家和剧作家们所塑造的那些人物能够用于研究，但没有发现有任何一个具有现实意义（这本身就是个引人深思的发现）。

淘汰或选择研究对象所依据的第一个临床依据，有一个消极的方面，一个积极的方面。消极的选择标准使候选对象中没有神经病、精神变态性格、精神病或这方面的强烈倾向。也许对身心疾病要更仔细地研判。在可能的情况下，就给予罗夏测验，结果证明这些测验在显示被隐藏的精神变态方面比选择健康人更有价值。积极的选择标准是自我实现的确定证据，自我实现仍然是一个难以具体描述的症候群，也许可大致表述为充分利用和开发天资、能力、潜能等等。这样的人似乎在努力使自己达到完美。如尼采所说的："你就是你自己！"他们是一群已经走到或正在走向自己力所能及的高度的人，他们的潜能也许是他们个人的特质，但也有可能是人人都有的，只是有的人未曾自我发现罢了。

这一标准的另一层意思是，研究对象在任何时候对安全、归属、爱、新生和自尊的基本感情的需要，以及对于理解和知识的需要的满足，或者能在多大程度上达到这种满足。这就是说，所有研究对象都感到安全和无忧无虑，感到被公认，感到爱和被爱，感到自身的价值并且被尊重。他们已经明确了自己的哲学、宗教或者价值取向。至于基本的满足是自我实现的充分条件还是必要条件，这是一个尚未解决的问题，也许自我实现意味着基本满足再加上最起码的天才、能力或者（人性的）个性。

马斯洛采用的选择技术在以前对自尊和安全感的人格症候群的研究中使用过，简单说来就是：以个人或文化的说法信仰作为开始，对自我实现症候群的各种扩大的用法和说法进行比较，然后慎重地为它重新定义——在下定义时采用现实的用法，但是，同时排除在通俗定义中常见的逻辑和事实的自相矛盾。

由于研究对象数量太少，以及多数研究对象的资料不完全，再加上前面提到的原因，任何定量描述，只有复合印象可以提供，而顾不上它们可能会有什么价值（既然调查者完全不能确信什么是描述，什么是投射，当然这些印象也就不会比有条件的客观观察更有价值）。

对于这些总体印象作整体分析，可得出最重要和最有用的总体印象，据此，可进行进一步研究。

根据重新修正的定义选出了第一批研究对象，其中一组是质量高的，一组是质量低的。分别以临床态度对其进行更仔细的研究，在经验研究基础上，又按现在手中的材料对最初修正过的通俗定义作了进一步修改，得出了第一个临床的定义。再按这一新的定义，对最初的研究对象重新筛选，保留一些人，淘汰一些人，再补充一些新的内容。然后再对第二种水平的研究对象小组进行临床研究，在条件许可下进行实验和统计研究。这必然带来另一个工作：再对第一个临床定义进行修改、订正和补充，然后，又根据这一个新的定义对第二批研究对象进行再筛选。经过这样精挑细选，一个最初模糊、粗浅的通俗概念就能变得精确清晰，在特性上越来越便于操作，因而也越来越科学。

当然，一些客观的、理论的和实际的因素会影响自我调整的螺旋上升的过程。例如，在研究的早期，由于对通俗用法进行过分的苛求，以至于几乎没有人能符合这一定义。但我们不能够因为有小缺点、错误或者脱离实际而停止考虑一个可能的研究对象。或者可以这么说，既然没有完美的人，我们就不能用完美来作为选择的标准。

另一种难题是：所有事实都告诉我们，不可能获得临床工作通常要求的那种全面而精确的资料。研究对象候选人在得知我们的研究目的后，变得处处注意自己，因而变得呆板、拘谨，有的对全部努力一笑置之，有的甚至拒绝继续合作。鉴于这些教训，我们对旧的研究对象一直是间接研究，甚至可以说是偷偷摸摸地进行。只有较年轻的研究对象才可能被直接研究。

既然被研究对象的姓名不能公开，那么两种迫切需要得到的东西就不能如愿得到，或者甚至说普通科学研究的要求就不可能达到。这两样是调查的重复性和材料的普遍有效性。最后这些困难部分地由知名历史人物的有关材料，以及由一些青年人和大方的儿童的补充研究所克服。

② 创造力

教育人材，比方说培养工程师的正确方法，就是将他们教育成为具有创造性的人，例如能够面对陌生情况和随机应变。他们必须不怕改变，必须能安于改变，安于新事物，而且，假如可能（因为那样最愉快，甚至能享受新事物和改变的乐趣）。这意味着我们必须教育和训练的不是旧的和标准意义上的工程师，而是新的意义上的即有创造力的工程师。

这种理论对企事业中的领导者、管理者和执行者同样很有作用。他们必须能够对付任何新产品或者任何陈旧的工作方法难以阻挡的或一些转瞬即会过时的问题，他们必须是不反对变革而能预见变革、倡导变革的人，是能够以足够的勇气接受挑战并能从中寻求乐趣的人。

我们必须培育出一大批头脑灵敏的、适应潮流的创造者。我们必须以一种与惯常方式全然不同的方式给熟练的人或训练有素的人或受过教育的人下定义（即，不作为一个有丰富经验因而能在未来事务中得益于此的人）。我们能称之为学习的许多做法已经变得无用了。任何种类的学习只要是简单的应用过去于现在，或在现在情境中利用过去的技术，在许多生活领域中都已经过时了，教育不再被认为根本上是或仅仅是一种学习过程，也是一种性格训练，一种人格训练过程。

自然，这不是完全正确的，但它在很大程度上仍是很有道理的，而且它将变得越来越正确。过分依赖过去的人在许多职业中几乎成了废物。我们需要一种新型的人，他有足够的自信心能同他的过去决裂，他觉得自己足够坚强、勇敢，能在现在情境中信赖自己，假如需要，他能随机应变地妥善处理问题而无须做先期准备。

这所有的一切综合起来更加突出了心理健康的力量。它意味着更加珍视对现实情况给予充分注意的能力，能注意倾听，能注意观察可能出现在我们面前的具体的、直接的契机。我们需要那些非同寻常的人，而不是面对现在觉得似乎现在不过是过去的重演，把现在仅仅当做应付未来威胁与危险而做好准备的时期，因为他相信自己能在无准备的情况下应付到来的时刻。

当前这种社会现实中，这种能随机应变对付突然而来的问题的新型的人，都是我们所需要的。我们需要他，就是为了应付我们生活着的并还将生活很长时间的新型的世界。

我们有必要讨论创造性，是因为我们还会不断面临新的情况。由于实质上我们讨论的是一种类型的人，一种类型的哲学，一种类型的性格，所以着重强调的是创造产品，而从对技术改革和美术产品及革新的强调等转移开来，对创造过程、创造态度、有创造力的人更感兴趣。因此，马斯洛觉得更好的战略是把更大的注意力转向创造性的灵感阶段，而不是创造性的实施阶段，即转向“始发创造性”而不是“次级创造性”。

马斯洛说，我们必须集中注意那种不管是否重要的随机应变的创造性，而不是注意那些已经具有社会价值的艺术或科学成果。马斯洛之所以这样强调，是因为如果用已完成的作品作为一种标准会引入太多混淆，如良好的工作习惯、顽强、训练、耐性、良好的编辑能力和其他特征，它们和创造性没有直接关系，至少不是创造性独有的特征。

马斯洛宁愿将儿童作为创造性的研究对象而不选成年人也正是考虑到了这些，因为研究儿童能避免许多混淆和污染的问题，例如，在这里，就可以不再强调社会改革、社会效用或创造产品，还能避开对先天杰出才能的专注，从而也避免了问题的混淆（天才似乎和普遍的创造性很少关联，后者是我们所有人都有的禀赋）。

这也是马斯洛为什么强调非语言教育的重要性的原因，例如艺术、音乐、舞蹈教育。我们并不是特别对艺术家的训练感兴趣，因为无论哪一种情况都是以一种不同的方式完成的。对于儿童娱乐甚至对于用艺术进行心理治疗，我们也不是很感兴趣。为了解决上述问题，我们甚至并不关心艺术教育本身。我们真正关心的是新型的教育，那是我们必须发展的，这种教育的目标是培养我们所需要的新型的人，发展过程中的人，有创造力的人，应变能力强的人，自我信赖、勇气十足的人，自主自律的人。艺术教育家成为第一批沿着这一方向前进的人，不过这仅仅是一种历史的偶然。这也能同样容易地应用于数学教育，我们希望有一天会是这样。

当然，数学、历史或文学在大多数地方仍是用一种权威的记忆的方式传授，问题仍然在于怎样更有效地教导学生正视现实，随机创作，等等。（布鲁纳也曾论述过那种随机创作、猜测、创造性、娱乐的教育。）教育的重要任务，应该是培养学生成为有创造力的人，能采取创造的态度。

强调不考虑客观因素，不包含是非观点，也是一个通过艺术进行教育的活动。可以不考虑正确与错误，儿童就能大胆地面对自身，面对他自己的勇气或焦虑，面对他的旧本质或他的新鲜感。现实一经抛弃，我们就有了一个良好的投射测验情境。

马斯洛认为，艺术的教育是一种治疗和成长的技术，因为它能让心灵的深蕴自由地裸露，使之受到鼓励、培养、训练和教育。一个有创造力的创造性新人就是这样培养出来的。

③ 自我实现者与艺术家

创造性概念似乎越来越接近健康、自我实现、丰满人生等概念，最终也许会证明这是一回事。

马斯洛认为即使我们对已有的事实还不完全肯定，但我们似乎有必要做出这样的结论：创造性的艺术教育，或者更确切地说，通过艺术进行的教育，它之所以特别重要，与其说因为能造就艺术家或艺术产品，不如说能造就更完美的人。假如我们对教育人的目的有明确的认识，假如我们希望我们的孩子能变成人性丰满的人，能逐步发挥他们所具有的潜在能力，那么，能起到这种作用的一种教育就是艺术教育。之所以会想到通过艺术进行的教育，并不仅仅因为艺术能产生美的印象，还因为艺术教育很有可能会成为一切其他教育的范式。那就是说，假如我们认真对待并尽力去做，使艺术教育能达到我们所期待的标准，而不是被认为是十分脆弱和可有可无的东西，我们终将有一天能依据这一范式教数学、阅读和写作。马斯洛在这里所指的是一切教育问题。他对于通过艺术进行教育感兴趣，只因为它似乎是潜在的有效教育。

马斯洛对艺术教育、创造性心理健康等感兴趣的另一个原因，是他深感历史发展引起的变化。如今的时代，生活的节奏加快了，各种事实、知识、技术、发明、工艺进步等的发展速度急剧增长，这种现状使我们需要一种全新的人。对教育事业，马斯洛尖锐地说："我可以更进一步说：教授事实有什么用？事实用不了多久就变得过时啦！教授技术有什么用？技术也很快就过时啦！甚至工科学校也由于有这样的认识而弄得面目全非。例如，麻省理工学院已不再把工程学仅仅作为一系列技艺来教授了，因为工程学教授过去所学的一切技艺几乎都已经过时了，再学习怎样制造马车鞭子还有什么意义？我们了解到，麻省理工学院某些教授所做的是放弃念过去的真经，宁愿尝试去创造一种崭新的人——他能随机应变，能以变化为乐，能即席创造，能满怀自信、力量和勇气对付他生命当中的突发事件。”

客观世界的巨变，要求人必须努力顺应这种潮流、趋势，把自己转变成一种全新的人。

他们不需要净化世界，不需要冻结它，使它稳定，他们不需要做他们前辈所做的事，他们能满怀信心地面对明天，虽然他们不知道什么将要降临，什么将会发生，但对自己有足够的信念，相信自己能在从未出现过的情境中随机应变。这意味着一种新型的人。你也许会认为是赫拉克利特型，但请记住，能造就这种人的社会将生存下来；不能造就这种人的社会将灭亡。

艺术，是一种创造，进行艺术创造是需要灵感的，但灵感与作品之间毕竟还有一个很大的距离。马斯洛指出：必须区分原发创造性和次级创造性。原发创造性就是创造性的灵感阶段，它与次级创造性也就是灵感的发挥、发展是有区别的，因为这后一个阶段不仅强调创造性，而且在很大程度上还依赖单纯的艰苦磨炼，依赖艺术家的日常训练，他或许要花费半生的时间学习使用工具，学习技巧，熟悉素材，直到他终于有了足够的准备，能够充分表达他的积累。到那个时候，肯定有许多人会在夜半醒来时忽然有灵感的闪现，这灵感会激起他们想写某一小说，或某一剧本，一首诗词，或做他想做的任何事情的欲望。如果从这个时候起，他能抓住这个一闪而过的灵感，及时采取第二步的行为，并顽强地、坚韧地、不畏艰苦地付出努力，他就有可能创造出他希望得到的东西，体现出他自身潜在的创造力。

马斯洛观察到：有创造力的人在创造激情的灵感阶段会忘掉过去，不思未来，而仅仅沉湎于现实之中。他丢开了一切，深深迷恋，全神贯注于眼前的问题。

马斯洛认为，这种“完全沉迷于现在”的态度，正是在任何一种创造性中都绝对必要的；在一定程度上，这种“无时”“无我”“无他”，置身于空间、社会、历史之外的能力，也正是无论哪个领域的创造性的先决条件。

实际上，当事人的这种情态表现，这种充斥于现在、超越时空而使人完全着迷于此，正是高峰体验的一个主要特征。这些高峰体验研究使我们懂得的道理，也能十分直接地迁移到对现实的体验、对创造态度的丰富理解，入迷，集中注意，或沉湎于任何十分有意思的足以吸引我们注意力的事物——不仅是伟大的交响乐或莎士比亚悲剧，一切扣人心弦的电影或侦探故事或仅仅变得专心于完成自己的工作。

由此可见，自我实现者的创造态度是如同艺术家沉湎于他的艺术创作一样——

（1）纯真

这里指的是感知、理解和行为上的“纯真”。只有那些具有高度创造性的人通常才具备这种纯真。这些人经常被形容为襟怀坦白，光明磊落，无先入之见，无所谓“应当”与“不应当”，不讲究什么风尚和习惯，没有什么偏好、教条，没有什么固有的“适当”、“正常”、“正确”等观念。他们能够泰然面对任何事情的发生而不会大惊小怪、怨天尤人或者视而不见。

儿童便能以这种非需求的方式接受一切，睿智的老人也是一样。现在看来，我们大家都可以因为专心于“此时此刻”而更加“纯真”。

（2）忘我

当你完全为非我所吸引时，你的自我意识以及自我感受都减少了。你不再能像一个旁观者或评论家那样很容易地观察你自己。按照心理动力学的说法，你现在不像平时那样分裂为观察的自我和体验的自我，这也就是说，你几乎接近于成为完全在进行体验的自我，你将摆脱年轻人的羞怯，不再由于意识到众人的目光而感到难堪。这又意味着人格变得更统一、整合与一元化。

同时，它还表示对体验少批评和编排，少评估和评价，少选择和抵制，少判断和掂量，以及少割裂和分析等。

这种忘我精神是发现人之真正本性的一条途径。它几乎总被体验为愉快的和舒畅的。我们无需像印度教徒和东方思想家那样去谈什么“可憎的自我”。

（3）自我抑制

在某种意义上，意识（特别是自我意识）有些时候能以某种方式起抑制作用。有时会产生怀疑、冲突、恐惧等等心理，有时又会抑制自发性和表现性（但自我观察对于治疗是必需的）。

也可以这样说，自我观察的我，包括自我觉察、观察和评判，是“次级创造”必不可少的要素。以心理治疗为例，自我改善在一定程度上是对曾容许进入自己意识的体验进行批评的结果。精神分裂的人有许多顿悟体验，但不能在治疗上利用这些体验，因为他们太多“总体体验”而缺少“自我观察和批评”。在创造性的工作中，同样需要训练有素的建设劳动接替“产生灵感”的阶段。

（4）意识收缩

除了身边的问题很少意识到其他任何事物，即更少分心察觉他人或应付他人给自己的约束。对责任、义务、职责、恐惧和希望等等的意识有所降低。此时的我们更加摆脱了他人的羁绊。这又意味着我们找到了自己，我们更自主，成为纯真的自我和真正的本性。

之所以这样说，是因为我们脱离自己的真正自我的根源，就在于我们以往经常受他人的羁绊、牵制，在于那种从儿童时代就已存在着的长期威胁，在于非理性的移情作用。在这种情形下，没有了现在的界限，成人的举止也同儿童一样天真稚气（儿童表现出稚气是理所当然的）。儿童对他人的依赖可能是很真实的。但是，他最终必须摆脱这种局面。如果父亲已经去世二十多年，儿子却仍旧害怕父亲会怎么说或怎么做，就显然是有些毛病了。

一言以蔽之，在此时此刻我们更能不被他人所影响。所以，即便他人本来会影响我们的行为，现在这种影响也已不再发生作用了。

这意味着我们摘下了面具，放弃了想要影响、取悦别人或给人留下美好印象以及赢得欢迎和爱戴的努力。可以这样说：因为没有了观众，我们就不再是表演者；由于没有任何做作的必要，我们就能够忘我地献身于解决问题了。

（5）无畏

在潜心创造时，影响我们的内心的畏惧和焦虑也是可以消失的。我们的抑郁、冲突、矛盾心理，我们的烦恼，我们的问题，甚至我们肉体的痛苦也一样，甚至我们的精神病和神经症，假如它们并非特别严重，不妨碍我们对眼前问题的浓厚兴趣并醉心于其中的话，也会暂时地消失。

在这样的时刻，我们是勇敢而自信的，无畏惧、无焦虑、无神经症、无疾病的。

（6）力量和勇气

创造需要勇气和力量，许多关于创造性的研究曾经报告了勇气的种种变式：顽强，独立，自信，一种自傲、性格的力量以及自我的力量等等。名望、受欢迎等则很少受到考虑。恐惧和怯懦已被湮灭于创造的激情中，至少能使它不大可能出现。

马斯洛认为，当我们把创造性的这个方面看做忘记自我和忘记他人这一共同特征的一种表现时，它就较易于理解了。这个状态实质上暗示了较少恐惧，较少抑制，较少防御和自卫，较少戒备，不需要矫饰、伪装，更不怕讥讽、羞怯和失败。所有这些特点都是忘我和“无他”的一部分。专心驱除了恐惧感。

我们可以更积极地说，当人们勇气增加时，他们会更易于受到神秘的、陌生的、新奇的、分歧与矛盾、异常与惊诧等事物的吸引，而不是变得多疑、害怕、顾虑重重、戒备森严或不得不采用减轻焦虑和防御的手段。

(7) 接受肯定的态度

在沉浸于现实和忘我的时刻，我们又很容易在另一种方式中变得较多“肯定”而较少否定，即，我们倾向于放弃批评（编删，挑拣和选择，改正，怀疑态度，改善，质疑，拒绝，判断，评价）。这似乎是说，我们接受了，我们不拒绝或不斥责，或不进行有选择地挑挑拣拣。

有些问题就摆到眼前，你不阻拦它，它就会冲进来影响我们。让它显露出它的意愿，让它走自己的路，让它成为它自己，也许我们很欣赏它的本来面目。

这样做，更容易在谦虚、放任、承受的意义上使我们成为道家式的人。

这种谦恭和尊重同样适用于对待问题，对待材料、情境和他人。不只是要允许“它”之为它，还要以一种关切、热爱、赞赏和愉快的态度，就像对待自己孩子、爱人或者自己宠爱的小动物那样渴望它作为它自己那样的存在。

这种态度对于观察或理解现实问题的全部具体的丰富内容是固有的需要，有助于理解它自己的性质样式。无须刻意的努力，更无须把我们的帮助强加于它。如同在想听清别人的低语时须默不作声，保持肃静一样。

通常情况下的创造活动倾向于成为人的整体活动。他这时是最整合统一的，整个人全神贯注、一心一意，浑然融于创造活动中。创造性因此是系统化的，是整个人的整体（或格式塔）性质；它不是像涂在机体上的一层油彩侵入人体的细菌，它是分裂的对立面，因而也是更具创造力的。

（8）允许探究始发过程

人的整合过程有一部分是无意识的，尤其是灵感一闪念的刹那间的原发过程或者说是诗意的、隐喻的、神秘的、原始的和儿童般稚气的东西的再现。

我们有意识的理智，太极端的分析性，太理性，太数量化、概念化，太原子论，所以它漏掉了大量的现实，尤其是不能领会我们内在的现实。

（9）最丰满的自发

假如我们对眼前的问题全神贯注，着迷于事物的本身，心中不再有其他的目标或想法，我们便更容易充分自发地、充分发挥作用地放任能量从内部自如地流出，自动地流出，无须努力，无须自觉的意志或加以控制，就像一种本能一样，自动地、无思想地作用着，即，达到最丰满的、最少障碍的、最有组织的活动状态。

它们的有组织状态和适合于眼前问题的一个主要决定因素很可能就是现实中的固有性质。我们的能力于是最完善、最迅速、最不费力地适应于情绪，当情境改变时也能灵活地随机应变，就像一位画家持续不断地使自己适应他的发展着的绘画的要求，像一位摔跤运动员使自己适应他的竞技对手，像一对舞伴娴熟地相互配合，像水流入缝隙和洼地那么轻松自然，毫不费事。

（10）充分表达独特性

充分的自发性使得自由活动中的机体及其独特性气质与风格能够真实地表现出来，自发性和表现性这两个词意味着诚实、自然、真实、非模拟、不虚假装饰等等，因为它们也包含有行为的非工具性的意思，没有有意的尝试，很少作人为的努力，不阻碍内心发出的冲动，不干预人们内心深刻人格的自由表达和发散。

所以，惟一的决定因素就是客观现实事物的固有性质和人的内在本质，以及人与客观世界二者之间彼此互相适应的根本需要，这些要形成一个相互融洽的单元，犹如组成一支优秀的篮球队或一支弦乐四重奏乐队那样需要彼此适应相互配合，形成一个和谐协调的整体的团队。这种融和情境之外的一切都是无关的，这不是一种达到任何外在目的的手段，它本身就是目的。

（11）人与世界的融合

随着社会的高速发展，人与世界的融合越来越密切。通过一个个创造性的例证，我们有理由相信，这种融合也是创造的先决条件之一。这种错综复杂的关系网络有助于我们更好地理解这种融合是一个自然事件，而没有什么神秘奥妙之处。假如我们把它理解为一种同构现象、一种相互影响的铸型、一种非常和谐的吻合或互补、一种化为一体的融合，那么，它甚至还可以用科学的方法加以探究。

你要想创造，你就必须深入到客观世界具体实践之中去。何库赛曾说过，“假如你想画一只鸟，你必须变成一只鸟。”

（12）信赖与考验、控制、竞争的对立

以上所说的一切包含一种对自己和对世界的信赖态度。它容许暂时放弃紧张和努力、意志力和控制、有意识的对付和尝试。容许自己被眼前问题的固有性质所决定，当时必然含有松弛、等待和接纳。试图统治、支配和控制的通常努力和一种与材料的真正妥协或真正领悟材料（或问题，或人，等等）是对立的，特别是涉及未来的问题更是如此。面对未来新事物，我们必须信赖我们有随机应变的能力。这样说，我们能看得更清楚，信赖包含自信、勇气、对世界无所畏惧。也很清楚的是，这种对我们自己面对未知世界的信赖是一种能力，使我们能完全地、坦诚地、全心全意地面对现实。

有些临床的例子可能有助于说明问题。分娩、小便、大便、睡眠、游泳、性顺从都说明：紧张、力争、控制不得不让位于松弛、信赖，相信应该让事情顺其自然。

（13）道家式的接受

创造性态度的各种微妙精美的道家精神特点已被那些谈论创造性的作者们一再地描述过了，有时候是以这种方式，有时候又以那种方式。但无论采取什么方式，大家普遍认为，在创造力的原发阶段或灵感期，某种程度的接受性、非干扰或“无为”是关键特征，而且，从理论上和动力学上来看，它们是必不可少的。我们的问题在于，这种接受性或“任其自然”的态度与此时此地的沉迷和忘我境地这两者之间有怎样的联系。

像艺术家重视他的材料一样，对面临的事物的重视代表恭敬和尊重，也可以说是认真对待等于是把它作为目的，作为某物自身看待，尊重它自身应有的地位、权利，而不是达到某种目的的手段或者说是达到某种外在目标的工具。这种尊重的态度意味着它是值得尊重的。

（14）审美的观察而非抽象

抽象活动是较主动和较多干预的（较少道学的），比审美态度较多选择和拒绝。审美是品味、享受、欣赏、关切，它的方式是不干预、不侵扰、不控制。

抽象的终端产物是数学方式，化学公式，地图，图解，蓝图，草图，概念，抽取的轮廓，模式，理论体系等等，所有这些都离原始的现实越来越远（例如，“地图不是领土”）。审美观察的、非抽象观察的终端产物是知觉的总存货清单，其中的每一件东西都很容易受到同等的品味，人们并不重视其中重要性高低的评价。要寻求的是知觉印象的更加丰富多彩，而不是更多的简化和节略化。

有的科学家和哲学家竟然糊涂地认为方程式、概念式或蓝图比现实的自身更具真实性。幸亏我们已能理解，具体的东西和抽象的东西是相互影响和相互补充的，不再有必要贬低其中的一个或全部。我们这些知识界人士最好纠正一下天平，强调一下具体的、审美的、现象学的、非抽象的方面，认识到现象的一切方面和细节、现实的全部丰富的内容，甚至包括那些无用的方面的内容，不要再出现过分抽象地描绘现实的情况。

④ 整合力

在通常情况下，能够不断从认知和意动两个方面成功地抑制或者说是镇压了自己内心许多深蕴的人性的人——正常顺应或顺应良好的人实在令人惋惜。对现实世界的良好顺应，意味着人的割裂，意味着这个人把他的后背对着他的自我，因为他觉得它是危险的。但是，现在清楚了，他这样做的损失也是很大的，因为被压抑的这些底蕴也是他的一切欢乐、热爱和能力等的源泉；而且对于我们来说最重要的，也是创造的源泉。为了保护自己而去反对自我内部的地狱，结果也就把自己同自我内部的天堂割裂开了。在极端的情况下，我们就成了平庸的、封闭的、僵硬的、淡漠的、拘束的、谨小慎微的人，成了不会笑、不会欢乐和爱的人，成了愚笨的、依赖他人的、幼稚的人了。他的想象，他的直觉，他的温暖，他的富于感情全都逐渐被扼杀或被歪曲了。

让我们用心理疗法，对这种情况进行一些心理分析。

马斯洛说心理分析的最终目标是作为一种整合性的疗法。成就则是通过顿悟这种基本分裂的愈合，因此，遭到压抑的东西就变成意识到的或者前意识的东西了。但是在这里，对创造性的深邃根源的结果使我们终于弄明白了：我们与我们的原初过程的那灵感一闪念的联系，同我们与我们的不能接受的希望的联系，并不是在一切方面都是一样的。我们所能看到的最重要的差异，就是我们的原初过程并不像被禁止的冲动那样危险。在很大程度上，原初过程并不是被压抑或被潜意识压抑的，而是被“遗忘”的，或者也可以说是避开压制（不是压抑）的，因为我们必须顺应严酷的现实，而这个现实要求的不是幻想、诗意和欢乐，而是有目的和实用主义的努力。或者也可以说如果是在富足的社会中，情况会是另一种样子，即对原初过程的遏制必定要少得多。马斯洛预料，很少做减轻压抑“本能”事情的现行教育，在承认原初过程并把它整合到意识或前意识中有很大的用途。艺术、诗歌、舞蹈方面的教育，从原则上说在这方面是大有可为的。动力心理学方面的教育，同样也大有可为；例如，多伊奇和墨菲以原初过程语言的方式说话的“诊疗交谈”，可以看成是一种诗作。米尔纳的非凡著作《论不能作画》说出了我们的心里话。

马斯洛说，我们极少用到传统的弗洛伊德理论，他的理论本质上是一种对于本能冲动及其变化的研究，而且，最终是在冲动和防御冲动之间看到基本的弗洛伊德辩证法，作出防御冲动的结论。但是，对于理解创造力（以及游戏、爱、热情、幽默、想象和幻想）的源泉来说，比压抑冲动更重要的是原初过程，这个过程本质上是认知的，而不是意动的。我们一旦把我们的注意力转到人的深蕴心理学时，我们就会立即发现，从心理的角度分析自我心理学，即克里斯米尔纳、埃伦兹魏格、荣格的心理学，和美国的“自我与成长”心理学之间，有许多一致的东西。

马斯洛试图概略分析的这种创造性，是爵士乐或孩子式即兴创作的画提供了最好的范例，而不是由称之为“伟大的”艺术作品证明的。

对此，马斯洛分析道，在前一种场合，伟大的作品需要伟大的天才；而在后一种场合，伟大的作品不仅需求思想的闪光、灵感、高峰体验，而且也要求艰苦的劳动，长期的训练，严格的修改，以及完美的规范。换句话说，继自发性之后的是深思熟虑；继完全认可之后的是批评；继直觉之后而来的是严密的思维；继大胆之后而来的是谨慎；继幻想和想象之后而来的是现实的考虑。继之而来的是这样一系列问题：实际情况是这样吗？这能被其他人理解吗？它的结构是健全的吗？它能经受得住逻辑的考验吗？我们能够证实它吗？等等。这时，推测之后的冷静思维、比较、判断、评价、选择或拒绝的时刻就到了。

如果说继原初过程之后感兴趣的是二级过程，继幻想主义之后则对实用主义感兴趣，那么，刚刚被我们捕捉到的我们内心潜蕴着的创造性的灵感马上就会消失了。高峰体验就这样被白白地擦肩而过，享受不到那种愉快了。因为它们毕竟是被动的、感受性的短暂“闪光”，在一个人的身上，高峰体验是偶尔发生的，“可遇而不可求”的，但伟大的作品却往往由此创造出来。

严格说来，马斯洛调查研究的只是高峰体验的到来，作为一个整合的人或这个人内部暂时统一的自发表现，这种体验是顺利的和不需经过努力的，只有当一个人的底蕴对他起作用时，只有当他不畏惧自己的原初思维过程时，高峰体验才会到来。

马斯洛把那种出自原初过程，并且应用原初过程多于应用二级过程的创造力称之为“原初创造力”，而把那种多半以二级思维过程为基础的创造力，称之为“二级创造力”。

绝大部分的世界生产成果，桥梁、房屋、新的机动车，甚至许多科学实验和许多文学作品都正是这后一种二级创造力的结果。所有这一切，本质上都是精炼和延伸拓展他人的思想。两种创造力之间的差异，类似于突击队员和预备役之间的差异，类似于拓荒者和移居者之间的差异。那种能以良好融合或良好交替的方式，自如而完美地运用两种过程的创造力，马斯洛称之为“整合的创造力”。伟大的艺术、哲学、科学产品的出现，正是来自这种整合的创造力。

在创造性理论上，日益强调整合的作用充分概括说明了所有这一切发展的结局：使二元分离转化为更高级的更广泛的统一体。即治愈了人的分裂，又使他更一元化了。

由于在人的内部有这种“分裂”，就等于有一场内战：“自我”的这一部分反对它的那一部分。

总之，自我实现者的创造性，更多的是直接来自原初过程和二级过程的融合，而不是来自镇压和控制被禁止的冲动和希望。但也不排除另一种情况：如果由于害怕这些被禁止的冲动而产生对它的防御，也可能在这场全面的不加区别的无原则的恐慌的战争中，把原初过程封锁到内心深处，从而压制了创造力。

简单地说，自我实现者的创造性，首先看重的不是成就，而是人格，成就充其量只是这种人格魅力闪现的副产品。因此相对于人格来说，成就是第二位的。自我实现的创造性强调的是性格上的品质，如大胆、勇敢、自由、自发性、明晰、整合、自我认可，即一切能够造成这种普遍化的自我实现创造性的东西，在创造性生活中那些表现自身的东西，或者说是强调创造性的态度、创造性的人。马斯洛强调自我实现创造性的表现或存在的品质，而不是强调其解决问题或制造产品的性质。自我实现的创造性是散发到或投射到整个生活中的，正如一个激动的人没有目的地、没有谋划地、甚至是无意识地“放射出”兴奋一样，它像阳光照射一样，它传播到各个地方，它使那能成长的万物得以成长，它也浪费在岩石和其他不能成长的东西上。

对自我实现的创造性是难下定义的，因为有时它“与健康本身似乎是同义的”。而且由于自我实现或健康最终必须定义为实现最完全的人性，或实现这个人的“存在”，因此自我实现和自我实现创造性，看来也几乎是同义的，或许可以说自我实现创造性是自我实现绝对必要的方面，也可以说是标志性特征。

⑤ 社会的需要

几乎所有人都对创造性有兴趣，它已变成一个全球性的政策问题。高明的军事家、政治家，富于思考的爱国者以至什么也不是的一般普通人，都必然会很快认识这一点，世界上已出现一种政治的军事的僵局，而这种僵局可能还会存在一段时间。军队是国家机器，它的任务主要是防止战争，而不是制造战争。向中立国家和人民呼吁并取得了同情和支持的体系将是优胜者。哪种人最终能成为更好的人，不贪婪，不暴虐，更友善，更平和，更可爱，更值得尊敬？这就是政治。

相对而言，政治需要心理上更健康或更高发展的人。他必须成为一个不被仇恨的人，一个能和任何人深入友好相处的人，包括非洲人和亚洲人，他们对于任何恩赐态度或偏见或仇视是非常敏感的。可以肯定，要成为合格领导并取得胜利必须具备的特征之一，就是不能有种族偏见，他必须有同胞兄弟感，必须有助人感，必须成为一个值得信赖的领导者，而不是一个受到怀疑的人。如果从长久的角度看，他更不应成为专制主义者、虐待狂者，等等。

除此以外，更多的创造性人物，也将是任何能长治久安的政治、社会、经济团体所必需的。这种考虑是和重视大工业的看法同类性质的。因为他们都非常警惕可能出现的过时、废弃，他们都警觉到，一时的富裕兴旺不代表永久，世事的变迁常常是出人意料的。一个优秀企业家应该心中有数：尽管他们现时兴旺发达，一觉醒来却可能发现有某种新产品问世，使他们成为明日黄花。想象一下汽车厂家的命运吧，假如某人忽然带着一种美观的、个人旅游用的工具在地平线上出现，他的售价只相当于一部汽车的一半，那会给这家汽车厂带来什么样的命运呢？因此，每一家有战略眼光的公司只要有可能都会将很大的资金用于新产品的研究和发展，以及旧产品的翻新和改善，就是出于这种考虑。

现在国际舞台上的军备竞赛也是各国出于这种忧患意识。现在有一种关于威慑武器、炸弹和轰炸机的相互制约的平衡策略，就是为了尽量遏制这种无限制的竞赛。但是，假如将来发生了一件事，如同美国人发明原子弹时的情况那样，又将如何呢？

所以，关于国防和军事的大量的研究和发展也在所有大国的项目支出下忙碌着。每一个国家都必须争取首先发现那种能使一切现有武器发挥不了威力的新武器。强国的统治者们已经认识到，那些有能力做出这种发现的人正是那种罕见的怪人，那些创造性人物，那些他们总是以反射式的敌对态度相待的人。现在，他们将不得不学习管理创造性人才的方法，创造性人物的早期选拔，创造性人物的教育和培养，等等。

这才是为什么会有这么多领导人对研究创造性的理论感兴趣的真正原因。我们所面临的历史环境有助于在富有思想的人们中间、在社会哲学家中间、在许多其他类型的人们中间创造出一种对创造性的兴趣。

现在，社会流动性的改变更加明显，更加频繁，其变化之速超过了历史上任何时期，新的科学事实，新的发明创造，新的技术发展，新的心理事件，物质丰裕等的加速度积累，向每一个人提供了不同于以前任何时候出现过的情境。别的事情除外，这一从过去到现在再到将来的新的连续性和稳定性的缺乏，已使各式各样的改变成为必要。许多人至今还没有认识到这一点。

⑥ 高级的世界

马斯洛始终认为：情感上健康的人在日常生活中采取多种方式来维持和促进他们的内在成长是十分重要的。有人认为，僧侣式的生活对获得成功和成为一个自我完善的人必不可少。对于这种观点，马斯洛从来没有接受过。

马斯洛指出，现在许多情感上健康的人所面对的关键性问题是：怎样在别无选择的匮乏性世界里生活？也就是说，生活在充满了虚假、恐惧、无知、痛苦、病态、丑恶的现实世界中，怎样才能不忘记包含着至真、至善、至美的存在性领域和存在性价值？关于这个问题，有两本书值得注意，它们是彼得内姆·索罗金（Pitirim Sorokin）的《利他和崇高的成长方式与方法》以及阿尔道斯·赫胥黎（Aldous Huxley）的《永恒的哲学》。这两本出色的书对古典的宗教冥想、默祷等方法进行了概述。

在这两本书以及其他有关著作的启发下，马斯洛提出了下列建议：

（1）以亲身体会验证生活。

（2）不要只将眼光集中在手段上，也要注重结果。

（3）遵从手段的目的性。

（4）将手段变为结果。

（5）与陈词滥调决裂，追求新鲜的体验。

（6）解决匮乏性问题，也就是说，不要认为匮乏性世界在与存在性世界相对抗时总是占上风。

（7）达到更高层次的意识（即，丰富的、经过扩展的经验），并使它浮到意识的表面。

（8）花一些时间来入静、沉思，“从现实中走出来”，从你的日常境况，当前的忧虑、恐惧、灾祸的预感中摆脱出来。定期脱离时空的限制，暂时忘却时钟、日历、社会、责任、义务、他人的要求。

（9）进入梦境状态。转移到原发过程思维中去：摆脱现实世界进入诗意和寓言般的冥想。

（10）以道家的方式遵从规律：包括自然的规律、现实的规律及人性的规律。察觉到宇宙永恒的、内在的规律。接受甚至喜欢这些规律，是作为一个优秀的宇宙公民的本质，是符合道家思想的。

（11）面对你的过去而不是忘记它，拥抱你的过去。

（12）直视你的罪恶而不是逃避它。

（13）对自己表示同情。理解、接受、原谅你性格中的缺点，甚至将它作为人性的自然表现而去喜欢它。欣赏自我，善待自我。

（14）当你回忆起自己五岁时的幼稚行为时，能否像对你五岁的孙子一样报之以微笑？

（15）匮乏性世界与存在性世界相比，是更加基本的。前者是后者的先决条件。但你不能将二者分开，孤立地看待。它们是（或应该是）处于一个整体的不同的层次中。没有必要认为它们是不相容的，非此即彼。实际上，存在性世界的最坚实的基础，就是对匮乏性需求（如安全、归属感或尊严）的满足。

（16）问一问自己：一个小孩子会怎样对待自己所面对的情况？一个天真无邪的人会怎样对待？一个已经没有了雄心和竞争热情，上了年纪的老人又会怎样对待？

（17）努力于发现对于生命的奇迹的感觉。例如，一个小孩子就是一个奇迹。想想吧，对于一个小孩子来说，“什么事都有可能发生”，“海阔天空任其翱翔”。

（18）培养无限可能的信念。去感受赞赏、敬畏、尊敬和惊叹的感觉。当你在“好人”、英雄和圣人的面前时极有可能产生这种感觉。

（19）心静如水，没有喧闹和忙乱，没有任何活动，不走神，忘掉责任，可以使脱离外部世界的过程变得容易。外部世界的声音总是比内在的声音大，而低音常常要比高音更有力量。

（20）更好地判断你现在的生活状况，不要将它与那些显得比你幸运的人相比，而要与那些不如你幸运的人相比。

（21）刻意体验实验性的慈善活动。如果有时候你不能给自己做点什么（如焦虑和沮丧时），至少能对别人有点益处。慷慨地奉献你自己：你的时间、金钱和服务，以帮助别人，例如孩子。为高尚的目标而工作，至少将你收入的百分之一用于你所认同的慈善活动，这有助于你感觉到自己善良的一面，感觉到自己的美德。

（22）如果你发现自己变得越来越以自我为中心，越来越自高自大，越来越傲慢，那就想想死亡，或者，你也可以想想其他一些自高自大的人，看看他们是什么样子。你想变得像他们那样吗？你希望自己那么严肃，毫无幽默感吗？

马斯洛还就我们如何进入诚实世界，提出如下建议：

（1）不要让自己变得对腐化、堕落、虚假、道德败坏和淫乱熟视无睹，漠然处之，习以为常。如第二次世界大战时，一个集中营的一些犹太人发现自己对每天都会发生的“火烧活人”已经习以为常了。他们的人性丧失已达到了极为可怕的程度。

（2）你必须不断地对不诚实的丑恶行为保持敏感。（你可能不得不对它低头，但你可以不喜欢它。）保持你的舌头的新鲜感（现在的许多面包和水果已经不那么好吃了）。保持一双真诚的眼睛。坚持直言不讳的说话方式。处世朴素单纯。

（3）善意的谎言仍是谎言。你不必非要有礼貌地表示同意。在一个令人愤世嫉俗的世界里，做一个好人是没有必要害羞的。

（4）永远别低估个人对世界的影响力。请记住，即使是一支蜡烛，也能照亮整个山洞。

（5）记得那个著名的安徒生童话吗？是一个小孩首先发现并且叫喊“皇帝没有穿衣服！”然后所有的人都看出来了。

（6）你的尊严和骄傲在多大程度上依赖于隐私和秘密？如果人们总是能够看穿你的头脑，任何时候都知道你在想什么，你会有什么感觉？或者，人们在任何时候都能看到赤裸裸的你，你的所有隐私和秘密的行为都在别人的注视之中，毫无秘密可言，你又会有什么感想呢？你在这些情况下仍然保留着尊严和骄傲，才是真正的尊严和骄傲。

为了获得真正的尊严和骄傲，不要试图借助隐匿行为和其他外在的确认标志（如制服、奖章、帽子、礼服、称号和社会角色）。彻底地展示你自己，将你的伤痕、羞愧和罪恶感都表现出来。不要让任何人把某种角色强加给你。也就是说，不要因为别人认为一个医生、牧师、教师等人应该怎么做，你就采取别人的方式去做，从而违背了自己的本意。不要隐匿自己的无知，勇敢地承认它。

最后，马斯洛又关于我们如何进入存在性世界，给了如下建议：

（1）通过有意识地进入存在性世界，可以走出匮乏性世界。去参观艺术展，参观博物馆，观赏美丽或者庄严的树木，去图书馆读书，到山上或海边去陶冶情操。

（2）默默地体会那些值得赞赏、值得热爱和尊敬的人，感受和思考他们的美德。

（3）进入奥林匹斯山的清新空气，进入纯哲学、纯数学和其他自然科学领域。

（4）努力缩小注意的范围，全神贯注地陶醉于一些微小的世界，例如，蚂蚁或地上的昆虫。细细地观察花朵或地上的叶片、沙粒和尘埃。专心致志地观察而不受外界干扰。

（5）用艺术家或摄影师的眼光来观察物体的本质。例如，用镜框将它镶起来以把它和周围的环境分开，把它与你的先入之见、预想以及关于它应该怎么样的种种观点分开。把物体放大了看，眯着眼看以观察它的大概轮廓。或者从另一个异常的角度来观察，如颠倒过来看一看，或通过镜子里反射形成的影子看。也可以将它放入特殊的背景中，用特殊形式来摆放它。或透过不同颜色的滤光镜来看它，长时间地盯着它，同时特别地进行自由联想，任意发挥。

（6）长时间地与婴儿或儿童待在一起。他们比其他人更接近存在性世界。有时候，当你与一些动物，如小猫、小狗、猴子或猩猩待在一起时，你也能感受到存在性世界。

（7）站在历史学家的高度对自己的生活进行反思，一百年、一千年后它会是什么样的呢？

（8）从别的动物的角度来对自己的生活进行思考，如自己在一只蚂蚁眼中会是什么样子的呢？

（9）假设你只能再活一年了，你会怎样对待你的生活呢？

（10）思考一下，你的生活在一个远方的人看来是怎么样的，例如，一个远在非洲的小山村里的人，他是怎样看的。

（11）当你看到一个熟人或熟悉的情况时，假设你是第一次见到，用一种新鲜的眼光去看。

（12）当看到同样的熟人或熟悉的情况时，换一种方式，假设这是最后一次见到了。

（13）以伟大的睿智的哲人的眼光来看问题，如以苏格拉底、斯宾诺莎、伏尔泰的眼光来看问题。

（14）试着与历史上的伟人交流，同他们交谈或给他们写信。例如，与贝多芬、苏格拉底、威廉·詹姆士、伊曼纽尔·康德或阿尔弗雷德·怀特海等交流，而不是只与你生活中的人交流。

6. 人可达到的高度

马斯洛认为，在存在认知的过程中有一种倾向：体验或对象被看成是超越各种关系、可能的利益、方便和目的。从某种角度来考虑，它似乎就是宇宙中所有的一切，似乎它就是和宇宙同义的全部存在。

这一点同匮乏性认知形成鲜明的对照，大多数的人类认知经验都是匮乏性认知。这些经验只能是部分的和不完全的。

19 世纪的绝对唯心主义曾经把全部宇宙设想成是一个单位。由于这个统一体永远不可能被有限的人容纳、理解或认知，所以一切对现实的认知都被看成是存在的部分，而它的整体永远是无法想象的。

在具有存在认知的时候，知觉对象是被充分而完全地注意到的。这个特性我们可以叫它做“总体注意”。在这里，马斯洛试图描述的特性与补充被完全吸收。在这种“注意”中，图形成为全部的图形，背景实际上消失了，至少是没有被显著地觉察到。这时，图形似乎从所有其他东西中抽出来了，世界仿佛被忘掉了，这个知觉对象这时似乎已变为整个存在。

由于整个存在正在被察觉，如果整个宇宙又可以同时被容纳，那么它所包含的一切规律自然都会被掌握了。

这种知觉与常规知觉有明显不同。在这里，注意对象和注意有关的所有其他东西是同时进行的。对象是在它与世界上所有其他东西的关系中，而且是作为世界的一部分被观察的。正常的图形背景关系因为两者都被注意到了，因而是有效的。

另外，在普通的认知中，对象不是按它的本来面目，而是作为类的一个成员，作为更大范畴中的一个范例来看的，是“类化的”知觉，而且还要指出，这种常规知觉并不是囊括了人和物各个方面的完美知觉，而是一种分类、归并，是贴上标签放进这个或那个文件柜的。

假如想更清楚地了解我们日常的认知，就要在一个连续统一体上进行，包括自动地比较、判断和评价，如更强、更少、更好、更高，等等。

而存在认知可以叫做不比较的认知，或者不判断的认知，不评价的认知，是那种与我们不同的原始人的知觉方式。

一个人可以作为他本身来自察，即由他自己来看他自己。他可以被特异地和独特地察看，仿佛他是他那一类的惟一成员。这就是我们通过独特的个体知觉所表示的意思，如同一切诊疗学家所力求做到的那样，但这是一个非常困难的任务，它比我们平常打算承受的困难要大得多。然而，这样的知觉却是能够短暂地发生的，而且在高峰体验中，它已经作为这种体验的特征发生了。如同健康的母亲爱恋地感知她的婴儿一样。她的婴儿完全不同于世界上的任何其他人，他是妙极了的、最完美的、令人销魂的。

一个对象整体的具体知觉也包含这种带着“关怀”去看的意思。反过来也是一样，即“关怀”对象可以引起别人对它的持续注意。反复地审视知觉对象的一切方面是非常必要的。母亲一再地凝视她的婴儿，爱人一再地凝视他所爱的人，名画鉴赏家一再地凝视他手中的名画，这种精细的关怀肯定会比那种不合逻辑的、一闪即过的、漫不经心的形式化知觉能够产生更完全的知觉。从这种全神贯注的、入迷的、完全注意的知觉中，我们可以期望获得对客体多侧面的细节丰富的知觉。这种知觉成果同漫不经心的观察成果肯定形成截然不同的鲜明对照，后一种知觉只是有选择地看到它的某些方面，对象的裸露骨架，只能提供经验，而且是从“重要”和“不重要”的观点出发的。

存在认知的实际情况是，人的一切知觉在某种程度上是这个人“总体注意”的产物，而且在一定程度上可以认为是他的创造。但我们也可以整理出外部对象——作为与人的利害无关或有关的东西——在知觉上的一些差异。一般地说，自我实现者通常这样感知世界万物：仿佛某个对象不仅在外部事物之中是独立的，而且也是独立于人的。普通人在他最高大的时刻，即高峰体验的时刻，也是如此。这时，他能比较容易地这样看待自然，仿佛是从它自身并且是为了它自身来看，它本来就在那里，而不是作为人的活动场所、为了人的目的而放置在那儿的。他能比较容易地防止把人的目的投射到它上面去。总之，他能按照对象自身的存在来看待它，而不是作为某种有用的或可怕的东西来看待它，也不是按照某个别人的方式对它做出反应。

以显微镜观察切片作例子。这架显微镜透过组织切片可以发现事物本身的美，或事物的威胁性、危险性和病态。透过显微镜观察肿瘤的切片，如果我们能够忘掉它是癌，那么它就可以被看成是一个美丽的、复杂的、令人惊异的组织。如果从蚊子本身的目的看，那么它就是一只奇妙的东西。只要我们能够忘掉病毒与人的关系，在电子显微镜下它们也是迷人的东西（或至少是可以迷人的东西）。

由于存在认知更有可能成为与人毫无关联的，所以，它就能使我们更真实地去查看事物本身的性质。

重复的存在认知看来能使知觉更丰富，马斯洛在研究这个存在认知和普通认知中浮现出来的差异，至今尚未证实。重复审视我们所爱的面孔和我们赞赏的绘画，会使我们更喜欢它，而且能使我们在各个方面越来越多地感知它，这个，我们称之为客体内部的丰富性。

但是，重复存在认知的效应与普通的重复体验的厌烦效应相比，则构成更鲜明的对照。我们发现了使我们称心如意的事，尽管我们并未企图证实它。例如重复陈列我们认为是好的画，会使这些画看起来更美；然而重复陈列我们认为不好的画，则会使它们看起来更不美。重复地审视好人，看起来他们似乎更完美；而重复地查看坏人，则会由于内心倾向而使他们看上去更坏。

在那种普通的知觉中，通常最初的知觉只是分类为有用的和无用的、危险的和没有危险的，重复的观察会使它变得越来越空虚。基于焦虑或由匮乏性动机决定的普通知觉的任务，通常在第一次察看时就完成了。接着，察看需要就消失了，此后，已经分成了类别的人和物，简直就不再被觉察了。在重复体验时，匮乏就显露出来。这样一来，匮乏也就会越来越突出，越来越多。此外，重复的观察不仅会造成这种知觉的匮乏，而且会造成持有这种知觉者的匮乏。

同不爱相比，爱能导致对于所爱对象内在本质更深刻的知觉，这里主要的机制之一就是爱包含迷恋这个所爱的对象，因而“关怀”地重复审视、研究、查看、观察。相爱的人能相互看出对方的潜在性，这一点旁观者是无能为力的。习惯上我们总说“爱是使人盲目的”，然而，现在我们必须承认，爱在一定情境中可能会使人更有知觉能力。当然，这里也包含着可能在某种意义上察觉尚未实现的潜在性的意思在内。这并不像是难以研究的问题。专家手中的罗夏测验也是探察那些并没有现实化的潜在性的。原则上说来这应该是一个可以检验的假设。

美国心理学，或者更广泛一点说，西方心理学以那种种族中心主义的方式假定，人的需要、畏惧和兴趣必然永远是知觉的决定因素。知觉的“新观点”是以认知必定永远被激发的这种假设为基础的。这也是古典弗洛伊德主义的观点。进一步的假设包括，认知是应付现实的工具性机制，以及在很大程度上认知必然是以自我为中心的。设想事物之所以被看到只是由于观察者的兴趣这一优势条件，而且设想经验必然是以自我为中心或定点而组织起来的。另外一点，美国心理学中的一个所谓“机能心理学”的古老观点在广泛流行的达尔文主义的强烈影响下，也倾向于从能力的有效性和“实用价值”的观点来考虑一切能力。

马斯洛把这种观点看做是种族中心主义，原因之一显然是由于它作为西方观点的自然流露而出现的，另一方面是由于它受到东方特别是中国、日本、印度的哲学家、神学家和心理学家们的长期忽视，而不提及哥尔德斯坦、墨菲、比勒、赫克斯利、索罗金、瓦茨、诺尔斯罗普、安吉尔以及许多其他的作者。

马斯洛认为，在自我实现者的正常知觉中，以及在普通人比较偶然的高峰体验中，知觉可能是相对超越自我的、忘我的、无我的。它可能是无目的的、非个人的、无欲求的、无自我的、无需要的、超然的。它可能是以客体为中心的，而不是以自我为中心的。这就是说，知觉经验可以围绕作为中心点的客体组织起来，而不是以自我为基础组织起来，仿佛他们觉察的是某种独立的现实，这些现实并不依赖观察者。在审美体验和恋爱体验中，有可能成为如此全神贯注，并且“倾注”到客体之中去，所以自我自动消失了。一些讨论美学、神秘主义、母性和爱的作者，如索罗金，甚至已经达到这样的地步，认为在高峰体验中我们甚至可以说观察者和被观察者的同一，两个事物融合成一个新的更大的整体、一个超级的单位。这使我们想起某些有关神人和自居作用的定义。当然，这也展现了在这方向上进行研究的可能性。

高峰体验被认为是自我批准的、自我证实的时刻，这种自我证实体现了自己的内在价值。这就是说，它本身就是同一的，是目的体验的而不是手段体验的。这是一种宝贵的体验，是一种巨大的启示，甚至试图证实它也会脱离它的尊严和价值。通过马斯洛的研究对象关于他们的爱情体验、神秘体验、突然顿悟的报告，表明它是得到普遍性证明的，尤其是在治疗情境中的顿悟时刻，这一点变得更明显了。由于人会采取防御手段保护自己避免洞察真情，所以顿悟的根本含意就是痛苦的认可。它的突入意识，有时对人是沉重的打击。然而，尽管如此，它仍然被普遍报告为是值得的、称心如意的和长期需要的。看见比看不见更好，即使是在看见伤痛时也是如此。事实是这样的，体验的自我批准，自我证实的内在价值，使得痛苦成为值得的了。众多的讨论美学、宗教、创造性和爱的作品，同样也把这种体验不仅描绘成是有内在价值的，而且由于它们的偶然出现使得生活成为值得的了。从这方面看也是有价值的。神秘主义者总是断言，那种在一生中只能偶尔发生两三次的、崇高的神秘体验有巨大的价值。

马斯洛说：与正常生活体验相对比，这种高峰体验有非常显著的不同，行为与达到目的的手段是一致的。在许多作者那里，“行为”这个词和“工具性的行为”这个词被看成是同义的，每件事情都是为某个未来的目的，也就是为了获取某物而行动。例如，杜威认为，行为根本就没有目的，只有达到目的的手段。更确切地说，这个手段是获得其他手段的手段，而这个其他手段反过来也是手段，如此循环，以至无穷。

尽管有这么多的人经历过高峰体验，但仍然有一些心理学家否认其存在，对此马斯洛表示纯真快乐的高峰体验，就是我们的研究对象的终极生活目标和生活的终极证明和证实。心理学家居然无视高峰体验，甚至官气十足地没有意识到它的存在，更糟的是客观主义的心理学甚至先验地否定它作为科学研究对象的可能性，这是难以理解的。

他还说，在他研究过的所有普通高峰体验中，都有一种非常独特的、在时间和空间上定向能力的丧失。确切地说，在这种时候，这个人在主观上是在时间和空间之外的。例如，诗人和艺术家在创作的狂热时候，他周围的事物和时间的流逝对他丝毫没有影响。当他“醒”过来后几乎不能判断过去了多长时间，只好摇摇他的头，仿佛刚刚从茫茫然中苏醒，弄不清自己身处何方。

更经常的是，完全忽略了时间的流逝，热恋中的人尤其如此。在他们的迷恋中，不仅感到时间过得惊人地快，一天可能像一分钟似地过去，而形成强烈印象的每一分钟生活却可能像一天甚至一年那样长。在一定程度上说，仿佛他们是在另一种世界上生活，在那里，时间既是静止不动的，又是以光的速度运动的。从我们的日常范畴来说，这当然是矛盾的和荒谬的。然而，研究对象确实是这样报告的。因此，这是我们必须重视的事实。马斯洛说，我看没有理由说，这种时间的体验可能经不起实验研究的检验。也没有理由肯定在高峰体验中对于时间流逝的判断，必然是非常不准确的。同样，也没有根据认定，对于周围事物的觉知，与在常规生活中相比，也必然是极不准确的。

再从价值心理学的角度考虑，马斯洛的发现也是极其令人困惑的，然而又是如此始终一致的，因此，马斯洛认为不仅有必要报告这些发现，而且需要有所理解。马斯洛说，这样证明：让我们首先从末尾开始，高峰体验仅仅是善的、合乎需要的，而且从来没有被体验为恶的和不合乎需要的。这种体验本质上就是正当的；这种体验是完美的、全面的，而且不需要任何其他东西作为补充，它本身就是充分的。从本质上看，它被认为是必然的和不可避免的，它正像它应该成为的那样，对它的反应是敬畏、惊奇、诧异、谦卑，甚至崇敬、得意和虔诚。神圣这个词偶尔也被用来描绘人对高峰体验的反应。在存在的意义上而言，它是快乐和欢欣的。

在这里，哲学的蕴涵是惊人的。如果为了辩论，我们承认在高峰体验时可以更清楚地看到现实本身的性质，更深刻地看透现实的本质，那么，这就和很多哲学家和神学家所说的几乎没什么两样。那些经历者断言，当从其最佳状态和崇高的观点来看时，整个存在仅仅是中性的或善的，而邪恶、痛苦、威胁等只是一种局部现象，一种不看宇宙的完整和统一，只从自我中心的或过于卑劣的观点来看它的产物。当然，与其说是否认邪恶、痛苦和死亡，倒不如说是与它们的一种和解，是对它们的必然性的一种理解。

有人把高峰体验与包含在许多宗教之中的“上帝”概念作比较。由于“上帝”能注视和包容整个存在，从而也就理解了它，因此“上帝”必定把存在看成善的、恰当的、必然的，必定会把“邪恶”看成是局限的和自私的看法和理解的产物。从这个意义上讲，假如我们具有了神那样的胸怀，那么，出于对普遍性的理解，我们也就不会一味地申斥或谴责、失望和震惊了。如果这一假设成为可能的话，对于别人的短处我们只会有怜悯、宽容、仁慈的情绪，或者也许还会有悲哀或存在性幽默的情绪。毫无疑问，这恰恰是自我实现者时常对外界的反应形式，这恰恰是所有心理治疗家在对他们的患者做出反应时所力求做到的方式。然而，我们必须承认，达到这种像上帝般的、普遍宽恕的、存在性幽默的和认可存在的态度是极端困难的，甚至从纯粹形态上看是无法达到的。可是，我们应该能意识到这是个相对性的问题，而且我们能够或多或少地接近它。但如果因为它来得很少、很短暂、很不纯粹，就简单地否认这个现象，那将是愚蠢的。尽管我们永远不会成为纯粹意义上的“上帝”，可是，我们能够或多或少地经常地像“上帝”那样。

总之，这种存在认知与我们的日常认知和反应有很明显的区别。我们的日常认知是在手段价值的支持下进行的，对于我们的目的是否有益、是否合乎需要、是好是坏的考虑下进行评价、控制、判断、谴责或者赞许。例如，我们是为什么而笑，或是跟着一起笑；我们从个人角度和经验作判断，我们是在与我们的自我和我们的目的的关联中来察觉世界万物的，因此，我们仅仅把世界万物作为达到目的的手段来看待。这与超然于世界是对立的。反过来说，这就意味着我们并没有真实地察觉世界，而只是在察觉世界中的我们自己或我们自己中的世界。这时，我们是以匮乏性动机的方式感知的，因此，我们能察觉的只是世界万物满足匮乏的价值。从这一点来讲，二者是截然不同的。在高峰体验中，我们作为世界万物的代理人，察觉整个世界或它的遗产。只有那时，我们才能察觉世界万物的价值，而不是我们自己的价值。这些价值马斯洛称之为存在价值。这些存在价值类似于哈特曼的“内在价值”。

马斯洛指出，这些存在价值并不是相互排斥的，它们不是彼此分离或性质截然不同的，而是混在一起或相互覆盖的。最终，它们是存在的各个侧面，而不是它的各个部分。这些各式各样的侧面，显示了它们的作用，都会进入认知的前景。例如，感知优美的人或美的绘画，体验完美无瑕的性感和爱情，顿悟，创造性，生产（分娩），等等。

这种存在价值的完美程度还不仅如此。古老的真、善、美三位一体，表现了融合和统一，而存在价值要比这个多得多。在我们制度下的一个普通人身上，具备了真、善、美仅仅是达到了还算好的相互关联；而在神经病人身上，甚至这样的程度也没有达到。存在价值的统一只存在于发展了的和成熟了的人身上，也就是说，只在自我实现的、充分发挥作用的人身上才存在这种高度融合。因为种种实践的目的已经高度联系起来了，也可以说它们融合成了一个整体。其他人在他们的高峰体验时的实际情况也是这样的。

如果这个发现是正确的，那么，它们就会跟一个指引一切科学的基本公理发生直接的矛盾，换句话说，知觉越客观越不受个人影响，它也就越超然于价值。但相反的情况或许才是正确的，因为当我们审查最背离自我、最客观、最无动机、最被动的认知时，我们却发现价值不可能和现实割裂，对“事实”最深刻的觉知将导致“是”和“应当”的融合。在这种时候，现实染上了惊奇、赞美、敬畏和满意的价值色彩。

常规的体验嵌在历史和文化之中，也嵌在人的转变着的、相对的需要之中。它是按照时空方式组织起来的。它是更大整体的组成部分，因此，对这些更大整体和参照系来说，它是相对的。因为不论实际情况如何，这种常规体验都被认为是依存于人的，如果人消失了，它也就会消失，所以，组织的参照系就从人的兴趣转移到环境的要求方面；就从现在转移到过去和未来，从这里转移到那里。在这个意义上说，体验和行为是相对的。

从这个角度考虑，高峰体验就有较多的绝对性和较少的相对性。它们不仅是没有时间和空间的；不仅是脱离背景而更多地以它们自身被感知的；不仅是相对非激发的、超越人的私利的；而且，它们仿佛是在自身之中，是在我们“之外的某处”，仿佛它们是我们对于一种不依赖于人的现实的觉知，而这种觉知是超越人的生命长久存在的。在科学上谈论相对和绝对肯定是困难的和危险的。然而马斯洛又说，我们的研究对象谈到这种区别的许多内省报告降服了我，正如我们的心理学家最终会同意我们的看法那样。研究对象在描述那些本质上不可言喻的体验时，他们使用了“绝对的”、“相对的”这些词。

我们自己也一再对这些词发生兴趣。例如，在艺术领域中，中国花瓶本身可能是完美的，同时可能是两千多年前的老古董，然而在这个时候是新的，是全世界的而不只是中国的，从这些感觉考虑，至少是绝对的。但是，对于时间、它原初的文化以及持有者的美学标准来说，它同时又是相对的。各种宗教、各个时代、各种文化的人们几乎用同样的词描绘神秘的体验，这也不是没有意义的。毫无怪异之处，赫克斯利把它称作“持续不绝的哲学”。

由于总是被静态的污点渗透，绝对这个概念在一定程度上造成理解的困难。从马斯洛的研究对象的体验来看，这一点现在已经清楚了，静态并不是必然的或不可避免的。感知一个美的东西、可爱的面孔或美好的理论，是一个波动的、转移的过程，但是，注意的起伏严格地限制在这个知觉之内。它丰富的内容可以是无限的，注视的角度可以从一个方面转到另一个方面，此刻集中注意它的这个方面，随后集中注意它的那个方面。一幅美的绘画有许多结构，而不仅是一个结构，因此，由于观看不同的方面就能够不断地有波动的快乐。我们没有必要在它究竟是绝对的还是相对的问题上争论不休，它可能是二者兼有。

平常的认知是非常积极的过程，它是认知者的一种塑造和选择。他选择他要感知的东西和不要感知的东西，他把它们同他的需要、畏惧和兴趣联系起来，他给它们以结构，整理它们并进一步整理它们。认知是消耗精力的过程，它包含警觉、戒备和紧张，因此，它是使人疲劳的。

马斯洛认为存在认知与平常认知相比要被动得多，接受性更多，自然，它永远不可能完全被动、完全接受。我发现，东方的哲学家对于这种“被动认知”的描述是最好的，特别是来自老子和道教哲学家。克里士纳默特对我们的资料有一个极好的描述，他把它称之为“没有选择的觉知”。我们也可以称它为“没有欲求的觉知”。道教“听其自然”的概念也说的是我们力图说清楚的东西，即知觉可能是无所求的，而不是有所求的；是沉思的，而不是强求的。它在体验面前可能是恭顺的、不干预的、接受的，而不是强取的，它能让知觉成为其自身。在这里，我们想起了弗洛伊德对“自由飘浮的注意”的描绘。而且，这种知觉是被动的而不是主动的，是无自我的而不是自我为中心的，是轻松的而不是警惕的，是容忍的而不是不容忍的。它对体验是注视而不是打量它，或向它投降和屈从。

我们也发现，区分被动的听和主动的听之间的差异是有意义的。优秀的治疗家必须能在接受的意义上而不是获取的意义上去听人诉说，才能听到实际说的是什么，而不是听他期望听到的或他要求听到的东西。他必须不对自己施加影响，而是让话自然地流到他的耳朵中来。只有如此，他的定形和模式才能是吸收性的，不然，他就只能听到他自己的理论和预期。

实际上我们可以说，任何学派对优秀的和蹩脚的治疗家的划分标准，就是能否成为接受的和被动的。好的治疗家能够根据每一个人自己鲜明的实际情况感知他们，而并不强求类化、成规化和分等级。蹩脚的治疗家只能在一生的医疗经验中发现从他的事业开始所学到的那些理论的重复确证。这个情况表明，一个治疗家可能在四十年间重复同样的错误，随后又说这“丰富了医疗经验”。

传送这种独特的存在认知感，可以把它称为非意志作用的。普遍认知是高度注意的，所以是有所求的、预定的、先入为主的。在高峰体验的认知中，意志没有干预，它被暂时抑制了，所以是接受而不是要求。对于我们来说，我们不能指挥高峰体验，它是偶然发生的事情。

高峰体验时的情绪反应具有特殊的惊异、敬畏、崇敬、谦卑、降服的色彩，在这种体验面前就好像在某种伟大事物面前一样。有时，这种体验有点害怕会被压倒，尽管它是愉快的畏惧。马斯洛的研究对象用这样一些短语表明这一点，“这对我来说太多了”，“它超过了我的承受能力”，“这太惊人了”等等。高峰体验可能具有某种辛辣和尖刻的品质，这种性质可以引起流泪和大笑；反之，高峰体验也可能近似于痛苦，尽管这是一种称心如意的、通常被描述成“甜的”痛苦。这种高峰体验可以走到如此遥远的程度，能以一种罕见的方式包含了死亡观念。不仅是马斯洛的研究对象，而且许多讨论各种高峰体验的学者，都把这种体验和一种渴望的死亡进行比较。典型的措词可能是：“这简直太奇妙了，我不知道我怎么能够承受得了。”“我可以现在就死，那也很值得。”

也许在一定程度上，这是想紧紧抓住这种高峰体验，不愿从这个顶峰返回到普通生活的缘故；也许在一定程度上，这是在高峰体验的伟大面前极度谦卑和深感自身渺小和无价值的一种表现。

在观察世界方面的相互抵触的报告中，我们发现了另一种矛盾现象。这些报告，特别是关于神秘体验、宗教体验、哲理体验的报告中，整个世界被看做是统一体，像一个有生命的丰富多彩的实体那样。在其他高峰体验中，尤其是在恋爱体验和美感体验中，世界的一个很小的部分这时却被感知为似乎它就是整个世界。在这两种情况下，知觉都是统一的。对一幅画、一个人或一个理论的存在认知，拥有属于整个存在的一切属性，即拥有存在价值，这个事实很可能是由另一个事实派生出来的，即在高峰体验中，仿佛这个体验就是那时存在着的一切。

我们并没有按着世界万物实际存在的样子来认知世界万物的本性，我们的大多数体验都经过了我们的范畴、结构和成规体系的过滤。马斯洛把这个差异用于研究自我实现的人，在他们身上发现，既有不抛弃具体性的抽象能力，又有不抛弃抽象性的具体化能力。这样，就在哥尔德斯坦的描述上增添了一点新东西，因为他不仅发现向具体东西的缩减，而且发现向抽象东西的缩减，即降低了认知具体东西的东西。从那时以来，他已在优秀的艺术家和诊疗家身上发现察觉具体东西的这种特殊能力，尽管他们并不是自我实现者。马斯洛在普通人的高峰体验时刻发现了同样的特殊能力。这时在具体的、特异的性质上讲，他们都能把握知觉对象。

因为这种独特的具体觉知通常被描绘成是审美感知的核心，所以它们几乎已经成了同义语。对于大多数哲学家和艺术家来说，按着这个人内在的独特性具体地感知他，就是审美地感知他。马斯洛证实，这种关于对象独特本性的知觉是一切高峰体验的特征，而不只是美的高峰体验的特征。

把发生在存在认知时的具体感知理解为一种同时或连续地对有关对象的一切方面和一切属性的感知，这是有益的。从实质上来讲，抽象就是只选择出对象的某些方面，即那些对我们有益的方面，那些对我们有威胁的方面，那些我们熟悉的方面，那些符合我们语言范畴的方面。 总之，抽象地察觉一个对象并不意味着察觉它的一切方面。抽象显然包含挑选某些特性，而拒绝其他特性，并创造或者歪曲其余的特性，我们把它制造成为我们所希望的那个样子。我们创造它，我们制造它，而且，在抽象中把对象的各个方面与我们的语言体系联系起来的强烈倾向是极端重要的。这个倾向造成了特殊的麻烦。因为它论述的是外部现实，是有意识的。实际上，在诗人的语言和狂人的语言上，这个不足可能在一定程度上得到矫正了。但是，在许多体验的最终分析上是不能用语言表达的，而且可能被投入根本没有语言的状态。

马斯洛又以感知一幅画或一个人为例作进一步阐述。为了完善地认知它们，我们必须同我们的分类、比较、评价、需要和使用的倾向做斗争。当我们说这个人是一名外国人时，我们就已经给他归了类，完成了一个抽象动作，而且在一定程度上，把他看成是独特的人和完整的人的可能性就已被排除了，他已不再是不同于世界上任何别人的人了。在我们看墙上的一幅画并读出画家名字的时候，按照这幅画的独特性以完全新颖的眼光看它的可能性就被轻易地排除。马斯洛称之为认识的事情，即把一个经验放在概念、词或联系系统中去时，就排除了完全认知的可能性。里德指出，儿童有“天真的眼睛”，有看某种东西仿佛是第一次看它的能力（他的确经常是第一次看它）；他能以惊异的目光凝视它，考察它的各个方面，接受它的全部属性，因为对于在这种情境中的儿童来说，陌生对象的一种属性并不比任何其他属性更重要。他并不组织它，他只是凝视它，体会这个经验的特性。在类似的情况下，对于成人来说，只要我们能够阻止抽象、命名、分类、比较和联系，我们就能越来越多地看到人和绘画的更多的方面。

马斯洛总结说：这就是越出局部而感知整体的能力，这种能力是各种高峰体验时认知的特性。只有如此，我们才能在人这个词的最完全的意义上了解人。自我实现者在他们感知人时，在他们洞察一个人的核心和本质时是如此高度敏锐，这没有什么可奇怪的。这也是我们确信这一点的原因，即理想的治疗家，大概是由于专业的需要，他应该能在没有预先假定的情况下，从另一个人的独特性和整体性上，至少是从这个人是一个还算健康的人的角度来理解他。我们坚持这一点，尽管我们愿意承认在这种知觉状态中有未加说明的个体差异。愿意承认治疗经验自身也能成为一种存在认知训练，即真正理解另一个人的训练。这也说明，为什么一种审美认知和创造能够成为诊疗训练的非常合乎需要的一个方面。

在人更高的成熟水平上，二元式被融合了，两极被超越了，冲突被消除了。自我实现者既是自私的又是无私的，既是狂欢的又是具有古典美的，既是与别人融合在一起的又是与别人分离的，既是理性的又是非理性的等等。马斯洛曾设想过的那个线性的、它的两极彼此相反和尽可能分离的连续统一体，已证明更像是圆圈和螺旋，在这里，两个极端汇合在一起，成为一个融合的统一体。在完美地认知客体时，他也同样发现了这种强烈的倾向。他指出，我们对于存在的整体理解得越多，我们也就越能容忍和知觉不一致、对立、直接抵触之类的状况的同时存在。这些对立看来是不完全认知的产物，随着对整体的认知，它们就消失了。从完美的优势地位察看神经病人时，就能把他看成是一个奇妙的、复合的甚至是美丽的过程的统一体。我们平常看成是冲突、矛盾和没有联系的东西，这时就会被理解为是不可避免的、必然的甚至是命中注定的东西。换句话说，如果任何东西能够被充分地理解，那么，它就会进入其必然的位置，而它就能被审美地感知和鉴赏，甚至疾病和健康的概念也可以融合起来而变得界线不清。如果我们把症状看做是朝向健康的压力，或把神经病看做是此时对个人问题最有利于健康的解决，就会出现这样的变化。

处在高峰体验时刻上的人，不仅是上面马斯洛提到的那些意义上的像圣贤一样的人，而且在某些其他方面也是同样的，特别是在完全地、热爱地、同情地以及自娱地认可世界万物和人的方面更是如此，尽管在日常生活中他可能显得不尽如人意。神学家在不可能完成的课题上曾进行过长期的奋斗。也就是说，神学家把世界上的罪孽、邪恶、痛苦和全能、全爱、全知等概念结合起来，花费的时间绝不是几个小时或几天。一个附带的困难是，试图把奖善惩恶的必要性和这种爱一切人、宽恕一切行为的概念协调起来作为一项任务。这样他就必须以某种方式，既惩罚又不惩罚，既宽恕又谴责。

马斯洛认为，从研究自我实现者对这个二难推理的自然主义解决中，从所讨论的两个广泛不同的认知类型——存在认知和匮乏认知的比较中，我们可以学到某种东西。存在知觉通常是暂时性的东西，它是一个顶峰、一个制高点、一个间或达到的成就。看来，人在大多数场合是以匮乏方式感知的，也就是说，他们比较，他们判断，他们批准，他们使用，他们联系。这就意味着，我们能够在两种不同的方式，两者挑一地感知另一个人；有时以他存在的方式，仿佛他眼下是宇宙的整体；然而更为经常的，则是我们把他感知为宇宙的一部分，而且用许多复杂方法把他同宇宙的其余部分联系起来。当我们存在地感知他时，我们可以是博爱的、完全宽恕的、完全认可的、完全羡慕的、完全理解的、以存在自娱的、爱好自娱的。但这些恰恰是指定给上帝概念的属性。在这样的时刻，在这些品质上，我们就像伟人似的。例如，在治疗的情境中，我们可以用这种热爱的、理解的、认可的、宽恕的方式，把我们自己同各种这样的人联系起来，而这些人我们平常是畏惧的、谴责的，甚至是憎恨的，如谋杀犯、强奸犯、剥削者、懦夫等等。所有的人都不时地表现出似乎他们希望成为存在认知的人，他们对于成为被分类的、类化的、成规化的人是不满意的。把人标上侍者、警察或“夫人”的标记而不是把他看做一个个体，通常是触怒人的。我们全都希望我们的成熟性、复杂性、丰富性受到赏识和认可。如果这样的认可者在人世间不可能找到，那么就会出现非常强烈的投射倾向，并且会创造一个上帝的形象，有时是一个人的形象，有时则是超自然的形象。

马斯洛指出，对“邪恶”问题的另一种答案以我们的现实本身的存在依据，按照现实本身的权力“承认现实”的方式提出。现实本身是非人格的，它既不是为了人，也不是反对人。毁灭性大地震仅仅是对于某种人才提出了一个调和的问题，这种人需要一个人格高尚的榜样，他既是博爱的，同时又是一本正经的、全能的，并且是创造世界的。对于能够自然的、非人格的和作为永存的东西感知对承认地震的人来说，地震是没有伦理或公理问题的，因为它并不是为了打扰他而爆发的。如果罪恶以人为中心下定义的话，那么他也只是像他承认季节和风暴那样来承认地震。从原则上说，在洪水猛兽杀伤人之前，赞赏它们的美，甚至认为它们是有趣的，这是可能的。当然，如果在有损于人的人类活动方面采取这样的态度，那么就不是很容易了。但是，这有时也是可能的，而且人越成熟，这种可能性也就越大。

在高峰体验时刻，知觉强烈地倾向于独特的和非类化的。

无论是对一个人的，还是对世界的，无论是对一棵树的，还是对一件艺术品的，所有的知觉都倾向于被看做是独特的事例，看做是它的类别中的独特成员。这与我们日常根据法规掌握世界的方法是对立的。实质上，日常的方法是停留在一般化上，停留在亚里士多德式的，把世界万物分成各种类别上。对于类来说，对象只是实例和样品。整个类概念依靠一般的分类，如果没有类别，相似、相等、类似和差异的概念就会变得毫无意义和作用。我们不能比较两个完全没有共同性的对象，而且对于具有某种共同性的两个东西来说，例如具有红、圆、重等这样的共同性质，必然意味着抽象。但是，如果我们不是抽象地感知一个人，如果我们坚决要求一起察觉他的一切属性，并且认为这些属性彼此之间是相互需要的，那么我们就不再有可能分类。从这种观点来看，每一个人，每一幅画，每一只鸟，每一朵花，都会变成类的独特成员，因此必须独特地感知。这种心甘情愿地察看对象的一切方面，意味着知觉的更大效力。

高峰体验的一个方面是完全没有畏惧、焦虑、压抑、防御和控制，抛弃了克制、阻止和管束，尽管这是暂时的。崩溃和消亡的畏惧，被“本能”压倒的畏惧，死亡和精神错乱的畏惧，以及因害怕而产生的放纵性愉快情绪等等，暂时都倾向于消失或中止了。这就更大地解放了被畏惧弄得不正常的知觉。

马斯洛认为，这一点可能被看做是纯粹的满足，纯粹的表现，纯粹的得意洋洋和快乐。但是，因为它“到底”了，所以它体现了弗洛伊德的“快乐原则”和“现实原则”的融合。因此，这仍然是在心理机能的高级水平上解决普通二元式概念的又一实例。因此，在共同具备这种体验的人那里，可以预期某种“渗透性”，一种对无意识的靠拢和开放，一种对无意识的相对的无畏惧。

在这些各式各样的高峰体验中，马斯洛发现人倾向于成为更一体化、更个体化、更自发、更表现、更安详、更勇敢、更强有力，等等，但是，这些全都是类似的，或者几乎是一样的。在这里似乎是一种内部和外部的、动态的平行性或同型性。换言之这个人感知到了世界的本质存在，这样，他也就同时更接近了他自己的存在。这个相互作用的后果看来在两个方向上。不过由于某些原因，却使他更接近于他自己的存在或完成，因此，也使他更容易看到世界的存在价值。由于他变得更统一了，他也更有可能看到世界更多的统一性。由于他懂得存在性欢乐，因此使他更能看到世界的存在性欢乐。由于他变得更强大了，因此，他更能看到世界的强大力量。因有这个而造成了那个的更大可能性，正如压抑使世界显得更不好，反之也一样。他和世界变得更相像了，因为二者都在向着至善尽美运动，或者说，二者都在向着失去至善尽美的方向运动。

也许，这就是爱者融合所表示的部分意思。在宇宙的体验中，与宇宙相称的一个人，感到成了这个统一体要素的一个人，以巨大的哲学洞察力进行感知。也有一些（不充分）有关的资料指出，一些形容“优秀绘画”结构的性质也能用来描绘优秀的人，如存在价值的整体性、独特性、生气勃勃等等。显然，这是可以检验的。

马斯洛认为，处理无意识和潜意识之外的现实世界是二级过程的任务。逻辑、科学、常识、良好顺应、文化适应、责任心、规则、理性主义等，全都是二级过程的方法。原初过程最初是在神经病和精神病患者身上，随后是在儿童身上，只有在健康的人身上才发现，在梦中可以很清楚地看到无意识活动的规律。欲望和畏惧是弗洛伊德机制的原动力。顺应良好的、负责的、有常识的人，在现实世界上生活很好的人，他们做到这些，通常必须在一定程度上返回他们反对、否定和压抑他们的无意识和潜意识上去。

马斯洛强烈地意识到，我们必须面对他选出的自我实现被测试者的实际情况。因为他们既是非常成熟的，同时又是很孩子气的。马斯洛称它为“健康的儿童性”或“第二次天真”。自我心理学家的“复归到自我的帮助”，不仅在健康人身上发现了，而且最后被认为是心理健康的必需品。爱也已经被认为是复归（即不能倒退的人就不可能爱）。最后，分析学家赞成灵感和重大的（基本的）创造部分地出自无意识，即一种健康的倒退（复归人一种暂时离开现实世界的向后转）。

在这里，马斯洛所描述的东西可以看做是一种自我、超自我和自我理想的融合，意识、潜意识和无意识的融合，原初过程和二级过程的融合，一种快乐原则和现实原则的综合，一种在最高成熟性帮助下无畏惧的健康的倒退，一种在所有水平上个人的真正整合。

但就像我们知道的，根据有用性的认知，任务定向、有动机的知觉全都被卷入丢掉某种东西的效能和胜任之中了，这种胜任被怀特定义为“有机体与其环境进行有效相互作用的能力”。为了使认知变成完全的，马斯洛已证实，它必须是超然的、无兴趣的、无欲求的、无动机的。只有这样，我们才能按照对象自己的本性，知觉到它自己客观的、固有的特点，而不是把它抽象为“有用的东西”或“有威胁的东西”。

只要我们努力想去控制环境或使它产生效用，就必然会对完全、客观、超然不干预的认知可能性造成损害，而且它们之间是相互成正比例的。只要我们任其自然，我们就能完善感知。再者，根据心理治疗的经验，我们越是渴望做出诊断和行动计划，我们所做的事就越无益。我们越是渴望治愈疾病，它就越是长期不愈。每一个精神病研究人员，都必须学会不力求治好，不变得急躁。在这种场合以及许多其他场合，屈服就是克服，恭顺就是成功。道家和禅宗佛教徒采取的这个道路，可能是因为他们在数千年前，就看到了我们心理学家刚刚才意识到的事情。

但最关键的是，我们能经常在健康人身上初步发现这种关于世界的存在认知，而且它又可以相应地作为健康的一个标志性特征。马斯洛也在高峰体验（暂时的自我实现）中发现了存在认知，这就表明，甚至就与环境的健康关系来说，控制、胜任、有效这些词所提示的主动的目的性已远远超过明智的健康概念或超越了概念的需要。

可以预见，感受剥夺作为这种无意识过程的态度改变的后果，对健康人引起的应该不仅仅是恐惧，而且还有愉快。也就是说，由于割断了与外部世界的联系，这就使内部世界进入了意识，以及由于内部世界是受健康人更多认可和享受的，所以他们应该更有可能享受感觉的剥夺。

为了更明确无误地理解这一观点，马斯洛强调指出：为真正的自我而倾向内部，是一种“主体的生物学”，因为这必须包含一种努力，把自己体质的、气质的、解剖的、生理的和生物化学的需要、智能和反应，即自己生物的个体性，变成有意识的。但另一方面虽然听起来可能是矛盾的，但也确实是体验自己的种的特性，即人类共同性的途径。也就是说，它是体验我们与一切人的生物学上亲密关系的方法，而不管他们有什么外部环境。

四、自我实现的人

有这样一种人，能够充分开拓和利用自己的天赋、才能、潜力等因素，能够实现自己的愿望，对自己力所能及的事情总是尽力去完成，使自己不断趋于完美。我想，每个人都想成为积极的行动者，而不是被动的助理、工具或是随波逐流的软木塞，但真正的自我实现绝不是以自我为中心者所能成就的，事实上，一个人若始终固执于自我的满足，始终无法忘情自我，无法超越自我，便注定要与自我实现绝缘。

1. 自我实现的妨碍

① 生存威胁

威胁这一概念包括一些既不能归于通常意义上的冲突，又不能归于通常意义上的挫折的现象。某种类型的严重疾病能引起精神病，经历了一次严重的心脏病发作的人往往在行动时心有余悸。儿童得病或住院的经验常常带来直接的威胁作用，且不说伴随的各种冲突。

最通常的一种生存威胁要算是饥饿了。我们可以公正地说，整个有机体感觉最明显的就是饥饿。对于一个长期极度饥饿的人来说，他的意识几乎完全被饥饿所控制，他的全部能力都会投入到解决饥饿、满足食欲的搜寻活动之中去。他梦里是食物，记忆里是食物，思想活动的中心是食物，他感情的对象是食物，除了食物，其他任何兴趣都不存在了。要说理想，他此时的理想就是能有一个食物充足的安身之地，他往往会这样想，假如确保他的余生的食物来源，他就会感到绝对幸福而别无所求。在他的心目中，生活最大的意义就是“吃”，人生最大的乐趣就是吃饱肚子，其他任何东西都是次要的。自由、爱、社会公德、公众利益、尊重、哲学，统统是奢侈品，因为它们不能填饱肚子。可以说，这种人仅仅是为了面包而活着。

现实生活中，这种饥饿的威胁确实存在，但它却不是普遍现象。可以肯定，在正常运行的和平社会里，这种长期饥饿的威胁是罕见的，几乎是不存在的。当一个人说：“我饿了！”时，他只是感受到饥饿而不是经常处于饥饿状态。所谓“人只靠面包活着”虽符合局部实情，但这只在缺乏面包时才是事实，当面包充足时，当人们腹中长期有食时，其他比“进食”这种生理需要更高级的需要会相应出台。而当这些需要满足后，又会有新的、更高级的需要出现，以此类推。由此可以得出一个重要结论：满足与匮乏在动机理论中是同等重要的，因为它将机体从相对更强于生理需要的控制下解放出来，从而允许更社会化的目标出现。生理需要以及它们的局部目的，在长期得到满足时，就不再是行为的积极的决定因素和组织者了。满足了的要求不再是要求，机体的控制者和行为的组织者只能是未满足的需要。

这种说法可以表述为这样一个假设：那些某种需要一直得到满足的人最能忍受将来这种需要的匮乏，而过去一直被剥夺了这种需要满足的人对于目前需要满足的反应则将与他们不同。

一般性的威胁在盖尔卜、哥尔德斯坦、史勒以及其他一些人所研究过的脑损伤病人身上也得到了证明。最终理解这些病人的惟一方法就是假设他们感受到了威胁。也许可以认为，不管什么类型的有机性精神病患者都感受到基本的威胁。在这些病人身上，只有用两种观点来研究症状才可能将它们搞明白：首先，任何种类的功能损伤或丧失对有机体的直接影响；其次，人格对这些威胁性丧失的动力反应。

从卡顿诺研究创伤性精神病的专著中，我们发现可以将最基本和最严重创伤的后果加进我们所列出的各种威胁性后果的行列。必须强调的是，一种受创伤的遭遇同受创伤的感觉并不是相同的，也就是说，一种受创伤的遭遇有造成心理上的威胁的可能性，但却不一定非造成这种威胁不可。如果处理得当，它还可以给人教益，使人坚强。据卡顿诺说，这些创伤性神经病是对于生活本身最基本的行为功能诸如行走、交谈、进食等等所发生的一种基本威胁的后果。也就是说：经历过一桩极其严重事变的人可能会得出这样一种结论，即他不是自己命运的主人，死亡一直在他的门外守候着他。面对着这样一个无比强大、极富威胁性的世界，一些人似乎丧失了对自己能力哪怕是最微不足道的能力的信任，其他一些比较轻微的创伤，威胁当然就小一些了。另外，某种性格结构也会使一些人易于受威胁所左右，这种反应更经常地发生。

不论什么原因，死亡的临近都可能使我们失去基本的信心而产生受威胁感。当我们再也无法应付这一情况时，当世界使我们无法忍受时，当我们主宰不了自己的命运时，当我们再也控制不了这个世界或者控制不了我们自己时，我们当然会有各种受威胁感。其他“我们无能为力”的情况有时也会被觉得是一种威胁。严重的痛苦当然也是我们无力面对的一种威胁。

或者还能扩充一下这一概念的内容，把通常包含在其他种类中的各种现象也包含进来。例如，突然的强烈刺激；没有预防便被摔落、摔倒；任何未被解释或陌生的事情，某种对儿童产生威胁而不仅仅是引起激动的情景，更打乱了他们日常的生活习惯或节奏。

我们当然不能忽略威胁的最核心方面就是直接的剥夺，或对基本需要的妨碍或威胁性屈辱，遗弃、孤立、丧失威信、丧失力量等，这些对人都有直接的威胁性。此外，滥用或不用各种才能则间接地威胁着自我实现。对于高级需要或存在价值的威胁则可以对高度成熟的人产生威胁。

一般说来，下面的几点都有我们所谈意义上的威胁性：妨碍基本需要和高级需要（包括自我实现）以及它们赖以存在的条件的危险和事实，是对生命本身的威胁，对于有机体的完整人格的威胁，对于有机体整合状态的威胁，对于有机体掌握世界的威胁，以及对于终极价值的威胁。

一般地说，普通的或有神经病的成年人所受外界情况的威胁，要比健康成年人多。成年的健康产生于童年的没受威胁，或是对威胁的顺利克服，而且随着岁月的流逝，它越来越不受威胁的影响；一个人如果对自己极有信心，他的男性气质便不容易受到威胁。一个人如果一生中一直被人深爱着，并感到自己值得爱或可爱，那么，即使你不再爱他了，对他也没有太大的威胁。

冲突这一概念与威胁的概念是交错的。单纯的选择就属于是最简单意义上的冲突或者矛盾，每个人的日常生活充满着无数这样的选择。如果我们在通向同一个目标的两条道路中进行选择，而这一目标对有机体相对来说并不重要，那么对于这样一个选择情况的心理反应几乎从来也不是病理性的。实际上，在绝大部分情况下，这种选择主观上根本就不会产生冲突的感觉。在这种情况下，目标本身并没有受到威胁。目标重要与否，当然要视每一个个别的有机体而定。对一个有机体来说是重要的，对另一个可能就不那么重要。

例如，一位妇女要去赴一个约会，试图决定是穿这双鞋还是那双鞋，是穿这件衣服还是那件衣服，因为这一约会对她来说是重要的，所以她希望能给对方留下一个好印象。在作出决定后，冲突的明显感觉就消失了。然而，当一位妇女不是在两件衣服中进行选择，而是在两个人之中选择一个来做自己的丈夫，这种冲突就确实可能变得极其激烈。这使我们再一次想起了罗森茨威格对需要的坚持性效应和自我的防御性效应之间所作的区分。

威胁性冲突仍然是一个选择的问题，但却是在两个不同的目标之间进行选择，而且这两个目标都很重要。在这里，一个选择的反应并不能解决冲突，因为这种决定意味着放弃某些同被选择物几乎同样重要的东西。放弃一个必要的目标或对需要的满足，从而使人感到一种威胁，即使在作出选择之后，这种威胁也依然存在。中国古代有一个不食嗟来之食的故事。故事的主人公就是在解决饥饿这一基本的生理需要和维持自尊这一较高级需要的冲突中作出选择，维持了他的人格尊严，但饥饿的威胁则依然存在。这类选择最终只会导致对于一种基本需要的长期妨碍，这种选择对精神脆弱的人而言，往往很容易导致病态。

灾难性冲突则是一种纯威胁，没有抉择或选择的可能性。其后果是，所有的选择都同样是灾难性或威胁性的，这样一种情况，则除非是把那个词的意义延伸，否则就不能被称为冲突了。举两个例子就可以很容易地说明这一点：一个例子是一位在几分钟内就要被处决的人，对他而言他已没有任何选择余地，无论如何逃不过死亡的威胁了。另一个例子是必须面对明知带有灾难性的动物（如赤手空拳的妇女深山遇虎），在作决定时，所有逃避、进攻或替换行为的可能性都被杜绝了。

我们所能得出的结论只能和我们以精神病理学观点分析挫折之后所得出的结论一样。一般说来，冲突的情况或冲突的反应有两种：一种有威胁性，另一种无威胁性。无威胁性的冲突并不重要，因为它们通常是不致病的；带有威胁性的冲突种类就很重要了，因为它们往往是致病的。但威胁也并不总会致病的；对于威胁既有健康的应付方式，也有精神病或神经病的解决办法。此外，一种明显的威胁情况在一个特定的人身上，可能导致也可能并不导致在心理上受威胁的感觉。有时候一次轰炸对生命本身的威胁，其程度可能还不及受人嘲笑，被人冷落，被抛弃，自己的孩子生病，或者受一位陌生人的凌辱等等更严重。而且，威胁也还可能起到使人坚强起来的作用。因此，如果我们认为病症的缘由来自一种冲突的感觉，那就得具体分析一下威胁或威胁性冲突，因为某些种类的冲突并不能引起病态，有一些实际上还会强化有机体。

可见冲突和挫折之所以致病，主要是来自威胁，威胁实际上对有机体的基本需要或自我实现有阻挠作用。

②虚 假

无数的事实告诉我们一个可悲的真相：在生活中作为生命个体的人，常常是以一个经过伪装的虚假形象生活着，出现在世人面前，就像一位演员扮演了一个与他的自然人格不一致的角色一样。在某种程度上，每个人都会出现这种情况，毫无疑问，这是由于生活中不同的人要求你扮演不同的“角色”而造成的。有时候，我们所有的人都会不由自主地说些言不由衷的“违心话”，以避免对他人不必要的冒犯；穿我们并不喜欢和欣赏的流行服装；承担我们别无选择必须去做的工作。这就是从众的压力。可以毫不夸张地说，几乎每个人都会处在强大的从众压力之中，这种压力有时明显，有时隐蔽，但却始终存在。如果你不从众，我行我素，你就要为此付出昂贵的代价：如果你是一名儿童，你面临着被社会排斥、失去爱、遭受非难、惩罚的危险；如果你是一个成人，不从众则极有可能造成对你的职业生涯的重大影响，或使你与他人的关系出现紧张，甚至受到社会的谴责。

然而，从众行为付出的代价不会比不从众少，特别是在从众意味着按照与你的“真实自我”相冲突的方式行动的时候，情况就更是如此。在这种情况下，你在世人面前不得不创造一个“虚假的自我”，掩盖你自己真实的面目。

在与此类似的例子中，如果你内在的自我是强大的，有冲破世俗的勇气，你就会按照自己的愿望和思想作出真正选择，而不使你真实的自我受到损害。但是，如果你内在的自我是软弱的，在外部要求的压力下感到畏缩，那么，你就极有可能作出违心的选择，失去你真正的自我。

对个人来说，这种现象所引发的后果将是灾难性的，因为如果你总是从外部寻求怎样思考、怎样感觉以及怎样行动的提示，不以自己的主观意志去感觉、去思考、去判断、去行动，逐渐地，你就会变得没有安全感，没有正确的自我观做行动的指导，你就会事事依靠他人，一旦没有他人的指点和同意你就不知所措，感到内心很脆弱。在这样的情况下，你展示给世界的自我是经过精心伪装后的自我，而不是你真正的自我。没有真正的内心自我来指导你的选择，并把它建立在真正被爱的基础上，那么，你就不可能与他人建立起感情上很成熟、能够互相移情的关系。建立在虚假自我基础上的关系只能是虚假的关系，这种关系只能流于表面，而且极不稳定。

人的自我感是很重要的，缺乏自我感的人，难以成为一个有独立个性的真正意义上的人。而人的自我感要通过一生的努力才能得到强化，要想培养出稳定和综合的自我感，要想做一个成熟的批判思考者，移情和独立这两种品质都是必不可少。

在现实世界中，我们所有的人都处于软弱的、没有安全感的、分裂的、完全“虚假的”自我和强大的、有活力的、有安全感的“真实的”自我两个极端之间的某一点。在特定的场合和时间，你可能发现你自己会处于这两个极端之间的某个地方。但是，无论你处于哪个地方，你面临的挑战是一样的，那就是你怎么才能远离虚假的自我而走向真实的自我？换句话说，你如何才能成为一个有安全感、乐观、有爱心、尊重他人、乐善好施、慷慨、灵活、移情、有创造性和成熟的人呢？

只有能够摆脱虚假的自我，努力强化自我感，才能还自己一个真实的自我，享受到自我实现的欢愉。

③逃 避

人类——几乎所有的人——都希望更多发掘、实现自身的潜能，趋向自我实现或丰满人性。但现实的情况却并非全都如此。那么，是什么使我们停顿？什么阻碍了我们呢？

前面已提到的马斯洛特别强调人们要引起很大注意的约拿情结的问题。他说：“我曾想尽量坦率和尖锐地强调一个不同于弗洛伊德的观点，那就是我们害怕我们的至善正如害怕我们的至恶一样，尽管方式有所不同。”就我们大多数人的情况而言，我们都有尚未运用或尚未充分发展的潜能。我们肯定都要比我们的实际表现更杰出。但我们许多人都在逃避我们体质上提示的天职事业、命运、生命的任务和使命。我们常常逃避责任，那是自然、命运，有时甚至是偶然事件命令（或说是提示）的，正如约拿力图徒劳地逃避他的命运一样。

我们害怕仔细设想我们最高的可能性（正如害怕最低的一样）。我们一般怕变成在最完美的时刻、在最完善的条件下、以最大的勇气所能设想的样子。我们对于在这种高峰时刻时自己眼中看到的神一般的可能性感到愉快甚至激动。但我们同时又带着软弱、敬畏和恐惧的心情在这些可能性面前颤抖。

这就是马斯洛最初称之为“对自身特有的畏惧”或“逃避自己的命运”或“躲开自己的最佳天才”的“约拿情结”。

这种情况几乎是普遍存在的。马斯洛曾经问他的学生们："你们中有谁希望成为最伟大的小说家，或成为一位参议员、州长、总统？或一位伟大的作曲家？谁想当联合国的秘书长？谁企望当圣人？你们中间谁愿成为一位伟大的领袖？"听了他这样的问题，他的学生们人人都突然咯咯地笑起来，继而感到非常的羞愧而不安，直到他再问："假如你不干，那么谁来干？"这自然是真理。学生们都一时无言以对。他以这种方式推动他的毕业生趋向这些更高的抱负水平。一次他又问："你们现在秘密计划要写的伟大著作是什么？"这时他们显得手足无措，并支支吾吾，设法避开这个话题。马斯洛说："为什么我不应该那样问？除心理学者以外还有谁更有能力写心理学著作？这样我就能再问：你不打算当心理学家吗？当然想。你受的训练是要当一名缄默的或不活跃的心理学家吗？那样有什么好处吗？那不是一条通向自我实现的正确途径。你应该想当第一流的心理学家，当你力所能及的最佳的心理学家。假如你犹豫彷徨只打算做较次于你力所能及的事业，我就要警告你，在你的余生，你将深感遗憾。你将逃避你自己的能力，你自己的可能性。"

马斯洛说，这种矛盾心理不仅存在于我们对自己的最高可能性的设想中，而且特殊人性中和一般人性中对这些同样的最高可能性也抱有一种持久的、相当普遍的甚至必然的冲突感和矛盾心理。我们敬佩并羡慕优秀人物，圣贤，忠诚的、德高的、纯洁的人。但是，任何深入观察过人性底蕴的人都能意识到，我们对圣洁人物所怀有的混杂情感往往更倾向敌对的情感。对非常美的女人和男人，人们往往或嗤之以鼻，或口出秽言，或故意夸张地品头论足，或搞一些恶作剧进行戏弄。对伟大的创始者，对我们的智力天才，也同样有种种近似不敬的甚至敌对的情绪或行为表现。不需要成为心理治疗专家，就能看出这一种被我们称之为“对抗评价”的现象。只要读点历史就能发现许多这样的事例，甚至可以说，它们充满了全部人类史或任何历史的探寻之中。我们爱慕景仰那些体现了真、善、美、公正、完善、最终取得成功的人。但他们也使我们不安、焦虑、困惑，也许还有点妒忌和羡慕，有点自卑、自惭。他们往往使我们失去自信、自制和自重。

因此，我们得到了第一个暗示：大人物仅仅凭借他们的存在和他们的伟大就足以使我们体味到自己的渺小，不管他们是不是有意要造成这样的影响。也许是一种无意识的作用，他们一出现我们就会自惭形秽，那么我们会很容易以主观投射做出反应，我们会认为他们的存在就是贬低我们，像是特意针对我们的。于是敌意便顺理成章地产生了。因此，马斯洛认为自觉的意识能削弱这种敌意。“假如你愿意对你自己的对抗评价、对你的畏惧和敌意加强自我意识和自我分析，你将很可能不再对他们怀有恶意。假如你能学会更纯洁地喜爱他人中的最高价值，也许会使你也喜爱你自身的这些特性而从此消除畏惧。”

鲁道尔夫·奥托曾精辟地概括说，对崇高事物的敬畏与这一动力是紧密相连的。把这一点和爱利亚德对神圣化和去圣化的洞察结合起来，我们就能更深刻认识对于直接面对神或神圣事物引起畏惧的普遍性。在某些宗教中，死亡被视为不可避免的后果。大多数前文字社会也有一些地点和物体是禁忌的，因为它们太神圣因而太危险。马斯洛曾从科学和医学中提供过一些去圣化和再圣化的例子，并力图用动力学来解释这些过程。归根到底，它们大都来自在崇高和至善面前的敬畏，而且这一敬畏是内在的、有理由的、正确的、合适的，而不是某种疾病，更不是无法“治疗”的绝症。

但他又觉得，这些敬畏和畏惧不单单是消极的或使我们逃遁或畏缩的东西，它们也是合乎需要的、愉快的情感，能把我们引到最高的欢乐点、自觉的意识、洞察和“彻底的作用”。这应该是一条通向对我们最高能力的接受，通向我们可能已经掩藏起来或避开的不论任何伟大或善良或智慧或天才的最好途径。

马斯洛曾试图理解高峰体验为什么通常都很短暂，结果得到了一个很有价值的启示：“因为我们不够坚强，所以不能承受过多！”它太震撼、太耗损人了。因此，处于这种极乐时刻的人往往说，“不能再多了”，或“我受不了啦”，或“我简直要死了。”是的，令人发狂的幸福不可能长久承爱，正如我们的机体太弱不能承受长时间的性高潮一样。

马斯洛的“高峰体验”一词含义是非常精当的。剧烈的情绪必然是极点的和暂时的，它必然比非极乐的宁静、较平和的幸福、对至善的清晰、深沉认知的内在喜悦要逊色得多。极点的情绪不能长久持续，但存在认知能长久持续。这能帮助我们进一步理解约拿情结。它在某种程度上是一种怕被摧毁、怕失去控制、怕垮掉、怕瓦解甚至怕被那种体验杀死的合理畏惧。伟大的情绪最终能在实际上淹没我们。马斯洛认为，怕沉湎于这样一种体验的情感，一种使我们想起一切能在性感匮乏中发现的类似畏惧的畏惧，能通过心理动力学、深蕴心理学以及情绪的心理生理学和心身医学等等文献得到更好的理解。

在探索自我实现何以失败时，马斯洛曾遇到过另一方面的心理过程：对成长的逃避也能由对妄想的畏惧发动。马斯洛说："普罗米修斯和浮士德的传奇文学几乎在任何文化中都能发现。例如，希腊人称它是对自大的畏惧。它被称为'有罪的傲慢'，这当然是人的一个永恒的问题。对自己这样说'是的，我要成为一个伟大的哲学家，我要质疑柏拉图并胜过柏拉图'的人，必然迟早要被他的自以为是和骄矜弄得麻木不仁，特别是在他比较脆弱的时刻，他将对自己说：'谁？我？'并认为那是一种疯狂的想入非非，甚至惧怕那是妄想狂。他把他对自身内在自我及其一切弱点、彷徨和缺陷的认识和他所知的柏拉图的光辉、完美而无瑕疵的形象相比，自然会觉得自己太放肆、太自大。可他没有认识到，柏拉图在内省时必然也会有与他同样的感觉，但柏拉图终于前进了，越过了他对自己的怀疑。"

就某些人来说，这种对自身成长的逃避，只见于低水平的抱负，怕做自己所能做的事，自甘摧残、假装的愚蠢、狡诈的谦卑，实际上是对自以为是、对骄矜、对有罪的傲慢和自大的防御。有些人不能掌握谦逊和自豪之间的优良整合，而这种优良整合对于创造性的工作是绝对必要的。许多研究者都曾指出：要发明或创造，你必须拥有“创造的傲慢”。但是，假如你只有傲慢而无谦逊，那么你实际上是在妄想。你必须意识到自身的神一般的可能性，而且也要意识到自己是实际的人的存在这一局限性，你必须能够同时嘲笑你自己和人的一切矫饰。假如你能对毛毛虫想当神仙感到有趣，那么实际上你便有可能继续尝试并满怀自豪而不再担心自己这是否是妄想，或会不会招致冷嘲热讽。这是一个绝佳的方法。

2. 健康的审美情趣

人们在追求自己的目标时会受到不同程度的冲动和内驱力的攻击，但人们对此已有所防御。当然，盲目的冲动也会出现，但不是单独出现，两种情况加在一起就完整了。

当一个人看到一幅斜挂在墙上的画时，便有不可遏制的意识冲动要去把它挂直。

当我们看到前面走来一个蓬头垢面、衣衫破烂、浑身污秽不堪的流浪汉，或者歪嘴斜眼、满目眼屎、鼻涕流涎的丑乞丐，大概都会本能地产生要远远避开的冲动。

整洁、淡雅的房间比那凌乱肮脏的房间令人觉着舒服，等等。

这就是人类生存的一种较高级的需要——审美的生存需要。马斯洛曾以经过选择的人为对象，在临床人格学的基础上研究过这类现象，并确信在某些人身上确有真正的审美需要。丑陋会使他们致病（以特殊的方式），身临美的事物会使他们痊愈，他们积极地渴望着，只有美才能满足他们的欲望。爱美，是人的天性。

这种现象在所有健康儿童身上也几乎都有体现。

审美需要和意动、认知需要是不能截然分开的，它们相互交融在一起，秩序的需要、对称性的需要、闭合性的需要、行动完美的需要、规律性的需要以及结构的需要，都可以归因于认知的需要、意动的需要或审美的需要。

当然，不同的人，从不同的立场，以不同的观点看同一个事物，会产生不同的审美感受，这是另一方面的问题了。

在爱情婚姻问题上，人们的审美观点、审美需要也会各有不同。我们面临的特殊问题是："关于爱情和性活动，人能够给我们一些什么样的教益呢？"

自我实现者最优秀的特性之一，就是他们极其敏锐丰富的感受力。他们远比普通人更能有效地看出真理、理解现实，而不管这些现实有无结构，是否带有个性。

在爱情关系这一领域，这种敏锐性的主要表现是对性爱伴侣的一种极好的趣味（或感受力）。

我们知道，爱情体验主要是由一种温柔、挚爱的情感构成的。一个人在体验这种情感时还可以感到愉悦、幸福、满足、洋洋自得甚或欣喜若狂。我们还可以看到这样一种倾向，施爱者总想与被爱者更加接近，关系更加亲密，总想触摸他，拥抱他，总是偏向他，袒护着他。而且施爱者感到自己所爱的人要么是美丽的，要么是善良的，要么是富有魅力的，总之，从心底里感到幸福。在任何情况下，只要看见对方或与对方相处，他就感到愉快。

有一种很普遍的观念认为爱情是盲目的，或者更确切一点说，恋爱中的人往往把自己热恋中的伴侣看得太完美。很清楚，这对一般人来说可能适用，特别是当一个人本身存在某些外表缺陷时，一般的人恐怕是不大愿意接受其爱情与他（她）结成终身伴侣的，但对健康的个人来说就未必了。的确，有的材料已经表明，健康人的感受在爱情中要比在其他方面更为有效，更为敏锐。爱情使得施爱者有可能在对方身上看到一些别人完全忽略的品质，因为健康人能够爱上一些普通而特殊的东西，爱上一些别人不愿爱或不敢爱的人。

奥斯瓦尔德·斯瓦在《性心理学》中曾有精彩论述："爱情赋予爱者的这一神奇的能力，在于那种能够在对方身上发现一些他实际具有而未受爱情鼓舞的人却看不见的优点的能力，这一点不能强调得太过分。爱情不是自我欺骗。这些优点并非一个用幻想的价值观把所爱的人装饰起来的施爱者创造的。"毫无疑问，在这里面有着强烈的情感因素，但爱情基本上是一种认知活动，的确是把握人格的内在核心的惟一途径。因为有明确的缺陷而爱别人所不愿爱的人，人们极易错误地认为这种爱是盲目的。然而，这种爱情对于缺陷并非盲目的，它仅仅是忽略了这些可以感觉到的缺陷，或者根本就不把它们当做缺陷。对于健康人来说，身体上的缺陷和经济上的、教育上的、社会上的缺陷，远远没有性格上的弱点那么重要。结果，自我实现者极有可能深深地爱上那些形象不那么好看的伴侣。别的人把这称为盲目，但我们却完全可以把这称为良好的审美趣味或感受力。

马斯洛以充分的材料反驳了相反相吸和同配生殖两种普遍理论。他认为，事实上，同配生殖是一种与诸如诚实、真挚、慈爱和勇敢这样一些性格特征相关的规律。在较为外在和表面的特征方面，在收入、社会地位、教育、宗教、民族背景、外表方面，自我实现者同配生殖的程度比在普通人身上显然要低得多，他们不受差异和陌生的威胁。的确，他们对此感到好奇，而不是相反，他们远不像普通人那种需要熟悉的口音、服饰、食物、习俗和仪式。

至于相反相吸，这种在一个范围内适合于我们的研究对象，充分体现出他们诚实地钦佩那些自己不具备的技艺和才能。这样的理论体现在一些比较健康的男女大学生身上的发展过程。他们越是成熟，就越不被诸如漂亮、好看、舞技超群、丰乳肥臀、身体的强壮、高高的个头、匀称的身材、美妙的脖颈这样一些特点所吸引，他们就越是讲究彼此适合、互相体贴入微、讲究善良、彬彬有礼和良好的伙伴关系。他们甚至可以和诸如身上长毛、过胖、不够潇洒等一些具有特别令人厌恶的外表特征的人相爱。他们所关心的是相爱对象的性格特征而不是身体特征。

这就是健康人的更高的人生趣味，健康人的审美需要。这些例证说明那个古老的冲动与理性、理智与情感之间的二元分离得到了解决或者被否定。这些人与他们所爱的人都是既通过认识的标准，也通过意动的标准来合理地选择。他们是根据冷静的、理智的、不偏不倚的考虑而直觉地、性爱地、冲动地被适合他们的人所吸引的。他们的意愿同他们的判断相一致，是互相协作而不是互相违背的。

那么，爱情的终极体验是什么呢？圣贝尔纳说得十分贴切："爱情并不寻求超越自身的原因，也不寻求限度。爱情是其自身的果实，是其自身的乐趣。因为我爱，所以我爱，我爱，为的是我可以爱……"

我们在健康人那里看到的爱情必须用自发的钦慕来加以描述，必须用我们在被一幅优秀绘画作品打动时所经历的那种感受、那种不求回报的敬畏和欣喜来加以描述。可以肯定一点，健康人是以一种由激动而变为感激的反应方式来彼此相爱的，就如同第一次欣赏伟大音乐就爱上它一样。他们对音乐感到敬畏，为音乐所征服从而热爱音乐。即使事先并没有想到要让音乐征服，情况也是如此。霍尼在一次演讲中认为爱他人本身就是目的，而不是达到目的的手段，并且以此来界定非神经质的爱情。随之而作出的反应就是去享受，去钦慕，去感受乐趣，去关照和欣赏，而不是去利用。

对于自我实现者来说，他们爱，因为他们是爱他人的人；正如他们和蔼、诚实、不做作，是因为他们本性如此。这些都是自发地表现出来的，就像一个强壮的人之所以强壮，并非因为他们愿意强壮；一朵玫瑰之所以散发芳香，并非因为它愿意散发出芳香；一只小猫之所以优雅，并非因为它愿意优雅；一个小孩之所以幼稚，并非因为他愿意幼稚。

用哲学语言说，自我实现者的爱情既是存在的，又是生成的。

3. 好品格的形成

每个人都有自己的独特个性、品格。品格是人在各种各样的环境中，在个人或多或少的调节和控制下形成的。一个人如果没有追求正义或邪恶的原则，就会像一艘在大海中失去航舵或方向的大船，随风飘荡，任意东西，日子是无法过下去的。

人的品格就是良心。他把自己的良心置于他的工作之中、言语之中和每一个行动之中，而每一次行动、每一种思想和每一种感情，都可以归因于他所接受的教养、他的习惯和他的理解力，而且，它们必然会对他整个生命历程的所有行动产生影响。因此，人的个性是处于不断的变化之中的，一方面，它可以通过改进变得更好；另一方面，它也可能堕落而变得更坏。

物理学中作用力和反作用力大小相等的规律，同样适用于道德领域。善行会对行为者发生作用和反作用，恶行也同样如此。由于榜样的影响作用，一个人的行为还会对他的国民产生影响。不过，人不仅仅是环境的产物，也是环境的创造者。人的性格是由环境造成的。反过来，他又能影响环境，改变环境，创造环境或破坏环境。

生活的意义，除了要诚实以外，还必须受到正确原则的启发，必须坚持正道，不懈地追求真理、正直和忠诚，陶冶出美好的心灵和情操，这样才能使生命更有正面的价值。

人，是有力量的。人的力量是通过他的创造能力来衡量的。使用同一种材料，一个人可能会建造宫殿，另一个人可能会筑成茅舍，一个人建成仓库，另一个人建成别墅。同样是红砖和灰泥，建筑师却可以把它们制成其他东西。因此，在同一个家庭里，在同一种环境中，一个人可能持之以恒建成大厦，他的兄弟却可能三心二意而且力不从心，只能永远生活在废墟中。一块巨石可能成为弱者生活中的绊脚石，但它却是强者继续前进的垫脚石。通过自由意志的选择，在不同的原则的指导下，他可以把自己的行动引向善行，也可能把自己导向邪恶。

由高尚情操激发出充沛精力的人，他的行动受正直的品格和生活的责任等原则的制约。不管是在商务活动还是政治活动中，不管是集体活动还是家庭生活中，他都是公平和正直的。任何事情中，他都诚实守信。对待反对者，他也会像对待比自己弱小的人一样宽厚仁慈。

然而，人的品格——这里指的是最好的品格——不会自发形成，是要经过一番努力的，要经过不断的自我审视、自我约束、自我节制的训练。在这过程中，可能会有许多的踌躇，也可能会遇到羁绊和暂时性的失败，有许多困难和诱惑要抵制和克服。但是，只要有坚强意志并且心地正直，每个人都用不着灰心丧气，是一定会取得成功的。正是这种不断进步、力图超越现有的品格水平的努力，使人感到振奋，令人心旷神怡。即使我们达不到预期的目的，在前进的路途中，我们每一次诚实的努力都会得到回报，使我们的品格得到升华。

人的品格也是出于尊重，这种品格是一个最高贵和最高尚的男人和女人的标志：他（她）尊重代代相传的东西——包括崇高的目标、纯洁的思想和高尚的动机。正是这种尊重、这种自觉的承袭，才会使社会上人与人之间有了信用，有了真诚，有了信任，使社会太平，人类进步。

在光辉的榜样——人类最优秀的代表——的指引下，每个人都是无可非议的，而且在尽职尽责方面，也必然能使自己的品格上升到一个新的高度：他在物质方面可能并不富有，但在精神上是最富有的；在社会地位上也可能并不高贵，但在荣誉上却是最崇高的；在智力上他也许不是最好的，但在德行上却是最好的；他可能不是最有权势和最有影响的人，但他是最真诚、最正直、最诚实的人。

品格要通过在原则、正直和实际才智的引导和鼓励下的行动来展现。它是最高形式，是在宗教、道德和理性的影响下表现出来的个人意志。它经过慎重考虑来选择自己的行为方式，然后坚定不移地去实现自己的目标，它尊重职责不着重考虑声誉，它遵从良心的压力高于对世俗荣誉的追求。它在尊重别人的人格的同时，保持自己的个性和独立。虽然在道义上的诚实可能并不是时尚，它却有勇气这样做，把这些交给时间和经验去检验。

榜样的力量往往会对品格的形成产生极其巨大的影响，但个人精神的自我创造力和坚持不懈的努力却是更为根本的。仅仅靠后者就足以支撑生活，给个体以独立和力量。没有一种一定程度的、由作为品格根基的意志和作为品格主干的智慧组成实际有效的力量，生活就是漂泊不定和漫无目的的，就像一潭死水，而不会像急流奔腾，做着有益的工作和保持着一部人性机器的正常运转。

当性格的各种要素受到崇高目标的影响，通过一定的意志发生作用时，人便开始投身于自己的职责之中，不管付出了多少世俗的代价，他也会不屈不挠、坚持不懈，可以说他达到了人之为人的最高价值。他向人们展示了自己英勇无畏的性格，体现了果敢坚毅的最高信念。这个人的行为就会在生活中反复出现，并且会变成他人的行为。他的言语会铭刻在别人心中，并且会转化成行动。

4. 倾听生命内部的呼唤

马斯洛说："人体内部存在着一种向一定方向成长的趋势和需要，这个方向一般可以概括为自我实现或心理的健康成长。"那么，如何把我们引向自我实现呢？

自我实现的含义就是设想可以实现一个人的真实的自我或成功的自我。人不是一张白纸，也不是一堆泥或一团黏土。人是某种客观存在的东西，至少是一种软骨的结构，至少是他的气质、标准的生化平衡等等。这里有一个自我，马斯洛曾说过："要倾听内在冲动的呼唤"，意思就是要让自我显现出来。我们大多数人特别是儿童和青年在大多数时候，不是倾听自己的真情呼唤，而是倾听妈妈的、爸爸的教训，倾听教会的、长老的或权威的、权力机构的或传统的声音。

作为迈向自我实现的简单的第一步，马斯洛提醒我们，当有人递给你一杯酒并问你味道如何时，你应该试着以一种全新的方式作答。首先，你不要看酒瓶上的商标，不要企图从商标上得到任何暗示再考虑应该说好或不好。而应该闭上眼睛，“定一定神”。这时，你就可以面向自己体内，避开外界的嘈杂干扰，用自己的舌头品一品酒味，并诉诸自己身体内的“最高法庭”。只有这时，你才可以开始说:“我喜欢它”，或“我不喜欢它”。这和我们惯常得出的结论是不同的。当一次宴会上，你偶尔看到一瓶酒上的商标，并向女主人说她确实选到了一瓶非常好的苏格兰酒时，你不为此而深深自责吗？因为你并不知道苏格兰酒的味道如何，你所知道的都是广告上说的，自己还没有亲口尝一尝，根本不知道这一瓶酒是好还是坏。人们在日常生活中都会做出这种愚蠢的事，所以拒绝做这种傻事是实现一个人的自我的连续过程的一部分。

从实际行动步骤看，自我实现意味着什么呢？

马斯洛说，自我实现意味着充分地、活跃地、忘我地体验生活，全神贯注，宠辱偕忘，它意味着体验时不带有青春期自我意识。在这一体验的时刻，个人完完全全地成为一个人。这就是自我实现的时刻，这就是一个人在实现自我时的瞬间感受。作为个人，我们都有可能偶尔体验过这样的时刻。而作为咨询顾问，我们能帮助咨询者经常性地得到这种体验，可以鼓励他们全身心地投入某一件事，丢弃自己的伪装、拘谨和畏缩，全力以赴地献身于这件事。站在局外人的角度，我们能看出这是一种非常美妙的时刻。在那些正在试图装扮成顽固不化、老于世故和故作老练的青年人身上，我们能看到某些童年天真的恢复；当他们全心全意献身于某一时刻并全神贯注地体验着这一时刻的时候，他们的脸上能再现出纯洁无邪而又幸福的可爱表情。这种体验最关键的是要达到“忘我无我”，而大多数青年人的毛病正是由于自我意识和自我知觉的干扰，而很难进入忘我、无我的境界。

那么，如何才能达到自我实现？什么是使本性得以显露，实现一个真实的自我的良好条件呢？

马斯洛说，必须创造特殊的条件，把一个人需要什么以及他到底是什么的能力表现出来，并具有满足的可能性。

大体上，这些条件可以总的概括为允许满足和表现，也就是允许个体作自由的选择。如何知道怀孕的白鼠吃什么最好，我们就让它们在广泛的可能性中自由选择，至于它们吃什么，何时吃，吃多少，怎样吃，顺其自然。我们知道，按个别的方式给婴儿断奶对婴儿最为有利，即，在对他最为合适时给他断奶，但怎样确定这个时间呢？我们当然不可能去问婴儿，也不能把希望寄托在保守的儿科专家身上。我们可以给婴儿一个选择的机会，让他自己决定：先给他流质和固体两种食物，假如他对固体食物感兴趣，他自己会自然地断奶。同样，通过创造一种允许、接受和满足性的气氛，可以让儿童告诉我们，他们什么时候需要爱、保护、尊重或者控制。我们知道，这种气氛对于心理治疗很有帮助，只有在这种气氛中，心理治疗才具有可行性。我们发现，在广泛的可能中自由选择的方法，在许多不同的社会情况中都是有用的，例如，女囚犯在教养院选择同寝室的伙伴，大学生选择教师和课程，等等。这里有必要指出，虽然“允许”可能对于我们的实验目的最为有利，但为了教育考虑他人和意识到他人的需要的品德，“允许”本身也不必充足。

所谓良好的环境，从促进自我实现或者促进健康的角度来看应该是：提供所有必需的原料，然后放开手脚，让机体自己表达自己的愿望、要求，自己进行选择（切莫忘记，有机体经常选择自我克制和延误，以有利于他人，等等；而他人也有要求和愿望）。

在人类生存的整个过程中，我们可以把生活设想成一系列的、一个接着一个的选择。每次选择都有前进与倒退的分歧，可能有趋向防御、趋向安全、趋向畏缩的举动；但也可能有成长的选择。如果做出成长的选择而不是畏缩的选择，就是趋向自我实现的举动。自我实现是一个连续不断地进行的过程。它意味着要一次次地在说谎或诚实之间、在偷窃或正义之间进行选择，意味着如果能使每一次选择都成为成长的选择，就能走向自我实现。

要显现真实的自我，就要诚恳地表达出自己的怀疑，而不要压抑和隐瞒自己的真实思想。

日常生活中，在各种不同场合都有可能碰到“有怀疑”这一短语，但或许是出于一种交际手腕，也许是某种心理作祟，当人们对某种情况“拿不准”或“看不惯”或产生怀疑时，往往不会坦诚相告。来咨询的人往往是不诚实的，他们大都在做戏，在装模作样，他们并不是很容易就听从“诚实”的劝告的。在许多问题上反躬自问寻求答案都意味着承担责任。这本身就是迈向自我实现的一大步。很少有人研究过这种责任问题，在我们的教科书中也没有这一问题的地位。可是，在心理治疗中，这几乎是可以触摸到的，你能看到它，感觉到它，能知道责任的分量。于是，就能清楚地理解责任的内涵。

因此，敢于怀疑，并勇于表达出自己的怀疑，这是自我实现的重要的步骤之一，是责任心的体现，而每次承担责任就是一次自我的实现。这应该是一个令人心悦的优美体验。

这里所说的体验是不带自我意识的，选择成长而不是畏惧、听凭于冲动而不加抑制，变成诚实的和勇于承担责任的人。所有这些都是迈向自我实现的步骤，它们确保着美好生活的选择。如果每次选择关头都能做好这些小事，你将会发现这些经验合起来就能达到更好的选择，在素质上对你是正确的选择。你将开始懂得你的命运是什么，选择什么样的妻子或丈夫，你一生的使命是什么。除非一个人敢于倾听自身的自我，而且时刻都如此，并镇静自若地说“不，我不喜欢如此这般”，否则他就不能为自己的一生做出聪明的抉择。

这就是要说老实话，心里怎么想，嘴上就怎么说。要倾听自己的志趣爱好，而不要随波逐流，“入世随俗”。但多数人却不是这样的。当站在画廊里看一幅费解的彩画时，你很少会听见有人说："这幅画很费解。"再如有一个圣诞舞会、放电子音乐、录影带，人们做一些"超现实的"和"颓废派"的事情。突然，灯亮了，那场景使人人目瞪口呆，手足无措。在这种场合，大多数人至多会说几句俏皮话而不会说"我要想想这种事"。或者说："我不喜欢这样的场面。"说老实话，敢于说出自己心中所想说的话则意味着敢于与众不同，宁愿不受欢迎，成为不随波逐流的人。假如咨询家不能告诉来咨询者真相；不论年长或年轻的，要准备自己不受人欢迎，那么，这样的咨询家最好马上卷铺盖走人。要有勇气而不要怕这怕那，这是同一件事的另一种说法。

自我实现是在任何时刻任何程度上实现个人潜能的过程，而绝非一种终极状态。例如，倘若你是一个聪明的人，自我实现就是运用你的聪明才智，通过学习变得更聪明。自我实现可以是努力做好你想要做的事，这并不等于说要做一些远不可及的事，而是说要实现一个人的可能性往往需要经历勤奋的、付出精力的准备阶段，可以是钢琴键盘上的手指锻炼，或者如达·芬奇练习画蛋。只想成为一个二流的专家，那还不是一条通向自我实现的正确途径，你应该要求自己尽可能成为第一流的，或要求竭尽你自己的所能，哪怕是织一件毛衣或一双手套。

高峰体验是自我实现的短暂时刻。这是一种像刘易斯所说的那样"喜出望外"的时刻，是一些令人"心醉神迷"的时刻。

虽然人人都确实产生过高峰体验，但却并不是每一个人都能意识到这些。有些人则可能把这些小的神秘体验丢弃了。咨询家或超咨询家的任务之一，是通过相互的交流帮助人们在这些短暂入迷的时刻到来之时认识到它们。然而，交流，特别是心灵的交流是要凭借一定的外部条件的，一个人的心灵怎么可能在外部没有任何东西可以作为交流手段的情况下，看到另一个人的隐秘心灵，然后还要试着进行交流呢？那就必须找出一种新的交流方式。马斯洛认为这种类型的交流对于教育、咨询，对于帮助成年人竭尽所能地充分发展，也许要比我们看到教师利用黑板书写所进行的那种惯常的交流更为适合。假如我喜爱贝多芬并在倾听他的一曲四重奏中受到感动，而你却无动于衷，我如何能使你去倾听呢？

很明显音乐是客观存在的，但为什么我可以投入地欣赏它，而你却什么也听不出来呢？你听到的仅仅是一些音符而已，我怎么能使你听出美来呢？这是教育中更重要的问题，比教你学 ABC 或在黑板上证明数学题或指点一只蛙的解剖更重要。后面提到的这一类事情对于两个人都是外部的，你有教鞭，两个人能同时看一个目的物。这种类型的教学比较容易，另一种教育要困难得多，但那是咨询家工作的一部分，也就是所谓的超咨询。

帮助求助者弄清并破除那些针对他自己的自我认识的防御机制，恢复并理解自己，这才是好的临床医师所应该做的。

看清楚一个人，要能看清自己是什么样的人，喜欢什么，不喜欢什么，什么对自己有好处，什么对自己有害处，自己正探索什么，以及自己的使命是什么——向自身展示他自己，这意味着自我揭露心理病理，这意味着对防御心理的识别和识别后找到勇气放弃这种防御。这样做当然是痛苦的，因为防御是针对某些不愉快的事树立的；但却是值得的。如果说心理分析文献没有教给我们任何别的东西，至少已使我们懂得压抑并不是解决问题的上策。

自我的无意识面受到压抑，而真实自我的发现就在于揭露这些无意识的方面所隐含的意思，是相信真理能治病。学会破除自己的压抑，理解自己，倾听冲动的声音，揭示胜利的本性，达到真知、灼见和真理——这些就是我们所需要的一切。认真地做到这些，我们就能走向自我实现。

5. 自我的创造

人性、自我、复杂的社会生活以及自然和客观现实，都可以被自我实现者以哲人的态度接受，这自然而然地为他的价值系统提供了坚实基础。在整个日常的个人价值判断中，这些接受价值占很大一个比例。他所赞成或不赞成的，他所反对的或提倡的，他所高兴的或厌恶的，往往可以理解为这种接受的潜在特质的表面衍生物。

自我实现是一种机体系统自我表现和发挥功能的倾向。通过自我实现过程，人达到和谐、完整、自由的主观感受，人可以满意地发挥作用。

自我实现靠天生的成长倾向来推动。在人的存在中，有“指向人格的统一，指向充分的自我表现、充分的个性化和同一性，指向创造，指向美好，指向求知求真而不是浑浑噩噩”的冲动。所有这些自我实现的形式都意味着“良好的价值”……“宁静、善良、勇气”……“真诚、爱、无私和德行”。

自我实现者对待客观世界以及他们自己的实践活动的方式，会产生一个极为重要的后果：在生活的许多方面，冲突、斗争以及选择时的犹豫和矛盾都减弱或消失了。很大程度上他们不接受或不满意传统的道德。在一种异教徒的气氛里，许多问题在他们眼中、心中都好像没有道理，并且淡化了。其实，与其说解决了这些问题，倒不如说把它们看得更清楚了：它们原本绝非一些本质固有的问题，而只是一些“病人制造的”问题，例如，打牌，跳舞，穿短裙，在某教堂里接受祝福或忏悔，喝酒，只吃某些肉类或只在某些日子里吃肉。对于自我实现者而言，不仅这些琐事变得无足轻重，而且整个生活进程在一个更重要的水平上继续发展，例如，两性关系、对身体构造及其功能的态度、对死亡本身的态度等。

人是一个不同于非人自然实体的，具有自我意识，具有超越他的环境和超越他自身能力的统一整体。作为一个个体的人，他同时既包含于特定环境又超越着这种环境。在人身上，事实和价值是一回事。在一个完整的人身上，即使他承受着内心的价值冲突，价值和事实也是统一的。这种冲突和这种矛盾是我们称之为人的这一实体的一部分。荣格曾经说明人格怎样经常用自身的一种倾向来平衡另一种倾向：一个潜意识中非常冲动的人可能会以一种极富理智、极富逻辑的哲学和行为模式来平衡自己人格中的这一方面。

通过更深层次的探求之后，所谓的道德、伦理和价值的许多其他东西会成为一般人心理病态下毫无道理的外体现。一般人被迫在许多冲突、挫折和威胁中作出某种选择，价值就在选择中表现出来；而对于自我实现者，这些冲突、挫折和威胁都消失或者解决了，就像关于一个舞蹈优劣的争论会平息一样。在他们的感觉中，两性表面上不可调和的斗争不再是斗争，而是快乐的协作；成人与儿童的利益其实根本没有那样明显的对抗性。对他们来说，不仅异性间和不同年龄间的不和是如此，其他一些天生的差异等等也是如此。我们知道，这些差异的实际存在是焦虑、惧怕、敌意、进攻性、防御和嫉妒的肥沃的温床。但实际上，它们似乎并非必然如此，因为至少在马斯洛所调查研究的对象中，对差异的反应就很少属于这种不值得追求的类型。

很典型的一个例子就是师生关系。马斯洛的研究对象中也有教师，他们的行为方式非常健康，这是因为他们对这种关系的理解异于常人，他们将它理解为愉快的合作，而不是意志间的冲突，对权威、尊严的威胁。他们以自然的坦率代替了做作的尊严，很显然，坦率很不易受到威胁，而做作的尊严则很容易甚至不可避免地要受到冒犯。他们并不试图做出无所不知、无所不能的样子，也不搞威吓学生的独裁主义，他们并不认为学生间、师生间的关系是竞争关系，他们也不摆出教授的架子，而是保持像木匠、管道工一样普通人的本色。所有这一切创造了一种没有猜疑，没有小心翼翼，不必防范、自卫，没有敌意和担心的课堂气氛。在婚姻关系、家庭关系以及其他人际关系中也同样如此。当威胁减弱了，这些类似的对威胁的反应往往也就消失了。

埃里希·弗洛姆曾批判过我们的经济生活中完全异化了的人。这类人或委身于一种片面性的追求，或委身于自己的一部分。异化意味着没有整合与统一。在技术和商业的冲击下，我们的全部精力都放在商品的生产与消费上，放在金钱、财富和权力上，而人的内心生活却被忽视了。“经济人”是异化了的人的典型。他的行为限于意识的和明智的行为，所有自发的、情感的、非功利主义的行为都受到了压抑，这种人实际上已经被看成仅仅关心金钱的、被金钱主宰的奴隶。他的事实价值（金钱等）可能会很高，可是作为一个“人”，他已失去了真正的自由。

此外，在社会生活中原则和价值观的许多方面，悲观绝望的人和健康乐观的人都是不一样的。对于自然界、社会、以及自己隐蔽的心理世界的感知和理解，他们都有着深刻的区别，这种感知和理解的组织和系统在一定程度上决定了该人的价值系统。对于基本需要满足匮乏的人来说，周围世界充满危险，既像是生活在莽林中，又如同生活在敌国领土上，在当中既有他可以支配的人，也有可以控制他支配他的人，就像任何贫民区居民的价值体系那样，不可避免地受低级需要的支配和组织。基本需要得到满足的人就不可能这样了，由于基本需要的充分满足，他能够把这些需要满足看得无所谓，并全力以赴地追求更高级的满足。这就是说，两者的价值体系不同，满足的需要也必然不同。在已经自我实现了的人的价值系统中，其最高点是绝对独一无二的，它是个人独特的性格结构的体系。因为自我实现就是实现一个自我，决不会有两个自我是完全相同的，只有一个雷诺尔，一个布拉姆斯，一个斯宾诺莎。尽管他们有很多共同之处，但同时个人化的程度却又更高，他们更加鲜明地成为他们自己，他们也不那么容易彼此互相混淆，也就是说，他们之间既有相似之处但又迥然不同。他们同迄今描述过的任何一类人相比，都有着更加彻底的个人化，同时又有着更加完全的社会，有着对人类的更深刻的认同。

6. 存在的价值

有自我实现功能的人，还有颖悟、接受、自我超越、认知的新鲜、更多的高峰体验、社会情感、存在爱、非力争、存在尊重、自我实现的创造性等特征。

大多数人都有这种情况，虽然说他们的偏爱、需要很浅弱。假如有相当好的环境条件和相当好的选择者，作为自我实现的人的偏爱、选择、迫切需要、价值，都见于他们自身，见于他人，见于外界中，但要有非常好的环境条件和非常好的选择者条件。任何存在价值偏爱可能性的增大都有赖于选择者心理健康的增进、环境的合作和选择的力量、勇气、活力、自信等等的增强。

学校、家庭等等的良好外部条件可能被认定是引向心理健康或存在价值的有利因素，优秀的教师有引导学生向存在价值靠近的责任，灌输一些能增进儿童的整合作用的如诚实、美、德行等内容。这是毋庸置疑的。

事情往往是，有相当一部分人在外界各种艰难困苦的条件下抛弃了存在价值，这些不利的条件包括集中营、监狱、饥饿、瘟疫、恐怖、周围的敌意、被遗弃、无依托，从而造成价值系统的广泛崩溃、价值系统的不存在、无希望，等等。但为什么仍会有少数人在这些完全同样的“恶劣”条件下能趋向存在价值，现在还弄不清楚这个问题。但两种趋向的运动都是可以验证的。

“良好的条件”等同于“协同”。本尼迪克特就这样认为：“社会体制的条件能使自私和不自私相结合，对立矛盾能得到妥善安排，使我们追求‘自私的’满足时会自动地帮助他人，而当我们试图利他时也能自动地奖赏和满足我自己，即自私和利他之间的两极对立已经解决并被超越。”

这里，“社会体制”就是能否实现存在价值的外部条件。假设，好社会的含义就是美德能得到流行的社会，那么，越充分，存在价值的体现就越明显。在良好的条件下，有德行的事业家在财政上是更成功的，有成就的人会受人爱戴而不是仇视，忌恨或惧怕。不好的社会条件或环境条件是使我们的个人利益相互敌对或相互排斥而彼此拆台的条件，或使个人满足（匮乏性需要）供应短缺，以至于不是所有人都能满足需要，除非以危害他人为代价。

人在不那么合意的工作中最珍视安全和有保障，而在最合意的工作中则往往最珍视自我实现的可能性。这是良好环境条件的一个特例。

“良好社会”这一环境条件所蕴含的另一个意义是看它能否满足所有社会成员的不同要求，提供自我实现和人性完成的可能性到怎样的程度。与不好的社会相对照，“良好的社会”提倡珍视、争取、促进和存在价值的实现。

7. 自我实现者及其超越

① 机制与途径

为了使人们能在增进他人的自我实现过程中成为更优秀的教育者、帮助者或治疗者，为了使人们能在完满实现自身人性的过程中更自觉、有效地发挥作用，马斯洛认为尚有必要进一步弄清：自我实现究竟是怎样发生的？有哪些因素制约了自我实现的进程？促进自我实现的机制、途径是什么？

通过对婴儿或儿童行为的观察，马斯洛指出，自我实现和成长对婴儿或儿童来说只能是一种长远的目标。健康成长的婴儿和儿童并不懂得为长远目标或遥远未来而生活，而只是自发的为眼前而生活。他们从内部产生的、反映他们自己内部存在的自我性出发，好奇地、兴致勃勃地深入环境，并且表现着他们所具有的任何技能和能力。他们伸手动脚，专心地、迷恋地、兴致勃勃地玩弄和操纵各种东西。想了解他们，只有当他们享受够了，觉得厌烦了、腻味了的时候，他们才迅速地转移到别的、或许是“更高层的”乐事上去。正是在这一时候，正是“当再前进一步的感受和我们所熟悉的、甚至已厌烦的以前的满足相比，在主观上是更高兴、更喜爱、内心更满意时，成长就发生了。”由此可见，自我实现和成长首先是经由快乐而发生的。如果选择是真正自由的，健康的婴儿或儿童会自发地选择有益成长的方向。

但是我们还应该看到，儿童自我实现或成长的过程并不是一帆风顺的，有很多因素或力量会阻碍儿童的成长。这些因素或力量包括：没有得到满足的匮乏性需要的固着力和倒退力，安全和安全感的诱惑力，对痛苦、焦虑、损失和威胁产生的防御，对成长的畏惧等等。这是一种使人趋向安全、倒退的力量。它比成长的倾向更占优势。这就意味着在放弃安全或放弃成长这二者的决策中，安全通常会获得胜利。因此，儿童的成长必须先满足安全需要，只有感到安全的儿童才敢于健康地成长。

观察儿童的实际成长过程，可能会使我们对上述认识有更深刻、更清楚的理解。通过观察，我们不难发现，儿童的成长一般是以很小的步伐向前迈进的，而且每前进一步可能都是在他感觉到安全以后，在他感觉到正在从一个安全的基地进入未知世界，感觉到可以冒险，一旦觉得不安全后退到安全基地是完全可能的之后。一岁左右蹒跚学步的婴儿在脱离母亲的怀抱进入陌生环境时的情况就是这样。他们起初是在守住母亲的情况下用眼睛探索屋子，然后才敢于离开母亲一点点，在母亲仍能保护他们免遭危险因而也是使他们放心的情况下，迈出那第一步，再往后离开母亲的距离才愈来愈大。但如果母亲突然放手不管，他们就将陷入焦虑畏惧，中止对世界的探索，渴望恢复安全，甚至可能丧失已经获得的那一点点能力，比如，以爬行来代替走动。

在对婴儿与儿童的行为进行观察与分析的基础上，马斯洛总结道，我们每一个人的深层本性中都蕴含着两种力量：一是由于畏惧而使人坚持安全和防御，倾向于倒退，紧紧依附于过去，害怕失去已有的东西，害怕独立、自主和分离，害怕承担成长的风险；另一种力量则推动人向前进步成长，建立自我的完整性和独特性，充分发挥他的一切能力，树立面对世界的信心、勇气，并认可他最深邃的、真实的、无意识的自我。这两种力量对人的牵引可以用下列图式来表示“安全←人→成长”。

由此，我们可以看出促进成长或自我实现的机制在于：

（1）增加向成长方向的向量（动力），使成长具有吸引力和更乐于出现。

（2）充分缩减成长畏惧。

（3）充分缩减向安全方向的向量（动力），即使它减少吸引力。

（4）充分增加对安全、防御、病态和倒退的厌弃。

换句话说，自我实现或健康成长的过程乃是永无止境的自由选择情境的系列。每个个体一生的每一时刻都将面临这种情境。在这种情境下，他必须在安全与成长、从属与独立、倒退与前进、不成熟与成熟这两类乐事或焦虑之间进行选择。当成长的快乐和安全的焦虑比成长的焦虑和安全的快乐更大的时候，个体就向前进，就成长了。

这里有一个重要的问题，就是如何发挥环境特别是教育、心理治疗在儿童健康成长过程中的作用问题。马斯洛认为，蕴含于人性潜能中的成长倾向，从根本上说乃是儿童人性成长的“种子”；儿童对深层的人性潜能的觉知以及在此基础上所作出的恰当选择，就是儿童成长的契机或主要途径；而环境，包括教育与心理治疗等，则只是儿童成长的阳光、空气、食物和水，也就是外在的条件，并不能创造、强迫或决定儿童的成长。但在强大的环境势力面前，蕴含在人性潜能中的成长倾向毕竟是脆弱的。环境既能帮助、促进人性潜能的健康成长，也能掩盖人性潜能的微弱呼声，使儿童不能觉知它们而做出倒退的或者是偏离人性健康发展的选择。家长、教师、心理治疗专家自然应尽量发挥对儿童成长的促进作用，而努力消除其对儿童成长的阻碍力。如何做到这一点，马斯洛强调，由于只有儿童才能知晓自己的主观感受并据此判断什么事物对自己是合适的，什么样的选择比其他任何选择都好；也由于只有儿童自己才能真正了解什么时候向前召唤的力量超过了向后召唤的力量，因而也有了足够的勇气选择向前迈进一步，所以教育心理治疗发挥作用的先决条件应是“顺其自然”，允许儿童自由地选择安全与成长。他写道：“人，甚至儿童，最终必须自己为自己进行选择。别人不能经常为他选择，因为如果经常这样做会削弱他的自信心，并会使他对于自己经验中的内在快乐，对于自己的冲动、判断和情感的觉察能力发生混乱，也会使他对于什么是自身内在的东西和什么是他人准则的内化不能区分了。”

但允许儿童自由的选择，并不意味着父母、教师、治疗专家可以放弃作为帮助者、引导者所应尽的责任。马斯洛看到，现实生活中，婴儿和儿童常常不能有效地运用其根据自己的快乐体验而进行合理选择的能力。当儿童自己的快乐体验（信赖他自己）与别人的看法（来自别人的爱、关心、赞成或赞扬、奖励等，信赖别人）发生冲突时，他们一般会选择别人的看法，然后，通过压抑或让它消失的方法来控制自己的快乐，或依靠意志力不去注意它，以至于到最后产生了对别人的依赖性，完全丧失了根据自己的快乐进行选择的能力（也就是相信自己的能力），而陷入由于固执、僵硬防御和切断一切成长可能性所造成的不能自拔的困境。正是在这样的境况下，父母、教师、治疗专家等外部环境的重要作用就表现出来了：一是环境能满足儿童对安全、从属、爱、尊重等的基本需要，从而使他觉得是无威胁的、自主的、感兴趣的、自发的，并进而敢于选择未知的事物；二是环境可以帮助儿童做出确实有吸引力和没有威胁的成长选择，在较少吸引力和代价更高时，则帮助他做出倒退选择。

总之，“有帮助的任其自然”，是父母、教师、治疗专家在儿童成长的过程中应持的正确态度。从本质上说，这是一种热爱的和尊重的道教观，这些观点不仅清楚地认识到成长和使成长在正确方向上运动，而且也清楚地承认并尊重对成长的畏惧、成长的速度缓慢、受阻滞、病态以及不能成长的原因。它还清楚地认识到外界环境在成长中所居的地位、必要性和有益性，然而又不要控制成长。由于了解了成长的机制，它为内部成长提供手段，心甘情愿地帮助它，不仅对它抱有希望，而且也持积极乐观的态度。

既然自我实现的趋向是天赋的，为什么不是每个成年人都能达到自我实现，而仅仅只有我们所估计的百分之一左右人能达到呢？根据自我实现的上述原理，马斯洛进一步回答了存留于人们心中的这个重要的疑问，马斯洛的解释是：

（1）自我实现的需要在需要的层次系统中处于最高点，其产生与发展有赖于其他低阶层需要的满足。而且，和其他需要相比，自我实现的需要又是最脆弱的，因而极易受到压抑和阻碍。

（2）西方文化向来即把本能看成是邪恶的、动物性的，有惧怕本能的传统，因而强调对它的压制、抵抗。这种文化传统会体现到人的行为规范中去。个体一旦接受这些规范，就会压抑其脆弱的自我实现的潜能。例如，按照西方化传统来界定“男子气概”，总是倾向于阻止男孩发展那些诸如同情、善良、亲切、温柔等缺乏“丈夫气”的特征，而这些特征恰恰是自我实现者所应具备的。

（3）大多数人缺乏自我实现所需要的外部条件。例如，在童年期，个体就生活在没有或缺乏温暖、安全和友好气氛的家庭中；进入社会后，社会又未能给其提供言论自由，以及提供在不损害他人前提下可以做自己想做的一切事情的自由，探究的自由，保护自己的自由，遵守秩序、公正、公平和诚实的自由；个人不能承担富有挑战性的工作等等。

（4）受到“约拿情结”（Jonah complex）的影响。约拿是《圣经》中的人物，他逃避职责，不去传道，被鲸鱼吞入腹中三天三夜。在鲸鱼腹中他向神呼救、许愿，神便命鲸鱼将它吐了出来。马斯洛借用这一典故来说明在人身上存在的对成长的一种防御，即“对自身杰出的畏惧”，或“逃避自己的命运”，或“躲开自己的最佳天才”。大多数人都不能摆脱“约拿情结”的影响，“我们许多人都在逃避我们体质上揭示的关于（事业、命运、生命的任务使命等天职）。”我们常常逃避责任，那是自然、命运、有时甚至是偶然事件命令的，正如约拿徒劳地力图逃避他的命运一样；“我们害怕我们最高的可能性。我们一般都怕变成我们在最完美的时刻，在最完善的条件下，以最大的勇气所能设想的样子。”一句话，“约拿情结”使大多数人不能认清自己的命运和天性，失去了成长的勇气，不敢承担自己应尽的职责，因而严重地妨碍了自我实现。达到自我实现的那一少部分人则是摆脱了约拿情结影响的佼佼者。

1967年，马斯洛发表了《自我实现及其超越》一文，对上述自我实现的原理进行了一定程度的扩展和补充。在那篇文章中，他根据对自我实现者行动步骤的考察，提出了趋向自我实现的八条具体途径：

（1）自我实现意味着充分地、活跃地、无我地体验生活，全身心地献身于某一件事而忘怀一切；意味着较少自我意识而进入到完完全全成为一个人的境界。因此，个体应经常全身心地专注于某一件事情、某一项使命，彻底忘记自己的伪装、拘谨和畏缩，真正进入到“无我”的境界。

（2）面临前进与倒退、成长与安全之间的选择时，要选择成长而不是选择防御，力争使每一次选择都成为成长的选择而不选择倒退。

（3）“要倾听自己生命内在冲动的呼唤。”就是让自己的天性、潜能自发地显现出来，使之成为行动的最高法规；而不是倾听父母的教训，以及教会的、长老的或权威的、传统的声音。例如，品尝酒味，要相信自己的主观感觉，自己用舌头去品尝，而不是看酒瓶上的商标，受外界的干扰。

（4）当有怀疑时，要大胆地诚实地说出自己的怀疑而不要隐瞒。在许多问题上都应能反躬自问。因为这意味着承担责任，意味着对责任多了一份理解。而每次勇敢地承担责任都是一次自我的实现。

（5）在每次选择到来的时刻都能将上述四点融合起来——做到做好有关的小事，从而做出在素质上对自己的健康发展有利的正确的选择。要凭自己兴趣、爱好行动。敢于与众不同，要有勇气不畏首畏尾，懂得自己的命运、使命，并据此来采取正确的行动。

（6）自我实现不是一种结局状态，而是在任何时刻在任何程度上实现个人潜能的一个过程。这意味着实现一个真正的人的可能性往往需要经历勤奋、付出精力的准备阶段。要懂得，自我实现可以是钢琴键盘上的手指锻炼，也可以是去努力做好自己想要做的任何事情。因此，应要求竭尽自己所能，力求使自己成为第一流的。

(7) 高峰体验是自我实现的短暂时刻。每个人在生活中都可能碰到这样的时刻，应努力设置条件让高峰体验更有可能出现，从而更清楚地认识自己、发现自己、实现自己。

(8) 要识别哪些是自己的防御心理，并有勇气放弃这种防御。要竭力摆脱约拿情结的影响，敢于接受自己的命运、职责，承认自己的内在潜能。要放弃“去圣化”的防御机制并学会再圣化。例如，不再像现在的某些青少年那样将性看得那么无所谓，弄得那么自然。应从永恒、神圣的意义上去对待性，真正发现它所蕴含的诗意、美感。

总之，自我实现不是发生在某一伟大时刻的问题。并不像《圣经》所说的，在星期四下午四时，当号角吹响的时刻，你就永远地、完完全全地步入神殿了。自我实现是一种“存在”，是每一个人都有可能达到的长远目标，但同时，它也是一种“形成”，是一个程度问题，还有一个时间问题。它是由许许多多微小的进展一点一滴逐步累积起来的。“千里之行始于足下”，这一道理同样适用于我们每个人的成长过程。

哲人咖啡厅

② 人格特征

如同界定自我实现的概念一样，马斯洛对自我实现者的人格特征的研究也经历了一个较长的发展过程。

研究中，马斯洛发现，自我实现者与普通人有着显著的不同，他们一般都具有以下几方面积极的人格特征：

（1）敏锐的洞察力：能准确客观地洞察现实，并与之形成更加融洽协调的关系。自我实现者一般都具有较优秀的鉴赏力或判断力。他们能较好地辨别人格中的真伪，具有大体正确和有效地识别他人的超常能力。在艺术、音乐、智力、科学、政治和公共事务等方面，他们似乎能比其他人更敏捷更正确地看清被隐蔽和混淆的现实。他们的感知不会被特别的需要或防御所歪曲。也就是说，他们的认知是由存在性认知所决定，而不是由匮乏性认知决定。他们能坦然地接受现实，接受未知的、新奇的事物，并容易为之吸引，与之关系融洽。他们能在杂乱、不整洁、混乱、散漫、怀疑、不肯定、不明确或者不精确的状态中感到惬意，把它们看成一种生活的高境界而不是低境界。

（2）认可自己与他人：对自己、他人及整个自然表现出更大的认可。自我实现者相对地不受那些令人难以抬头的罪恶感、使人严重自卑的羞耻心或者极为强烈的烦躁焦虑等影响。对于自己与他人不可避免的优点和缺点，他们能将之看做理所当然而不怨天尤人。他们尊重每一个人都拥有的成为其“真我”的权利。即使知晓自己有某些缺点，也仍能接受他基本的自我，不会因之产生不必要的罪恶感和自卑感。他们能准确地了解自己的生物本性，并欣然接受自己人性的本质。对自己的如性欲、饮食、排泄等生物性需求及爱、自尊等较高阶层的需求，都能表现出认可的态度。他们接受随成长而发生的生理变化（如衰老、死亡），不会念念不忘往昔的欢乐，也不墨守旧有的做事模式，但对于妨碍人格发展的缺点如懒惰、无思想、嫉妒和偏见等十分敏感。如果发现自己有这一类缺点而又有可能改进的话，他们总是引以为耻地力求改正。

（3）坦率、自然、自发性：自我实现者的一切思想言行都比较自然、坦率和纯真，发自他们的自然本性。他们喜欢真实地表现自己的感情，表述和体验他们真实的感觉，而不会矫揉造作，也从不落俗套。对他们的行为最有影响力的不是社会常规，而是经过慎思明辨以后的一些基本准则。他们不故意违反社会常规，即使有时表现出不遵从的行为，也并不是为了反抗权威，而是自己的观点与思想指引自己如此做。

（4）以问题为中心：自我实现者一般都不以自我为中心，而强烈地把注意力集中在他们自身以外的问题上。他们自身一般都不存在什么问题，他们一般不太关心他们自己。他们热爱自己的事业，他们通常有一些人生使命和有待完成的任务，这些任务、使命不一定是他们喜欢的或他们自己选择的，而可能是他们感到职责义务或责任使他们必须做的工作。他们能献身于事业，不是追求金钱、名望和权势地位。

（5）超然独立，有独处的需要：自我实现的人一般不害怕孤独，有时甚至主动追寻清静和独处。当然他们并不回避与人接触，但从不依赖他人。他们能自我决定、自我管理，能成为一个主动负责、自治自决的自由个体。他们的思想和行动都是自我导向的，不容易为他人所主宰支配。这些特点可能使他们在社会生活中招来一定的麻烦和难题。一般人可能认为他们不友善、冷漠、势利，缺乏感情，甚至怀有敌意。其实，这并非他们的本意。他们并不刻意地想避开他人，只是不那么强烈地需要他人。

（6）能自立、自制，超越文化和环境的约束：激励自我实现者的是成长性动机而不是匮乏性动机。因而，不像匮乏性动机的满足主要依赖于外部世界，依赖于他人、文化或达到目的的手段，自我实现者的发展和持续成长，依赖的是自己的潜力以及潜在的资源——在自然条件和社会环境面前表现出相对的独立性。面对那些能毁伤不健康的人的不幸境遇、打击、剥夺、挫折等，他们却能处之泰然，表现出较强的自制力。

（7）高级的审美情趣：自我实现者具有奇妙的反复欣赏能力，能以新奇的眼光欣赏生活中的许多事物和经验。他们常能带着敬畏、兴奋、好奇，甚至狂喜的心情，精神饱满地、天真无邪地体验对于其他人或许已经变得陈旧了的人生的各种乐趣。在他们眼中，每一次日出日落都像第一次看见那样美妙，每一朵鲜花嫩蕊都温馨馥郁，第一千个婴儿也仍然如同所见到的第一个婴儿那样令人惊叹，结婚数年后仍如新婚那样兴奋那样热恋不已。总之他们能从基本的日常生活经验中得到巨大的鼓舞并心醉神迷。对已经拥有的幸福和恩赐，他们时时铭记于心，心怀感激，表现出较高的生活素质。

（8）较常经历神秘体验或高峰体验：很多自我实现者都描述过他们常经历一种被人们称之为“神秘体验”的个人体

验。“在这些神秘体验中都有视野无垠的感觉，从未有过的有力但同时更孤立无助的感觉，巨大的狂喜、惊奇、敬畏，以及失去时空感的感觉。这最终使人确信，某些极为重要极有价值的事情发生了，在某种程度上，感受主体结果被改变了、增强了。”“强烈的神秘体验是一些极大增强的、有着自我的丧失或自我的超越的体验。例如，正像潘乃德所描述的：以问题为中心，高度的集中、献身行为、强烈的感官体验、对音乐和艺术忘我的热切的欣赏。”这种神秘体验，马斯洛称之为高峰体验。他认为，高峰体验虽不是为自我实现者所独有，但只有自我实现者能充分地感受它们，因为他们不会感觉高峰体验将造成对自己的威胁，因而无须设法对其进行阻止或防御。自我实现者经历高峰体验的频率也比一般人多得多，其强度也大得多。

（9）深切的社会感情：自我实现者对人类怀有一种很深的认同、同情和爱的感情，对他人的关心，不只局限于他们的朋友和家庭，而是涵盖了全世界一切文化背景下的所有人。他们思想开阔，具有帮助全人类的真正愿望。尽管很少有人真正地理解他们的思想、行动、情感与行为，尽管有时他们与其他人之间在思想境界上有很大的差距，偶尔也对人表现出气愤、不耐烦或厌恶，但自我实现者总是感到与其他人有一种最根本的亲缘关系，总能以一种老大哥式的态度帮助其他人。

（10）具有深厚的人际关系：自我实现者比一般人具有更深刻和深厚的人际关系，更多的融洽，更崇高的爱，更完美的认同，以及更多的摆脱自我限制的能力。他们的人际关系往往建立在共同的价值观念的基础上，比一般人更健康。虽然，由于交往需要时间（他们却正好缺少空闲时间），忠诚也非一时所能体现的事情，他们的朋友圈子往往很小，他们深爱的人在数量上也可能是很少的，但这种专一的排他主义并不妨碍他们对整个人类的深厚感情。他们也可能有时产生对他人的敌对反应，但敌意的基础并不是出自性格，而是反应性的或情境性的。他们至少吸引了一批崇拜者，甚至信徒，然而当被迫建立这种关系时，他们的态度往往是和蔼的，令人愉快的。在一般情况下，他们都尽可能有礼貌地回避那些钦佩者。

（11）具有民主的性格特征：自我实现者一般具有民主的思想倾向。他们不以种族、地位、宗教为基点来待人处事，能对任何性格相投的人表示友好，完全无视该人的阶级背景、教育程度、政治信仰、种族和肤色等等。只要是一个人，他们总能给他一定程度的尊重，即使对于恶棍，他们似乎也不愿超越某种最低限度去降低、贬损或污辱其人格。自然，他们也具有强烈的是非观、善恶感。他们的民主感情也更为深厚。他们觉得，不管一个人有什么其他特点或缺点，只要某一方面比自己有所长，就应该向他表示尊重，并积极地向他学习。

（12）能分辨善与恶、手段与目的：自我实现者的道德力量很强，他们都有明确的道德标准，能明辨是非善恶，只做自己认为正确的事情。他们的行为总能表现出手段与目的泾渭分明的界限。他们一般致力于目的，而手段只是从属于目的。他们对目的的理解也与常人有很大不同，他们常将对其他人说来只作为手段的经历和活动看成是目的本身。他们较常人更有可能纯粹地欣赏一个“做”，字；常常既能享受“到达”的乐趣，还能够欣赏“前往”过程的愉快。有时还有可能将最为平常的机械活动变成一场具有内在欢乐的游戏、舞蹈或戏剧。

（13）具有富含哲理的、善意的幽默感：自我实现者的幽默感不同于一般类型。对一般人感到滑稽的事，他们并不感觉如此，因此不会流露出在伤害他人感情或猥亵淫秽的事情上寻找幽默的倾向。他们的幽默是真正的人的幽默，就是说，其幽默常常是更紧密地与哲理而不是与其他东西相联系。其内容主要是笼统地取笑人类的愚蠢，取笑那些忘记自己在宇宙中的位置，或者妄自尊大的人。有时也以自嘲的形式出现，但这种自嘲不会把自己表现得像受虐狂或小丑那样猥琐。自我实现者的幽默常具有很强的感染力。林肯的幽默即是范例，他的绝大部分玩笑都有某种意义，类似寓言，远不止仅仅引人发笑而已。

（14）富有创造力：所有自我实现者都在这方面或那方面显示出具有某些独到之处的创造力。但这种创造力与莫扎特型的特殊天赋的创造力不同，而似乎与未失童真的孩子们的天真的、普遍的创造力一脉相承。这种创造力是普遍人性的一个特点，即所有人都具有的一种与生俱来的潜力。大多数人在社会适应的过程中逐渐丧失了它。自我实现者则由于他们对经验更开放，感情更自然且受到存在性价值的激励，保持了这种以新鲜、纯粹、率直的眼光看待生活、看待世界的能力，更容易看到真实的、本质的东西。这种特殊类型的创造力作为健康人格的一种显现，仿佛是映在世界上的投影，或者，仿佛为这个健康的人所从事的一切工作都涂上了一层色彩。

（15）对文化适应的抵制：自我实现者能在多种方面与文化和睦相处，但他们不随波逐流，不墨守成规，他们是注重内心体验的人，全都在某种深刻的、意味深长的意义上抵制文化适应，并在某种程度上内在地超脱包围他们的文化。如果文化规范与他们个人的价值观念相悖，他们就根本不理会这种文化，更不会信奉这种文化。

（16）能超越各种二元式的对立而达到一种整合的状态：在自我实现者眼中，那种一般人看来是截然相反、截然对立或截然二分的东西在世上并不存在。在他们看来，这些二分已经解决，对立已经消失。很多过去看上去是不可调和的东西可以合并和结合为统一体。在他们身上，欲望和理性相互吻合，天衣无缝。自私与无私的二分也消失得无影无踪。高层需要与低层需要的满足不是处于对立而是趋向一致。一些古老的对立如仁慈与冷酷、具体与抽象、接受与反抗、神秘与现实、男性化与女性化等，都倾向于相互协调。整个的人格获得了高度的统一，进入到一种成熟的状态。

以上就是马斯洛对自我实现者人格的积极特征作出的描述。在此以后，马斯洛还专门对自我实现者的爱情特点进行了考察。在他看来，爱情问题是正统心理科学始终保持沉默的问题，也是正统的心理科学技术毫无用武之地的方面。但心理学不能也不该回避这一问题的研究。因为，“我们必须理解爱情；我们必须能够传授它、创造它、预知它，否则世界就会迷失在敌对与怀疑之中。”自我实现者是人类的“优良样品”，对他们的爱情特点的研究，无疑能教给我们一些恰当的、健康的关于爱与性的宝贵观念与认识。

马斯洛发现，上述自我实现者的积极的人格特征同样表现在他们的爱情中。具体说来，自我实现者在爱情上一般表现出以下特点：

（1）自我实现者在与所爱的人相处时，表现得很坦诚、自然、自在，甚少自我防卫。他们觉得心理上和生理上都可以也应该赤裸裸地表现出真正的自己，无需对伴侣掩藏自己的瑕疵、缺点或生理上的任何缺陷。而他们这样做，一般都能得到对方深刻的理解与由衷的接受。那种认为两性之间具有内在的敌对倾向的古老理论所假定的一些倾向：如对异性的无端猜疑，与自己的同性联合起来反对异性等，在他们身上没有丝毫显现。

（2）自我实现者爱着他人，同时也被他人所爱。他们有着爱的力量和被爱的魅力。他们懂得如何去爱，并且能够爱得自由自在，决不会卷入到纷争、威胁或抑制中去。

（3）在自我实现者的爱情生活中，性活动具有特殊而复杂的性质。性与爱在绝大多数情况下都能完美地融合一起，性快感也达到了最强烈、最令人心醉神迷的完美。对他们而言，性欲高潮有时重要，有时又显得不那么重要。它经常是一种深刻的、几乎神秘的体验。倘若有时候性欲没有得到满足，自我实现者也能够容忍。他们接受生命的事实，包括性的需求，无须追寻婚外的性行为。对两性的作用和人格，他们并不进行截然划分。不管在性行为中还是在爱情生活中，他们都不认为女性是被动的，男性是主动的。两极对立得到了很好的解决，个人变得既是主动的又是被动的，既是自私的又是无私的，既具有男子气又具有女人味，既以自我为中心又隐没、逃避自我。

（4）在自我实现者的爱情关系中，双方基本需要的诸多阶层已融合为一个单一的阶层。双方为某种心理目的变成了一个单一的自我。结果是双方互相关心、照顾，担负起对方的责任。同时，他也感到自己的需要在某种程度上似乎也属于另一个人，从而使自我得到扩大，同时囊括了两个人。

（5）对于自我实现者来说，爱情是一种享受和乐事。自我实现者的爱情中充满了嬉戏、娱乐，因而感觉愉快、兴高采烈、充满幸福感。

（6）自我实现者在其爱情关系中能接受对方的独特的个性，尊敬对方和肯定对方，希望对方成长。他们对其配偶的成就感到由衷的自豪，丝毫不存嫉妒之心。

（7）自我实现者不是为了获得爱情的良好效果才彼此相爱，而是源于自发的钦慕，就像我们在被一幅优秀的绘画作品打动时所经历的那种一无所求的敬畏和惊喜，是受到对方的吸引而不是受到驱动。他们的爱情是作为终极检验而不是手段体验存在的，其本身就是一种报偿，因而无需他求。他们爱另一个人是为了寻求最高的个体和人种的本质的完成和实现。也就是说，他们爱，是因为他们是爱他人的人。他们的爱情中几乎没有费劲、紧张和努力。用哲学语言来说，他们的爱情既是存在，又是生存。

（8）在自我实现者的爱情关系中，我们可以看到爱和既尊重他人又极其自爱两者的融合。他们既互相需要、极其亲近，又十分容易分开。他们从对方那里获得极大的乐趣，但又极其洒脱达观，愿意接受长期的分离或死亡。经过最强烈、最令人心醉的爱情生活，他们仍旧能保持着原来的自我，仍然能主宰自己，以自己的标准来生活。利己与利他、加强个性与超越个性、爱己与爱人等二元对立在他们身上并行不悖。

（9）自我实现者无与伦比的感受力、对现实的深刻的洞察力也表现在他们的爱情关系中。他们对性爱伴侣有一种极好的趣味（或感受力），更容易与性爱伴侣结成亲密的朋友关系。他们并非无所不知，但在爱情中也绝不盲目、高估他们的伴侣。有资料表明，在爱情中他们的感受要比不在爱情中更加有效、更加敏锐。他们不因差异和陌生而感受到威胁。他们真诚地钦佩在伴侣身上发现的自己所不具备的技艺和才能，但很少为漂亮、好看等外表特征所吸引。他们讲究彼此适合，互相体贴入微，讲究善良、彬彬有礼和良好的伙伴关系。他们根据冷静的、理智的、不偏不倚的考虑而直觉地、性爱地、冲动地被适合他们的人所吸引。他们的意愿与判断彼此吻合、互相协调。

总之，自我实现者在人格、在爱情关系中表现出诸多常人所不具备的积极特点，这一事实表明人性是积极而健康的，人类的前途是光明美好的。同时，它还告诫我们，在我们身上，还有许多我们未曾想象过的成长潜能，努力实现这些潜能，才是我们最合乎人性的价值选择。值得注意的是，自我实现者也会表现出许多的小缺点。例如，他们也会有愚蠢的、挥霍的或粗心的情况，也照样有误发脾气、顽固执拗或令人厌烦的时刻。他们常以坚强、冷静的方式来思想、行动，因而有时甚至会给人一种冷酷无情的印象。他们偶尔也有心理上的困扰，如罪恶感、焦虑、悲伤、自我怀疑等。这些缺点的存在，再次印证了“金无足赤，人无完人”这一道理：这就告诫我们，应该放弃不切实际的完美主义，放弃对于人性的一切不切实际的幻想。

③ 生活哲学

对自我实现的人，马斯洛认为按其程度可分为两类：一种人是明显健康的，但很少或没有超越体验；另一种人，超越体验在他们那里很重要，甚至具有核心的意义。作为前一种健康型的自我实现者，典型的人物可以举出罗斯福夫人，或许还有杜鲁门和艾森豪威尔。作为后一种超越型自我实现者的典型，有阿尔杜斯·赫胥黎，或许还有施魏策尔、布伯和爱因斯坦。

但对于超越体验，马斯洛又发现：不仅自我实现者能超越，而且不健康的人、非自我实现者也有重要的超越体验。他认为：不仅在自我实现的人中有对超越的认识，而且在有很高创造力或才华的人中，在很聪明的人中，在非常坚强的人中，在强有力而负责任的领导者和管理者中，在特别善良（有德性）的人中，在那些曾克服逆境并由此变得更坚强而不是更衰弱的“英雄”人物中，也有这样的认识。

超越型自我实现者是马斯洛所说的“高峰人物”而不是“非高峰人物”，是“说 yes 的人”而不是“说 no 的人”，是对生活采取积极态度而不是消极态度的人，是渴望生活而不是厌倦生活的人。

这一类的超越者更经常地意识到存在认知，他们生活在存在水平也就是目的水平，内在价值水平；他们更明显地受超越性动机支配，他们或多或少能经常有统一的意识和“高原体验”；有或曾经有过那种神秘的、神圣的、极度欢乐的、让人心醉神迷的高峰体验，并随带着启示或认识或卓识，能改变他们对世界对自身的看法。这一切对他们来说，也许是偶然的，也许是经常性的。

健康型的自我实现者主要是更实际、更现实、更入世、更能干和更超凡脱俗的人，他们更多地生活在现实的世界，生活在马斯洛简称为“匮乏的王国”，生活在匮乏需要和匮乏性认知的世界。这种世界观主宰下的人，主要是以一种实际的、具体的、现实的、实用的方式来看待人或物，把客观世界中的人或物当做匮乏需要供应者或阻挠者对待，或作为有用或无用、有帮助或危险、对个人重要或不重要来对待。

这里所说的“有用”既指“对生存有用”，又有“从基本匮乏性需要向自我实现和自由的高度成长”的含义。更具体地说，它代表一种生活方式和一种世界观，不仅由基本需要的系列所引起，而且也来自个人特有的潜能发挥的需要。前一种需要包括单纯的躯体生存需要，安全和保障需要，归属、友谊和爱的需要，敬重和尊严需要，自尊和价值的追求需要；后一种需要则为同一性、真实自我、个体特性、独特性、自我实现等需要。换个方式来说，它所涉及的不只是一个人的人类共性，还有一个人自己的特有潜能的实现。这样的人生活在世界上，并在世界上达到自身的完善。他们能有效地把握环境，引导环境，并最终利用环境达到有益的目的，例如健康的政治家或实务家的所作所为。这些人往往是“实干家”，而不是沉思者或冥想家；他们是有效率、重实际的，而不是审美的；他们重现实检验和认知，而不是重视情感和体验。

这些，就是两种不同程度的自我实现者的生活哲学。

可以公平地说，“仅仅健康的”自我实现者从总体上看能实现罗格利克Y理论的期待。但关于超越型自我实现的人，我们必须说，他们不仅已经实现而且已经超越或超过Y理论，他们生活在一种被马斯洛称之为Z理论的水平上。而且，由于它和X、Y两种理论同处于一个连续的系统中，三者可以形成一种整合的层次。

自我实现者不仅都在行为中表现出相对的自发性，在内在的生活、思想、冲动等方面更有自发性。他们行为的特征是坦率、自然，很少做作或故意的掩饰。但是，这并不意味着他们一贯不遵从习俗，甚至是反抗习俗的。事实上，自我实现者不遵从惯例的次数的记录并不高。他们对惯例的叛逆不是表面的，而是根本的或内在的。他们独特的破旧立新以及自发性和自然性都是出于他们的冲动、思想和意识。由于深知周围的人在这一点上不可能理解或者接受他们，也由于他们无意伤害他人或为某件琐事与别人大动干戈，因此一旦真正面对种种俗套的仪式和礼节时，他们会善意地耸耸肩，尽可能地顺应它们。例如，一个人接受了别人对他表示的敬意，虽然他曾私下嘲笑甚至鄙视这类敬意，但他并未因此而小题大做，伤害那些企图使他高兴的人们的感情。

这是一种具有崇高精神的人出于为别人考虑（利人）而善于控制自己并且给别人情面的表现。他没有丝毫的痛苦，而是像尊重那些想帮他解去镣铐、脱离监狱的朋友那样，尊重所发生的一切诸如此类的事情。

其实，自我实现者的这种遵从习俗行为，如同牛仔故作绅士地在肩上披一件斗篷一样，可以轻易把它甩掉。自我实现者实际上从不允许习俗惯例妨碍或阻止他们做他们认为是非常重要或者根本性的事。在这种时刻，他们独立于惯例习俗的灵魂便显露出来。然而他们与普通的波希米亚人或者反抗权威者并不相同，那些人抓住区区小事大做文章，把无关紧要的违规行为当做天大的事。

当自我实现者热切地沉迷于某个特殊的事物时，他的这种内心态度也会表现出他的兴趣来。这时，他会毫无顾忌地抛开平时遵守的各种行为准则。在遵从惯例上他仿佛需要有意识地做出努力，他对习俗的遵从仿佛是有意的、存心的。

然而，当自我实现者与那些并不介意是否遵从俗套行为的人们相处时，他们会自动地抛掉这种行为的表面特性。他们愿意与那些允许他们更自由、更自然、更有自发性的人们共处，这使他们能够摆脱那些他们看不惯的虚假行为。因此可见，像上面那样的相对控制行为对他们来说是个负担。

由于与一般习俗以及普遍接受的虚伪、谎言格格不入，由于与社会生活不适应，他们有时感到自己看起来好像是异国土地上的流浪者。而那些奉行常规习俗的、没有思想的人有时可能认为他们不道德，因为当情况似乎要求如此时，他们不仅会违反常规，甚至还会违反法律。

然而事实恰好相反，他们是最有道德的人，尽管他们的道德准则与周围的人不尽相同。普通人的一般的道德行为主要是遵从习俗的行为，是以基本上被公认的原则为根据的行为，而不是真正的道德行为。而这些人则具有相对自主的、独特的、不遵从惯例的道德准则。

他们有时也出于对惯例的僵化刻板和对习俗的盲目短浅的恼怒而故意放任自己。例如，他们也可能会试图教训一个人，或者试图保护一个人的感情及利益免受不公平的伤害。有时，他们可能会感到热情在澎湃，而这些炽烈的感情如此令人兴奋甚至发狂，以至压抑它们就意味着是亵渎神明。在这些情况下，他们并不担心自己的言行会给旁观者留下什么不好的印象而感到焦虑、内疚或者羞愧。

他们自己声称：他们之所以按惯例行事，只是因为这样不会引起什么大问题，或者只是因为其他方式会伤害人们，使人们感到难堪。

他们对现实的轻松的洞察力，他们的接受性和自我性，非常接近于动物或者儿童，这意味着他们对自己的冲动、欲望、见解以及主观反应的一种优越的觉悟。对这种能力的临床研究毫无疑问地证实了弗洛姆的这样一种看法：适应得很好的人，往往根本没有想到他是什么，他要什么，以及他自己的观点是什么等问题。

马斯洛根据对调查对象所作的这样一些调查结果，把自我实现者与其他人明显地区分开来。他认为自我实现者的动机生活不仅在数量上而且在质量上都与普通人不同。他们的动机应该属于表达性动机、成长性动机，而不是匮乏性动机。普通人的动机是为匮乏性的基本需要得到满足而奋斗。

自我实现者虽然各种基本需要的满足都不缺乏，但他们仍然有冲动。他们实干，他们奋斗，他们渴望成功，但这一切都与众不同。对他们来说，他们的动机就是发展个性，表现个性，成熟、努力发展成长得尽善尽美，努力以自己的风格发展得日益全面。一句话，就是自我实现。

总之，自我实现者具有相对自主的、独特的、不遵从惯例或习俗的道德准则。他们是最有道德的人。

自我实现者与其他人相比，还有一个重要特征就是具有更深厚更深刻的人际关系。他们比一般人具有更多的融合、更崇高的爱、更完美的认同，以及更多的摆脱自我限制的能力。

同一般人相比，自我实现者都是在深刻意义上的真正民主的人。他们具有显著的民主特点。他们可以对任何性格相投的人表示友好，完全无视其阶级背景、教育程度、政治信仰、种族或肤色。除此以外，他们还具有更为深厚的民主感情。他们不管某个人有什么其他特点，只要某一方面比自己有所长，就可以向他学习，并且很谦虚，绝不试图维护自己的尊贵或地位、年龄之类的优越感。

然而，他们的这些人际关系有着一定的特殊性。首先，这些关系中的其他人员比一般人很可能更健康，更接近（常常是非常接近）自我实现者。考虑到在全部人口中，这种人口只占很小的比例，这里就有一个很高的选择标准。他们都是杰出人物，但只是指性格、能力、天赋上的杰出，而不是出身、血统、家族、家庭、声誉或权力方面的杰出。

正是因为这些因素，决定了与自我实现者保持特别深的人际关系的只有少数几个人。他们的朋友网很窄，亲密朋友在数量上更是少之又少。这种情况的存在，除了上述选择标准的因素以外，还有部分原因是在这种自我实现状态中去接近某人似乎不是短时间内可以做到的，忠诚不是一时的事情。一位被调查研究的自我实现者对此这样说：“我没有时间照应许多朋友，也就是说，如果要交真正的朋友，是不可能同时交很多的。”在马斯洛所调查的对象中，惟一的一个例外是一位妇女，她似乎特别善于交际，简直使人感觉到她生活的天职就是与她家庭的成员、家庭成员的家庭成员，以及她的朋友们、朋友的朋友们保持密切、温暖、良好的关系。也许，这是因为她没有正式的工作和事业，是一个未受过教育的妇女。这种人的确能够与普遍的社会感情、仁慈、爱和友谊（正如上面所描述的）同时存在。这些人几乎对所有人都很慈善，或至少对他们都有耐心。这些自我实现者有一种模糊深奥而难以理解的倾向：只要是一个人，就给他一定程度的尊重，甚至对恶棍，似乎也不愿超越某种最低限度去降低、贬损或侮辱其人格。他们对儿童有一种特别温柔的爱，并且为儿童们所喜欢。在一种非常真实而且是特殊的意义上，他们爱或者更准确地说同情整个人类。

这并不是说由于他们缺乏鉴别能力而产生了这种爱。事实上，他们往往倾向于挺身抗击邪恶的人和行为，他们能够以严厉的口吻，认真地愤怒地谴责那些应受谴责的人，特别是那些伪善者、狂妄自大者、自命不凡的人，绝不像一般人那样含糊不清或者优柔寡断。然而，这种实际的低评价有时甚至在与这类人面对面的接触时也并未表现出来。对此，大致可以作出这样的解释："大多数人毕竟没有什么了不起，但他们本来有可能很了不起。他们犯各种愚蠢的错误，以致感到极为痛苦，但仍不明白他们本意是好的为何会落得这个结果。那些令人不愉快的人往往会在深深的痛苦中付出代价。他们应该受到怜悯而不是攻击。"

因此，可以简明地解释他们对他人的敌对反应的原因是：第一，这是理所应当的；第二，这是为被攻击者或某一个人好。按照弗洛姆的意思，他们敌意的基础并不是来自性格，而是出于反应性或情境性的。

④ Z 理论

在马斯洛生命的晚年，又对自我实现者的人格特征添加了一些新的描述。下面将具体阐述马斯洛在《Z 理论》一文中对两种不同程度的自我实现者的人格特征所作的比较研究。

在《Z 理论》中，马斯洛区分了两种不同程度的自我实现者，一种是仅仅健康型的（以下简称非超越者）；一种是超越型的（以下简称超越者）。在马斯洛看来，非超越者主要是更实际、更现实、更人世、更能干、更凡俗的人，他们更多地生活在此时此地的世界中，或生活在匮乏性的王国、匮乏性需要和匮乏性认知的世界。对人和物，他们主要是以一种具体的、实际的、此时此地的、实用的方式来看待的，也就是说，他们将人或物当做匮乏性需要供应者或阻挠者对待，或作为有用或无用、有帮助或有危险、对个人重要或不重要的因素来看待。他们生活在现世，并在现世达到自身的实现。他们把握环境，引导环境，利用环境达到有用的目的。他们是“实干家”，是有效率、重实际而非审美的。他们重视检验和认知而不重视情感和体验，他们很少或没有超越体验，从总体上说，他们能实现麦格雷戈 Y 理论的期待。

超越者则是“高峰人物”，是说“Yes”而不是说“No”的人，是对生活采取积极态度、渴望生活而不是采取消极态度、厌倦生活的人。他们更经常地意识到存在性王国，生活在存在性水准，即目的水准、内在价值水准之上，更明显地受超越性动机支配，或多或少有统一的意识、高原体验或高峰体验，并伴有启迪或卓识，能改变他们对世界和自身的看法。总体说来，这种程度的自我实现者已经实现或超越了Y理论，生活在Z理论的水准上。

马斯洛发现，超越者不仅存在于宗教界人士、诗人、知识界人士、音乐家之中，也存在于企业家、事业家、经理、教育家、政界人物中。他详细访谈和观察过三四十个人，还对另外一两百人进行了一般的交谈和研究。他承认，他对超越者的研究还只是初步的接触，而不是审慎的、最后的研究，还不一定合乎正规印证的科学的要求。其样本也只集中于他所认为的最好的样本上，不一定有很高的代表性。故而其研究结果只能算作前科学的。但他强调，他的每一个论点都是可加以验证的，不是毫无依据的。

通过对超越者与非超越者的对比研究，马斯洛看到，二者都具有自我实现者的全部描述特征。所不同的是，在超越者身上存在着或较多地存在着高峰体验与存在性认知，而在非超越者身上则不存在或只有较少的存在。除此以外，非超越者和超越者相比，缺乏或较少具有下列特征：

（1）超越者比非超越者更倾向于以整体论的观点看待世界，对他们来说，以我们通常的或不成熟的方式思考问题是一件费力的事。

（2）超越者生活在存在水准上，能自如、自然地说出存在语言，能较好地理解寓言、修辞手段、悖论、音乐、艺术、非语言交流和沟通等。

(3) 超越者更大、更容易地超越了自我和自我认同感。

(4) 对于超越者，高峰体验和高原体验是他们的制高点，是生命的确证，成为他们生活中最重要的事情，最宝贵的方面。

(5) 超越者可能会主动寻求那些更有可能带来高峰体验和存在性认知的工作。在报酬问题上，他们更重视高层的东西而不着眼于钱财和权势，自发选择简朴生活而避免奢侈、特权、荣誉和财富。

(6) 超越者由于某种原因，彼此之间似乎早已认识，并在初次相遇时就几乎立即达到亲密相交和互相了解的程度。接下来，他们不仅能以语言形式交往，而且能以非语言形式交往。

(7) 超越者对美更敏感，或者说，很可能对一切事物都有一种美化的倾向。

(8) 超越者从永恒的方面观察事物，能在实际的、日常的匮乏性水准上观察事物的同时，看到一切事物中神圣的一面，能随意地使每一件事物神圣化。

(9) 超越者在知识的增进和神秘感、敬畏感的增强之间表现出正相关。对他们来说，神秘与其说是令人生畏的，不如说是有魅力的，是一种挑战，一种奖赏。他们知道得越多，就越容易进入到那种心醉神迷的欣赏状态，自觉无知、谦卑、渺小以及在广阔宇宙前的敬畏，并将这些看成是一种积极的奖赏。

（10）超越者更自觉地和有意识地受超越性动机的支配。真理、完善、美、善良、统一、二元超越等存在性价值是他们主要或最主要的动机。

（11）超越者能“越过矛盾心理”。他们能全心全意、无冲突地爱、接受和表露。

（12）超越者不如非超越者那样“愉快”。虽然他们可能更入迷，更狂喜，体验到更高度的“愉快”，但比健康者更容易受到一种宇宙悲哀或存在悲哀的侵袭，更容易对人类的愚蠢、盲目、目光短浅、自相残杀等现实问题感到忧心忡忡。这种哀愁可能源于他们心中的理想与所见的现实之间的强烈对照。

（13）超越者多些道家思想，在存在性认知中，很少有改造对象的冲动，因为在他们看来，对象的本来面目就很姣好，无需改造或打扰。而非超越者则较重实用。

（14）超越者不仅是可爱的，而且也更令人肃然起敬，更不同凡响，更神圣化，更圣洁，更受尊崇，就过去的意义来说也更“可怕”。他们常在人心中引起这样的想法：“这是一个伟大的人物。”

（15）超越者更容易成为创新者，成为新事物的发现者。

（16）由于超越者更容易领悟存在性王国，因而会比非超越者有更多的目的体验（本来面目的体验），更多的入迷体验。有时，他们可能会像儿童那样看着一个水潭的反光发呆，或非常有兴趣地注视着雨滴沿着玻璃窗向下流动的现象等等。

（17）超越者对超越有更深的体验和重视，因而更不怕“怪人”和“刺头”，更可能也更容易鉴别和选拔有创造力的人才。

（18）超越者更能“谅解恶”。他们对恶有更深刻的了解，因而有了更强大的武器，能够既深怀同情心而又更不含糊、更不退让地对恶进行战斗。

（19）超越者更容易认为自己富有才华，是一个具有更高智慧或更高领导艺术的、“超个人”的、临时的监护者的工具。这并不是自大，而是一种特异的客观或对自己的超脱，表明他们达到了“超个人”的忘我水准。

（20）大体上看，超越者更容易具有深刻的“宗教的”或“重视精神生活”的意识。他们较非超越者有更多的高峰体验或超越体验，而高峰体验和超越体验本身实际上也可看做“宗教或精神的”体验，他们不一定是教徒，却可能有着比牧师对“宗教的”或“精神的体验”更为虔诚的态度。

（21）超越者增强了心理内部的、人与人之间的、文化内部的、国与国之间的协同。这种协同超越了自私与不自私之间的分歧，并在一个超越纵座标的概念下包容了两者。它是一种对竞争的超越，对赌博输赢的零与全的超越。

（X）超越者比非超越者更容易解决有关“精英论”的深刻冲突。这是因为他们能很容易地同时生活在匮乏性领域和存在性领域。他们一方面能在匮乏性世界中进行某种形式的现实检验、比较，对软弱、愚蠢或不胜任进行对比教育，另一方面又能在存在领域看到人人都有那种平等的、超限的、无法比较的神圣性，因此他们既能成为神一般的惩罚者，又能对事实上低下的人给予神一般的爱护。

至此，马斯洛对自我实现者人格特征的描述便告彻底完成。对马斯洛来说，这不仅是一种健康人格特征的描述，而且也是一幅人性发展极致图景的描绘，是人生最高价值的一种导引。

⑤缺 陷

“金无足赤，人无完人。”这一几乎成了真理的格言，在任何“好人”、“圣人”乃至“伟人”身上都可以得到验证。

小说家、诗人、随笔作家等常常会犯的错误是把“好人”写得过于完美，过于“高、大、全”，因而，这些被公式化了的“好人”往往令人可望而不可即，远不如还他们的本来面目：身体强壮、精神饱满、朝气蓬勃，富有人情味和人性化。

对自我实现者，马斯洛认为，他们也会表现出人类的许多小缺点：他们也有愚蠢的、挥霍的、或粗心的表现；有时他们也会显得顽固、令人厌烦或恼怒；他们并没有摆脱浅薄的虚荣心和骄傲感，特别是在涉及到他们自己的作品、家庭或孩子时，他们也常常发脾气。

马斯洛说，自我实现者也会有无情的表现，而且往往是强烈的、出乎意料的。必须记住，他们是非常坚强的人，在需要的时候，他们能以超越常人的控制能力表现出一种外科医生式的冷静。假如他们有谁发现自己长期信任的人不诚实，就会果断地中断这种友谊，而绝不会感到惋惜和痛苦；就像一个与自己并不爱的男人结婚的妇女，在决定离婚时表现出的几乎近于残忍的情景一样。他们中的一些人能很快从亲友死亡的哀悼情绪中摆脱出来，以至在别人心目中显得有些无情。

他们不但具有这种无情的坚强，而且也不为外界的大众舆论所左右。有一次，当一位妇女在一次聚会上被介绍给他人时，她因对方乏味的庸俗套词而大大激怒，因而有意让自己的言行使对方感到难堪和震惊。也许有人也会认为她这样做未尝不可，但人们不仅会对她本人，而且会对主持聚会的主人采取完全敌对的态度。虽然这位妇女原本就希望疏远这些人，但男女主人却并不想这样做。

这些自我实现者一般都非常专注于个人世界以外的因素。因而，当他们全神贯注于或者如痴如狂地沉醉在自己的某个兴趣中的时候，当他们热切专注于某个现象或问题的时候，他们又会暴露出他们的又一个缺陷：他们可能变得对周围的事情心不在焉，毫无幽默感，忘记了一般的社交礼貌。在这种情况下，他们不喜欢聊天、逗乐、聚会等，而且这些特点往往表现得非常明显。他们的言行可能使别人感到很痛苦、震惊、羞辱或者感情受到伤害。这种超然独立很容易被“正常的”人们看做是冷漠势利、不友好、缺乏感情等而产生敌意，至少是令人不快的。

宽容、仁慈、谦让，应该是人的美德，那些自我实现者当然也都具有这类人类公德，然而，有的时候他们犯错误恰恰会由于自己的仁慈，例如，出于怜悯心而与某人结婚；在与神经病患者、不幸的人和大家讨厌的人的相处中陷得太深，事后又感到后悔；有时甚至为无赖行骗开了方便之门；由于付出的东西超出了适当的范围，从而有时易滋生寄生虫和精神变态者，等等。

在此再重申一下，作为一个并非“完人”的人，他们也有罪恶感、焦虑、悲伤、自责以及内心的矛盾冲突，在日常生活中必然也会有所表现，但这些现象并非源于神经病。然而，大多数人（甚至包括大多数心理学家）却无视这一事实，往往根据以上那些现象就把神经病强加到他们身上。

自我实现者身上显露的这些缺陷足以警醒我们：好人、善人、哲人、圣人、先知、巨人、伟人和创造者、发起人等，尽管十分罕见、凤毛麟角，但确实存在，正是由于有这些凤毛麟角的人物存在，才推动了人类走向光明前景。然而，即使是这样的人，有时也会流露出易怒、暴躁，自私、沮丧，或冷酷、乏味等等的弱点。这是并不奇怪的。正如马斯洛所提醒的“为避免产生对人性的失望，我们必须首先放弃对人性的幻想。”

8. 自我实现者的创造性

在马斯洛生活的时代，社会发生着日新月异的变化。旧的理论、技术、方法不断过时，新的事实、理论、发明加速积累，从而使每个人都面临着一种未曾经历过的新情境。在这样的情况下，人们普遍关注的问题是，如何鉴别、发挥人的创造性以适应社会发展的需要。不仅心理学家对此表现出浓厚的兴趣，而且政治家、军事家、企业家等也都对此给予了高度的重视。马斯洛在世时，有关创造性研究的各种著述已堆积如山。

然而，创造性理论研究的成果却并不与创造性研究所积累的资料总数成正比。为什么堆积如山的研究资料并没有带来相应的研究成果呢？马斯洛注意到，在过去的研究中，人们的注意力主要集中于方法的改进、测验技术的创新以及纯信息量的积累等方面，却不够重视创造性理论的建构。已有的为数很少的创造性理论也暴露出一些问题：从方法学上看，支配创造性研究的乃是原子论的、线性因果的理论观念；从创造性的衡量标准来看，人们往往只根据成果而不是人格特征衡量创造性的高低；从创造性研究涉猎的范围来看，既往的研究只局限于某些传统的领域，如绘画、诗歌、作曲、科学、发明等，创造性因此变成了某些专业人员的专利。这些问题足以说明，创造性研究还缺乏坚实、牢靠的理论基础。

马斯洛从一开始就试图摧毁那种得到广泛承认的创造性概念，力图使这一概念与自我实现问题紧密联系起来。在他看来，创造性的问题既不是创造产物、创造行为的问题，也不是某些圈子里的少数人的专利。科学家作为一群人并不像人们所期待的那样都富有创造性。因为，科学在某种意义上讲只是一种技术；利用相应的技术，只要能和许多人在一起工作，没有创造性的人也能有所创造。通常被认为的“有创造性的”、胜任的大提琴手，实际上也只是很好地演奏了别人写好的曲子，不过是像“鹦鹉学舌”而已，谈不上有什么真正意义的创造性。而自我实现的人们虽不是多产的，但却是健康的有创造性的。例如一位没有受过教育的、贫穷的、完完全全的家庭主妇和母亲，按陈腐的观点看，她所做的一切都是极平凡的工作，也许没有一件可以称得上是有创造性的。但她却是奇妙的厨师、母亲、妻子和主妇，她所做的每件事情，全都是独立的、新颖的、精巧的，甚或是出乎意料的，因而这就是她的创造性。从这样的事例中，马斯洛懂得了“第一流的汤比第二流的画更有创造性；一般来说，做饭、做父母以及主持家务可能具有创造性，而诗却不一定具有创造性，有时根本就不具有创造性。”因此，不能简单地以成就的多少衡量创造性的高低，也不应将创造性研究限定在某些传统的领域，看成是少数人拥有的专利。

马斯洛主张从更广泛的意义上去理解创造性的概念。他认为，“创造性”这个词不仅可以运用到形形色色的产品上，而且可以以性格学的方式，运用到人、活动过程和态度上。他把“创造性”区分为“特殊天才的创造性”和“自我实现的创造性”。前者较为强调创造成就的意义，主要依赖于个人的某些特殊的遗传成分。它不是人人都能得到的。它和自我实现、心理健康是各自独立的变量，其间可能只有微弱的关联，也可能根本就没有关联。某些最伟大的天才如华格纳、梵高、拜伦等就不是心理健康的人。

那么，什么是自我实现的创造性呢？

马斯洛认为，创造性是从人的整个系统中发出并一般都能得到改善的。因此，创造性的问题首先是创造性的人的问题，不能脱离创造性的人孤立地谈论创造性的本质。从这一前提出发，马斯洛指出，自我实现的创造性更多地是由人格造成的，是自我实现人格的副产品。随着自我实现者的人格品质，如大胆、勇敢、自由、自发性、明晰、整合、自我认可等的成熟或表现，自我实现的创造性会像产生副产品一样产生出来，并会投射、散发到整个生活的各个方面，而不仅仅是某种产品或成就上。它像自我实现一样，也是每个人作为人类的一员与生俱来的一种潜能。在某种程度上甚至可以说，它和自我实现、心理健康是同义语。也就是说，它是自我实现的绝对必要的方面，或是自我实现的规定性特征。

毫无疑问，马斯洛创造性研究的重心将落在自我实现的创造性之上。界定这一概念之后，紧接着他探讨了如何发挥这一创造性的问题。由于他将创造性看做自我实现的副产品，前述的增进自我实现的原理理所当然地适应于创造性的发挥问题。但马斯洛不想重复这些已为大家所熟悉的原理，他是通过三种不同类型的创造性的划分来进一步阐明创造性发挥的过程和条件的。

他认为可以按创造性发挥的过程，区分出三种不同的创造性：那种出自初级历程（Primary process），并且应用初级历程多于应用次级历程的创造性，可称为原级创造性；那种多半以次级历程（Secondary process）为基础的创造性，可称之为次级创造性；那种能以良好融合或良好交替的方式，自如而完美地运用两种过程的创造性，则可称为整合的创造性。他认为，自我实现者的创造性更多的是直接出自初级历程和次级历程的融合，而不是出自镇压和控制或被禁止的冲动和愿望。也就是说，自我实现的创造性，本质上是一种整合的创造性。

那么，什么是初级历程？什么叫次级历程？很明显，回答好这两个问题乃是理解原级创造性和次级创造性概念的关键。这两个概念并非马斯洛首创。它们最初是弗洛伊德精神分析学说的重要术语。在弗洛伊德看来，初级历程（或称初级过程、原发性过程）是本我为满足本能欲望的心理过程。它处于无意识或潜意识领域，其活动受快乐原则的支配。原发性思维是这一过程的重要组成部分。这是一种潜意识本我的思维，是一种“灵感”“闪念”，具有非理性、非逻辑性、形象性（非言语文学性）、非现实性、矛盾并存等特征。原始人、婴幼儿、白痴以及精神分裂症患者的思维多属于这一类型。次级历程是自我为压抑、降低需要的满足而使用的心理过程。它处于前意识或意识领域内，其活动受到现实原则的支配。继发性思维是这一过程的重要组成部分，具有理性、逻辑性、抽象性等特点。初级历程本质上是冲动的、危险的，它经常受到次级历程的压抑与控制。因此，初级历程与次级历程有着不可调和的矛盾。

马斯洛接受了弗洛伊德对上述两种过程的区分以及对原

发性、继发性两种思维特点的某些揭示，但同时也对弗洛伊德关于初级历程的本质及其与次级历程的关系的观点进行了批判。他认为，初级历程并不像被禁止的冲动那样危险。人的无意识潜能作为人性的底蕴或人的深层的自我在本质上是健康的，它远比弗洛伊德所说的无意识本能广阔，其中也包含着对真善美等高层价值的追求。因此，初级历程主要不是本能欲望满足的过程，而是一种无意识的认知过程，即感知和思维的无意识过程。它并不是被压抑或被潜意识压抑的，而是避开压制或被“遗忘”的。它和次级历程之间的对立只是人格发展低水准的表现。对自我实现者而言，这两者是统一的。自我实现者“能够既是次级的，又是初级的；既是稚气的，又是成熟的。他能倒退回去然后再回到现实中来，他的反应变得较有控制和批判精神。”

通过初级历程和次级历程的概念，我们不难发现，这二者的关系问题，实际上也是本我与自我、非理性与理性等的关系问题。

马斯洛据此区分出三种不同的创造性，事实上所涉及的乃是在创造性的产生过程中，如何对待人的无意识潜能，如何发挥理性或意识的作用，以及如何妥善地处理好二者的关系的问题。而他强调自我实现的创造性从根本上说是原级创造性与次级创造性的整合，这一观点就不仅是对自我实现创造性产生过程的分析，同时也是对自我实现创造性产生条件的考察。

自我实现的创造性是一种整合的创造性，这一观点首先意味着，自我实现的创造性产生的第一个先决条件便是对无意识的初级历程应保持开放的态度，或者说，应允许人的无意识本性自由地表现，自由地发挥作用。因为人的无意识潜能，人的这一深层的自我在创造性的产生中的作用是任何其他事物都无法替代的：“我们的欢乐、幻想、欢笑、游荡等的能力，成为自发的能力，创造的能力，都是出于这一无意识，出于这一深层的自我，出于我们自己的这一部分。一般地说，人们对于这一部分是心存戒惧因而力求加以控制的，而我们的创造能力则是一种智力的游戏，是一种能使我们成为我们自己，能进行幻想、放任、并暗自痴迷若狂的能力。”由于无意识潜能有着这样重要的作用，因而我们应一改过去对它的压抑、防卫的态度，允许它自由地活动，让它充分地表现出来。由此而来的始发创造性便构成了自我实现创造性产生的第一阶段，也就是创造性的灵感阶段。马斯洛看到，正是这一阶段，构成了“新发现之源、真正新事物之源”或“离开现存东西的新思想之源”。

对自我实现者的研究为这一观点提供了事实的依据。马斯洛发现，自我实现者往往是最有创造性的人。而他们都表现出了较强的“沉迷于现在”也就是沉迷于创造性的灵感阶段的能力。他们比较经常地经历高峰体验及其变化，如集中注意力、入迷等。在创造性的灵感阶段，他们会忘掉过去，不思未来，深深迷恋并全神贯注于现在，沉湎于当前，一时一刻也不离开眼前的问题。他们能付出一切，更多地脱离他人，较少地意识到自己，较少畏惧、防卫和抑制，以无所求的、不干预的、道家的方式来承受一切，并与当前的事物融为一体，超越二元式的对立……结果，他们能获得“一种对隐蔽真理的察知，一种严格意义上的启示，一种面纱的脱落，而最后，则是全部的经历被体验为幸福、心醉、欣喜若狂、兴奋昂扬。”也就是沉迷于现在，允许无意识潜能自由的表现，这样，所带来的将是自我实现创造性的迸发。

自我实现的创造性是一种整合的创造性，这一观点还意味着，自我实现创造性发挥的第二个条件，乃是合理地运用次级历程，主要是意识、理性、逻辑等等的作用。因为，“伟大的作品不仅要求思想的闪光、灵感、高峰体验，而且也要求艰苦的劳动，长期的训练，不客气的批评，以及完美的规范。换句话说，继自发性之后的是深思熟虑；继完全认可之后的是批评；继直觉之后而来的是缜密的思维；继大胆之后而来的是谨慎；继幻想和想象之后而来的是现实的考虑。”由次级历程的运用而来的将是次级创造性，其本质是精炼和发展他人的思想。世界上生产成果的大部分，如桥梁、房屋、新的机动车，甚至科学实验和文学作品都来自于这种创造性。关于它和原级创造性之间的差异，马斯洛形象地将之比喻为后方军事警察与前方突击队员的差异。自然，正像后方军事警察在一场战争中的作用不容忽视一样，次级创造性在自我实现创造性发挥中的作用也是不可低估的。

自我实现创造性产生的第三个阶段便是妥善处理好初级历程与次级历程、原级创造性与次级创造性的关系，使双方互相帮助、密切融合为一个统一的整体。这就需要发挥一个人的整合能力。因为，如果以二元式的目光看待二者，割裂二者，那么它们都会成为病态：要么如强迫型患者那样不能袒露自己的天性，在理性、逻辑、秩序的高度控制下丧失一切诗意、直觉和幻想；要么像某些精神分裂症患者那样没有一点控制、理性、秩序或逻辑。相反，如果以整合的目光看待二者，让二者互相渗透，融为一体，那么，二者的特征都会有所改变。二者都能成为健康的，并能同时在各自的水准上增进自我实现的创造性。研究表明，能创造的健康人、自我实现的人都能高明而有成效地融合和综合二者，使之成为一个统一的整体。他们既能很好地沉迷于现在，在创造性的灵感阶段能较少控制、批判或注重理性，任由灵感、直觉、新思想的火花、人性的底蕴自发而自由地表现，又能在必要的时候进入到次级历程，让灵感或高峰体验的被动性和感受性让位给主动性、控制以及艰苦的劳动。正因为如此，自我实现者的整合的创造性才作为其成熟人格的副产品，广泛投射于他们生活的各个方面，散发于他们的一切行动、思想、经验之中。

总而言之，创造性的问题首先是有创造性的人的问题。个人朝着心理健康或人性充分发展的方向每前进一步，都会附带地使他在生活的各个方面更有创造性。因此，创造性发挥的关键，乃是人的自我实现的增进，或是健康人格的形成。这就要求我们正确对待人性的底蕴，合理地发挥理性、意识的作用，有效地使用整合的能力。

马斯洛意识到，要达到创造性问题认识上的这一转变，应确立一种崭新的教育观点来替代目前盛行的那种急功近利、原子论式的教育理论与做法。

马斯洛猛烈抨击了那些一味强调科学教育的观点与做法。他写道："教授事实有什么用？事实很快就变得过时啦！教授技术有什么用？技术也很快就过时啦！在教育上，我们应尝试去创造一种崭新的人，他能随遇而安，能以变化为乐，能即席创造，能满怀自信、力量和勇气对付他毫无思想准备时面临的情境。"也就是说，创造性的发挥，根本途径在于培养有创造力的新人。

怎样才能得到有创造力的新人呢？当时盛行于美国教育界的乃是一种急功近利的原子论式的理论观念。马斯洛认为，创造力的决定因素可能有成百上千，任何有助于人向心理健康或更丰满人性运动的事物都将改变整个人，从而使创造性作为副产品产生和发射出来。所以，替代上述急功近利的、原子论式的做法的应该是这样一种机体论、整体论或系统论的观点：应该让每一门课程都有助于培养创造性的新人，自然，这也会使他在生活的各个方面更有创造性。过去一味强调的科学教育，主要是言语教育，马斯洛认为，在今天应特别突出非言语教育的地位，重视艺术教育在创造性培养中的价值。此外，由于马斯洛将创造性的培养与自我实现的增进联系在一起，因而他所主张的增进自我实现的一般教育原理自然也适应于创造性的培养。

通过上述考察，可以看出马斯洛的创造理论的特色在于，他从一开始就将创造性问题跟人性的健康、人格的充分成熟密切联系在一起。这样，他的创造性理论同时也就成了对一种健康人性的作用的描述，一种人本的人性解放的呼唤，一种对教育乃至社会变革的关怀。他成功了。至少说，他有些成功了，因为，在西方教育变革中，特别是创造性研究中，对人性的尊重，对人格的健康发展在创造性发展中的作用的强调，已成了一种不可逆转的趋势。

9. 高峰体验论

到目前为止，我们已不止一次地碰到了“高峰体验”的字眼。假如将这些零星出现的字眼加以汇积、聚拢，我们就可以看出高峰体验的研究在马斯洛心理学中占据了多么重要的位置。

高峰体验论是自我实现论的合理延伸，是自我实现心理学的有机构成。正是通过高峰体验的研究，马斯洛提出了超越性动机论，区分出健康型（非超越型）与超越型两种不同类型的自我实现者，进而实现了由人本主义向超个人心理学的升华。这当然也意味着高峰体验研究，必将为他的人性论、价值论增添一些新的内涵。

高峰体验是被机械主义心理学所排斥的东西。马斯洛勇敢地步入这一领域，这本身就是对心理学范围的一种拓展。在研究中他发现，高峰体验不仅是个人的最高幸福时刻，还能带来个人对存在性价值的领悟和对自我认同感的发现。这一发现无疑具有革命的性质。它填补了行为主义心理学所造成的对这一领域研究的空白，彻底动摇了弗洛伊德的理性与激情二元对立观点的根基。它仿佛告诉人们：热爱生活吧，幸福不在天国，它就在你身边；追求幸福吧，它不仅能给你情感上的愉悦，而且还能使你发现人生的意义，使你获得涅槃后的新生。

① 一种神秘体验

是什么原因使马斯洛产生对高峰体验的研究念头的呢？说来也许是“天意”，其实也是偶然中的必然：马斯洛对高峰体验的研究，竟起因于他在自我实现者研究过程中的一项发现。

在对自我实现者研究的过程中，马斯洛注意到，几乎所有自我实现者都经常谈起他们曾经经历过的一种神秘体验：“这种体验可能是瞬时产生的、压倒一切的敬畏情绪，也可能是转瞬即逝却极度强烈的幸福感，甚至是欣喜若狂、如醉如痴、欢乐至极的感觉。”在这一种特定时刻，他们沉浸在一片纯净而完美的幸福之中，摆脱了一切怀疑、恐惧、压抑、紧张和怯懦。他们觉得自己已经与世界紧紧相连，融为一体，感到自己是真正属于这一世界，而不是站在世界之外的一位旁观者、局外人。自我与非我的区分已不复存在，“是什么样”和“应该怎么样”也合二为一，没有任何差异和矛盾。更重要的是，他们都声称在这类体验中他们感到遮掩知识的帷幕似乎一下子给拉开了，自己窥见到了终极的真理、事物的本质和奥秘。整个自我仿佛突然步入了天堂，出现了奇迹，达到了尽善尽美。

马斯洛的一位研究对象曾这样描述他的这一体验：“它发生在一个辗转反侧、无法入眠的夜晚。我无法确知到底是何种特别事件使我情绪这么低落，我只觉得自己是地表下最下贱的生物，全世界也似乎无缘无故地在与我作对。整个晚上，我如同跟恶魔搏斗般地企图说服自己相信这全然不是事实。直到大约清晨四点钟时，我家小狗溜进室内，并跳到床上。它常常这样做，但不知何故，今夜它却使我感到无比的舒畅和喜悦，因为它竟然不嫌弃我——一个可怜、悲惨、丑陋、令人恐惧的渺小的我。现在我在世界上起码还有一个朋友。随着这内在的冲动，我翻身下床，穿上衣服，用皮带将狗系住，然后走出家门。漫步到附近山峰的顶端，坐下来观赏旭日东升。这时，狗依偎在我身旁，狂风也猛烈地吹拂着我的面颊。当天空褪尽它最后一抹黑纱，我内心深处突然涌现出一种惊叹、迷惑和超然的感觉。我感到自己虽很渺小、微不足道，却也是周围环境的一个参与者。对自己本身和所遭遇的问题，我也顿然有了更恰当的认识。一夜的噩梦仅是自己整个生活的一部分而已。于是我开怀大笑，并把狗更亲密地抱在怀里。我真想站起来，向世界高呼：‘我是存在的。’”

通过这些人对有关高峰体验的描述，马斯洛发现，所有这类体验都表现出以下特点：（1）从主观感受上说，它是个人生命中最快乐、最心醉神迷的时刻。“存在爱的体验，也就是父母的体验、神秘的海洋般的或自然的体验、审美的知觉……这些以及其他最高快乐实现的时刻”，马斯洛将其称之为高峰体验。(2) 它同时也是一种“目的体验”、“终极体验”或“存在体验”。在这一体验中，个人的认知能力、认知特性发生了深刻的变化：挣脱了功利取向的羁绊，超越了匮乏性认知的褊狭，进入到存在性认知的新的境界，领悟到了“存在性价值”。自我的特性也发生了深刻的变化：在这一时刻，人们往往“有他们最高程度的认同感，最接近于他们真正的自我，最有特异性”。因而，“他更真正地成了他自己，更完善地实现了他的潜能，更接受于他的存在核心，成了更完善的人。”从这一意义上讲，这一体验又可看做是一种“剧烈的认同感体验”。(3) 从持续的时间来看，这一种体验往往是短暂存在的。“所有的高峰体验都是转瞬即逝的，而非永存不变。虽然其影响和作用可能长期存在，但是体验出现的一刹那却是短暂的。”这是因为人身上存在着趋向安全、停滞或后退的力量，特别是有约拿情结在作祟。“我们不过是不够坚强所以不能承受太多！它太震撼、太耗损人了。发狂的幸福不可能长久承受。我们的机体太弱，承受不了大剂量的伟大。”

初始时，马斯洛仅将这一神秘体验看做“自我实现者的人格特征”。但到后来，马斯洛逐渐发现事实并不是这样的。高峰体验是普遍存在的。不仅在宗教文献中可以找到类似这一体验的记载，而且在文学中也常见有这类体验的描述，神秘体验、宇宙意识、海洋体验、审美体验、创作体验、爱情体验、父母情感体验、性欲高潮体验、顿悟体验等等，全都交叉重叠，具有和高峰体验一致的主观感受。现实生活中，高峰体验也不只是僧人、圣徒、瑜伽信徒、禅宗佛教徒等深居简出的人的专利，也不只是发生在远方或某些特定的地区、某些经过特殊训练的人身上。它是全人类的共同感受。它就发生在我们身边、我们自己身上、我们的日常生活中。任何行业的任何普通人都可能在生活中得到这种体验。因此，假如通过适当的方法进行询问和鼓励，每个人实际上都会承认自己有过高峰体验。而且马斯洛还发现，只需要像现在这样谈论这种体验，便可以引导出人们深藏心底的各种秘密的高峰体验经历来。或许有人确未曾经历，也或许有人仍不敢承认高峰体验，但这并不能否认高峰体验普遍存在的事实，而只能说明他们畏惧生活、畏惧成长、畏惧崇高与神圣，还没有能摆脱防卫机制的束缚。

有鉴于高峰体验普遍存在的事实，马斯洛后来便不再从高峰体验全有或全无的意义上，而是从高峰体验的程度和频率上去看待自我实现者与普通人的差别：自我实现者经历高峰体验的频率要比普通人多得多，程度也要深得多。

同时，马斯洛还进一步意识到，高峰体验与宗教神秘体验也是有差别的。高峰体验不像宗教神秘体验那样仅仅是僧侣、圣徒和宗教专家的专利，而是任何人在任何时刻都能经历到的；它也不像宗教神秘体验那样是一劳永逸的事情，而仅仅是一种暂时的存在。它表明，没有永久的伊甸园存在。基于这样的认识，马斯洛后来便不再将上述体验称为神秘体验，而是正式将它定名为高峰体验。

高峰体验既然是自我实现者的重要特征，马斯洛当然要对它进行进一步的深入的研究。但同时，他也清醒地看到，在当前还盛行的心理学两大思潮中，他的这一研究领域一直是遭到排斥的。行为主义将人的一切都化约为客观的行为，不用说高峰体验，就是一般的情绪、情感研究也始终没有得到他们的正眼相看。在弗洛伊德心理学中，本能的满足所带来的快乐是与道德规范相悖谬的，是应通过理性的力量来加以压抑的，因而弗洛伊德也不敢正视人的高峰体验，从未对这一体验进行过研究。然而这一切并未动摇马斯洛的决心，相反，更坚定了他去做一个科学领域的侦察兵的信念。在他看来，科学知识应该是包容一切的。高峰体验作为一种普遍存在的事实，理应纳入知识的范围，成为科学的研究对象。其次，研究高峰体验这样一种神秘的、崇高的、终极的体验，并不会降低科学的合理性，破坏科学的形象。相反，这一研究会使科学本身更趋完整，并使在人们心目中已经败坏了的科学的形象大大改善。因为，科学始终惊奇。真正优秀的科学家的绝对真诚的品德就可以称为一种宗教式的虔诚的态度，而他的激动即高峰体验，他在“伟大”面前的敬畏、自卑、战战兢兢等都可以看做是神圣的。科学研究神圣也并不需要去亵渎它。科学研究神圣实际上是趋向更高的尊重、更深的理解、在丰富多彩的高水准上的更加净化和神圣化的最佳方式。科学也终于惊奇，科学在它的最高水准上最终能成为对惊奇、敬畏和神秘的组织编排、系统追求和欣赏享受；科学家能得到的最高奖赏也正是高峰体验和存在性认知。认识到这些，科学就应该放弃“对于温情的禁忌”，就应该将高峰体验纳入到自己的研究范围；最后，也是最重要的一点：人是整合的人。高峰体验也像人的认识或理性一样是完整人性的必要构成。因而，高峰体验的研究实应是“以人为本”的心理学所必须做的。

在这样的认识基础上，马斯洛勇敢地踏上了他的侦察兵之路，无畏地开始了他的高峰体验的正式研究。研究过程中他感觉到，他以前所接受的实验心理学的训练对这一课题的研究毫无帮助，机械主义心理学的一切方法在这一课题面前都变得毫无用武之地。因此，他必须另辟蹊径，寻找新的研究方法。

根据他本人的回顾，他主要是从三个方面搜集高峰体验的有关资料：

首先，他以下述引导性语言对 80 名研究对象分别进行个别访谈，并以问卷方式测试了 190 个大学生：“我希望你想一想你生活中最奇妙的一个或几个体验，最快乐的、着迷的时刻、销魂的时刻，可能是由于恋爱，也可能是由于听音乐，或者由于突然被一本书或一张画所‘震撼’，或者由于某种巨大的创造契机。首先，请列出这些体验。然后，请你尽力告诉我，在这种激动的瞬间，你有过怎样的感觉，你这时的感觉同其他时候的感觉有何不同，在这种时刻，在某些方面你觉得你是怎样一个与众不同的人。”

接着，他收到了看过他已发表的论文的大约 50 位读者的来信，这些人都向他提供了有关高峰体验的个人报告。

最后，他还搜寻发掘了大量有关神秘主义、宗教、艺术、创造、爱等方面的文献资料，对东方佛教有关禅悟的体验、欧洲存在主义有关认同感体验的论述也进行了较为深刻的分析。

马斯洛发现，那些研究对象所提供的关于高峰体验的报告没有一个是完整的，也没有哪一种文献对高峰体验的描述是全面的。于是，他综合分析了上述三方面的材料，从中概括出高峰体验的上述特征、高峰体验时的存在性认知和自我特性以及高峰体验的后效等。他承认，虽然他力求尽量用经验主义的方式对高峰体验这一主观体验进行描述，虽然他所运用的上述方法可能是发现某些真理的最好方法或惟一方法，却不能保证其研究结果合乎科学主义心理学的信度标准。他只能作为科学领域的侦察兵或开拓者，对这一课题进行勇敢而大胆的探索。其研究结果虽已得到人格学和心理治疗经验的证实，另外，高峰经验对个人的后效也可视为一种证实体验，但仍有进一步检验、选择、否决与获得外部证实的必要。

值得注意的是，马斯洛后来又提到过“高原体验”的概念。根据他自己的陈述，他是从阿斯拉尼（R.J.Asranli）的著作《高原体验》和《自如状态》中接触到这一概念的。读完阿斯拉尼对高原体验的论述后，马斯洛感到有必要对高峰体验论进行一定的拓展。他写道：“我还要给高峰体验添加更高的品质考虑。”不仅有最低点的体验，有葛罗夫的心理松弛疗法，使人能正视死亡和手术后的幻觉并使痛苦得到缓解，等等，而且有高原体验。

那么，什么叫高原体验？它与高峰体验又有哪些不同呢？

马斯洛认为，所谓高原体验，那是对奇迹的、使人敬畏的、神圣的、大一统的情境和存在性价值的宁静而平和的反应。它和高峰体验的主要区别在于下述几个方面：

其一，从主观感受方面说，高原体验比高峰体验更为宁静、平和。作为一种带有强烈情绪的、顶点的、自动的反应，高峰体验更有一种惊异的、不相信的和美感的震动，有一种初次经历这种体验的那种几乎无所措手足的感受。它含有一种“小死”的意味，一种多涵义的再生。高原体验则较为宁静、平和，是一种不带有强烈情绪的、顶点的反应。它最经常的感受是纯粹的享受和幸福，就像一位母亲安静地坐着，长时间地看着她的孩子玩耍并欣赏着、赞美着、思索着，进而获得一种非常愉快的、连续的、默默的感受。

第二，从情绪方面看，高原体验总是带有理性和认识的因素，马斯洛有时甚至称之为“宁静的、沉思的存在性认知”。高峰体验则并不总是如此，它能成为纯情绪的或绝对情绪的。

第三，从存在时间方面看，高原体验较高峰体验持续时间更长。高峰体验只能短暂地存在，高原体验则能使人在超越生活、超个人生活以及和体验存在水准生活有关的状态中长时地停留、栖居。

第四，从出现的方式和频率看，高原体验比高峰体验远要依赖意志的作用，但不如高峰体验普遍。高峰体验是以突如其来的方式发生的，我们只能被动地承受它，而不能通过意志的作用去控制、支配它。高原经验则能通过长期艰巨的工作达到、获得。高峰体验随时随地都有可能发生，任何人都有可能经历高峰体验。高原体验的产生往往需要人终其一生的努力，因此，它只存在于超越型自我实现者中间。

② 一种和谐的领悟

在高峰体验中，个人对外界事物已经从匮乏性认知进而到存在性认知，领悟到了事物的存在性价值。那么，作为体验主体的“我”情况又是怎样的呢？对此，马斯洛的回答是：人们在高峰体验时有他们最高程度的认同感，最接近真正的自我。所以，高峰体验是纯净而没有污染的重要的资料源泉，也就是说，在这里，发明减少到了最低程度，而发现则增长到了最高限度。

这是为什么呢？

从高峰体验者的个人报告中，马斯洛发现，在高峰体验时，作为体验主体的自我或多或少都表现出某些特性。这些从表面上看来是相互分离的特征，事实上是以各种各样的方式彼此关联的。马斯洛试图以整体论的方式予以叙述，“即不是通过把认同感分割成完全分离的、彼此排斥的各个部分，而是把它在手上翻过来倒过去地注意它的不同侧面。”

高峰体验时的“自我”，主要表现出以下几个方面特征：

（1）人在高峰体验时比在其他时候感觉更整合，他在各个方面都表现出整合性。例如，更少割裂或分裂，较少自己同自己斗争而更多的是和谐。体验我（实际我）与观察我（理想我）趋于一致。自我与社会、理智与情欲、理想与现实、利己与利他、男性化与女性化、内向与外向等古老的对立都已被超越。一切身心机能都在整体的统辖之下协同运作。

（2）当人成为更纯粹、更个别化的他自己时，他也就更能够跟世界融合在一起，跟从前的非自我融合在一起。例如，相爱者亲密地构成一个单位而不是两个人；创作者“融”进了他正在创作的作品中，比如巴尔扎克就常与作品中人物“争吵”；母亲和孩子觉得是一个人了。这表明，认同感、自主性、自我中心的最大成就就是在有自身的同时也有超自身，变得相对地没有自我。

（3）人在高峰体验时，一般都觉得他正处在自己能力的顶峰，觉得能最好地和最完善地运用自己的全部潜能，觉得此时比其他任何时候更聪明、更敏感、更有才智、更强有力或更优美。他处在他的最佳状态，处在最和谐一致、没有内部斗争的状态，处在巅峰的竞技状态。

（4）活动变得不费力和容易了。在其他时候需要经过努力、紧张和奋斗的事情，现在觉得似乎不需要任何争取、工作或劳动就自然而然地完成了。与此相伴的是他经常感觉优美并显得优美。他在别人眼中似乎较精干、坚强，能超越犹豫，超越矛盾，自信，也较值得信任，较为可靠。

（5）人在高峰体验时比其他时候更觉得自己在其活动和

感知中是主动的、负责的，是创造的中心。他更能自己作决定，主宰自己的命运，有更多的“自由意志”，丝毫不怀疑自己的价值和自我决定的能力。

（6）摆脱了阻碍、抑制、谨慎、畏惧、怀疑、控制、保留、自我批评，因而更有可能自我承认、自爱、自尊，获得价值感。

（7）能更自发地、更表现地、更单纯地行动，成为更自然的、更真诚的、更无控制和自由流露的。

（8）他的认知和行为能够以不干预的方式、道家的方式，按照它内在的“显露出来的”条件，按照任务、责任或由工作自身性质提出的条件，把自身塑造成有问题的或无问题的状态，因而是更即兴的、临时的、新奇的、非习惯性的，也是较少准备、较少规则、较少预谋的，相对来说，也是无动机、无目的、无追求的。

（9）人在高峰体验时获得了他最大程度的惟一性、个体性或特异性，他成了他“独特的自我”，和其他人不再是可替换的了。

（10）在高峰体验时，能摆脱过去和未来，最全神贯注于现时的体验。例如，他更能倾听，也没有畏惧、怨恨和希望形成的任何生活的成规。

（11）人在高峰体验时，成为一个有更纯粹精神而较少世故的人。他更多地由内在精神的法规决定。通过不干预自我也不干预非我，任其自然，让它按照自己的本性生存，他从非我中解放了自我，成为最纯粹的他自己，也获得了对非我的存在性认知。

（12）处于高峰体验时，人获得了他最高的、最可信赖的认同感，即变成不力求的、无需要的、非希望的人，超越了日常的需要和驱力。他只是存在着。他的行为和体验是自我证实的，是目的行为和目的体验，而不是手段行为和手段体验。这种水准上的人可以叫做超绝的人。

（13）在高峰体验的时刻，表达和交流成为诗一般的、神秘的和狂喜的。因此，认同感的言外之意是，真正的人因其是真正的人而可以变得更像诗人、艺术家、音乐家和先知。

（14）高峰体验时，人体验或察觉到了主体的定局、完满和完美。完满被看做完善、公正、美，是目的而不是手段。这表明，真正的人本身就是完善的和最终的。可能只有达到顶峰的人才能够达到完全的认同感，而没有达到顶峰的人必然总是保留有某种不完全的、匮乏的、力求的东西，总是生活在手段而不是目的之中。真实性与高峰体验之间是正相关的关系。

（15）高峰体验中，人还具有哲理的、善意的幽默，爱开玩笑的心境。这种存在性爱开玩笑具有广阔无垠的或超凡的、超越了敌意的好脾气的性质，具有因丰富或过剩而溢出的性质以及某种凯旋性喜悦的性质。它是最终的、乌托邦的、优美精神的和超然的，含有从容、不费力、优美、好运气，摆脱抑制的宽慰、约束和怀疑，和存在性认知在一起的乐趣。它超越了自我中心、手段中心以及时空、历史及地域的观念。它能使我们既生活在缺失王国又生活在存在王国，像塞万提斯那样，既是唐·吉诃德，又是桑乔·潘萨。

（16）人在高峰体验的时刻和之后，特别觉得幸运、恩遇。这导致了感恩感的产生，进而出现礼拜、谢意、崇拜、赞扬、供奉以及其他某些类似宗教崇拜的行为。内心便有了对每个人、每件事的包容一切的爱，有了报答的渴望以及责任感。同时，这种谦卑也能与高傲并存，也就是说，存在性感恩能使我们把英雄与谦卑整合到同一个外壳之内。

马斯洛总结道，高峰体验时自我的上述特性，与自我实现者的人格特征有许多重叠吻合之处。它表明在高峰体验的时刻，人们获得了他们最高程度的认同感：人的可能性与现实性趋于一致，自我与非我的界限也已消除，人已接近于他真正的自我。因此，高峰体验事实上是一种人性的可能性与现实性、自我与自然、社会合一的“剧烈的认同感体验”。

而且，我们还可以发现，高峰体验时所展露的自我特性，是类似于存在性认知所揭示的存在性价值。这表明，在我们对于自我和对于外界的认和之间存在着一定的同型关系。也就是说，当宇宙之存在本质被自我认知时，自我也更趋近于他自身的存在本质，臻于他更完美或最完美的境界。同样，当个人愈趋近其真实的自我，他就愈容易察觉宇宙之存在性价值。因此，可以认为，认同感（自我实现、自主、个别化、荷妮的真正自我、真实性）的目标，看来既是一个终极目标，又是一个过渡性目标，是前往超越认同感的道路上的一步。这似乎就是说，它的功能就是消灭它自身，就是超越自我和消除自我、忘掉自我意识和自我观察，同世界融合并与它类化，那么，看来经由完成认同感，经由完成一个坚强的真正的自我，以及经由基本需要的满足而不是禁欲主义，乃是多数人达到这个目标的最好途径。

完成了高峰体验时自我特性的上述研究后，马斯洛看到，认同感研究作为人性及其实现的研究，作为任何有关人性的哲学、科学的绝对必要的东西，是存在主义哲学家、弗洛伊德学派以及美国的一些心理学家认真研究过的。但在这些人的研究中，一方面，认同感概念表现出那样多的含混不清和难以理解，而对高峰体验时的自我特性的研究，则使认同感概念立足于体验依据之上，使之获得了“各种真实的、感觉得到的和实用的意义”。另一方面，在认同感所由达到的条件上，存在主义者沙特（J.SSartre）强调的是“自我如同一项设计”，忽略了人“能把自己造成什么样子也是有限的。‘计划’在生物学上对所有的人都是先定的，人只能变成一个人。他不能为自己采取一种计划变成一只黑猩猩，甚至也不能变成一个女人，也不能再变成一个婴儿。”弗洛伊德主义者、存在主义治疗家、罗杰斯派及个人成长心理学家虽强调了人的生物学本性的发现在达到认同感中的作用，却都对意志、决定以及人类通过自己的抉择确实在创造人们自己的方式上强调得不够。高峰体验时自我特性的研究，则能使我们很好地避免上述两个方面的错误。

很显然，这已不仅仅是高峰体验的研究了，这所有的一切，都昭示了一点：马斯洛必将提出一种崭新的人性理论。

③ 一种存在的认知

在对高峰体验者的深入研究中，马斯洛发现，在高峰体验的时刻，人的认知特性和能力发生了根本性的变化，出现了一种特殊形式的认知，即存在性认知（或称存在认知）。这种认知与一般人平常状态下的匮乏性认知（或称匮乏认知）形成了鲜明的对比。

从高峰体验者的个人报告中，马斯洛总结出存在性认知的一些基本特征，并将它与匮乏性认知的特征进行了比较。这一研究结果最初见于他的《存在心理学探索》一书的第六章“高峰体验时的存在性认知”，在其后出版的《人性能达到的境界》第二十章“再论认知”中，马斯洛又进行了一定的修改。为了更清楚地了解存在性认知的特性及其与匮乏性认知的差别，我们先将他在“再论认知”一文中所进行的两种认知的比较转录如下表：

存在性认知	匮乏性认知
1. 视世界为整体，完全，自定，统一。或者是宇宙意识（伯克），即整个宇宙被感知为单一的事物，个人自己也附属于它；人、物或所见世界的某一部分被看做好像就是整个世界，也就是说，世界的其余部分被忘却。对统一的整体性感知。世界或对象的统一被感知。	视世界为局部，不完全，不自足，依赖于其他事物。

存在性认知	匮乏性认知
2. 排他地、充分地、仔细地专注；全神贯注，入迷，集中注意；完全注意。倾向不分。细节的丰富；从多方面观察。以“关切的态度”，全面地、强烈地、彻底地投入观察。情感贯注。相对重要性变成不重要的；各个方面同等重要。	对一切有关原因都同时注意。明显的倾向区分。视为世界的一部分，和所有其他部分有联系。较仪式化，仅从某些方面观察；对某些方面有选择地注意和有选择地不注意；偶然地观察，仅以某种观点某种角度看问题。
3. 不做比较（就多罗塞·利的意思而言）。从它自身看，由它自己看。不与任何他物竞争，类的惟一成员（就哈特曼的意思而言）。	置于一个连续系统或在一个系列之内；进行比较，判断，评价。作为一类的一个成员，一个例子，一个样品来看。
4. 和人的事务不相干。	和人的事务有关。例如，它有什么好处，能用它做什么，它对人有益还是有害，等等。
5. 重复的体验能使其有更丰富的感受。认识起来越深刻。“对象之内的丰富”。	熟悉带来厌倦。重复的体验变得枯竭，贫乏，不那么有趣和吸引人了，使它丧失了它为人所需的品质。
6. 看做是不需要的，无企图的，非所欲求的，无动机的认识活动。似乎它和认识者的需要无关，因而能看做是独立的，有它自身存在的权利。	有动机的认识活动。对象被看做是需要的满足物，有用或者无用。
7. 以对象为中心。忘我的，超越自我的，不自私的，不计利害的。认识者和被认识者的同一和融合。全神贯注的经验使自我消失，全部经验都能组织在对象自身的周围，使对象成为一个中心点或结合点。对象不受自我的感染，不与自我相混淆。认识者自我克制。	以自我为结合的中心点，自我投射到感知印象中。感知的不仅是对象，而且是对象与认识者自我的混合。

存在性认知	匮乏性认知
8. 让对象成为它自身，对于对象采取谦恭的，承受的，被动的，无选择的，不强求的，道家的，不干预，放任的接受。	认识者的主动塑造，组织和挑选。他改变它，重新安排它。他忙来忙去。这必然比存在认识累人，后者或许还有消除疲劳的作用。尝试，追求，努力。意愿，控制。
9. 看作是目的自身，自身印证的。自身肯定。由于它自身的缘故而令人感兴趣。具有内在价值。	一种手段，一种工具，不具有自身蕴含的价值而只具有交换价值，或只为他物而存在，或只作为到达他处的入场券。
10. 在时间与空间之外。看做是永恒的、普通的。“一分钟是一天；一天是一分钟。”认识者在时空中的无定向，对于环境没有意识。印象和环境无关。非历史性。	在时间与空间之内。暂时的，局部的。在历史中，在物质世界中。
11. 存在的特点被认为是存在的价值。	匮乏性价值是手段价值，即效用如何，合意不合意，对某一目的是否合适。评价，比较，谴责，赞成或不赞成，判断。
12. 绝对（没有时间和空间；离开地面；作为它本身看待；其余的世界和历史完全忘怀）。这和过程知觉相符，和知觉内转化的、活跃的组织相符。但它是严格知觉内的活动。	和历史、文化、人物、地方的价值观念有关，和人的兴趣与需要有关。可以感到它正在过渡。它的现实性依赖于人；假如人要消失了，它也会消失。作为一个整体，它从一个征候群转移到另一征候群，即有时和这一征候群有点关系，有时又和那一征候群有点关系。

存在性认知	匮乏性认知
13. 二元式、两级化和冲突的解决。不一致被看做同时存在，是合理的，必要的，即看做一种高级的统一或整合，或从属于一种超越分歧的整体。	亚里士多德的逻辑，即分离的事物被看做是被肢解的，割裂的，彼此完全不同的，互相排斥的，往往有敌对的利益。
14. 具体地（和抽象地）被感知。一切侧面同时被感知。因而不可言喻；能够稍许用诗和艺术等等描绘，但甚至这也只能为一个已有同样体验的人所理解。基本上是美感体验（就诺斯洛普的意思而言）。非抉择的偏爱或选择。所见的是它的本来面目（和幼童、未开化的成人或脑损伤患者的具体感知不同，因为这种体验和抽象能力并存）。	只能是抽象的，类化的，图式的，成规的，系统化的。分门别类。“化约到抽象。”
15. 带有自身特性的对象；具体的、独一无二的例证。不可能分类（抽象的侧面除外），因为它是这一类的惟一成员。	法则性的，普遍性的，统计的合法性。
16. 内部与外部世界之间的动态同型性增进。正如世界的基本存在为某人感知，他也同时更接近他自身的存在；反过来说也一样。	同型性减退。
17. 对象常常显得很崇高、神圣，“非常特殊”。它要求或唤起敬畏，尊崇，虔诚，惊诧。	对象“正常”，天天见，很普遍，很熟悉，没有什么特殊感，“习以为常而无所谓。”

存在性认知	匮乏性认知
18. 世界和自我往往（不总是）被看做是有意味的，悦人的，喜剧性的，有趣的，滑稽的，可笑的，但也是辛辣的。开怀大笑（接近于流泪）。哲学的幽默。世界，人，儿童，等等，被看做逗人喜爱的，可笑的，迷人的，可爱的。可能产生哭笑的混合。喜剧悲剧的二元融合。	假如有点幽默的话，也仅仅是幽默的低级形态，完全枯燥无味的严肃问题。敌意的幽默，无幽默感。庄严肃穆。
19. 不可互换。不能代替。别的都不行。	可以互换。可以代替。

表中比较清楚地反映了两种认知的特点及其差别。在此基础上，马斯洛总结道，从根本上说，“匮乏性认知可以定义为是从基本需要或匮乏需要，以及它们的满足和受挫观点组织起来的那种认知。这就是说，匮乏性认知可以叫做利己认知。”而“存在性认知是按照对象自身的真相和它自身的存在，基本上没有涉及对象对于观察者的价值，或它在他身上的作用；这样的认知，可以叫做存在性认知（或超越自我的、或非利己的、或客观的认知）。”由于匮乏性认知未能超越功利价值取向的褊狭，因此，它是一种不成熟的认知。这种认知会掩盖或忽视世界的很多特点。而在存在性认知中，由于摆脱了褊狭的功利取向的束缚，事物的本来面目、宇宙的终极价值便能得到如实的、客观的认识。因此，存在性认知是一种成熟的认知。

高峰体验中所见世界的描述，高峰体验中所报告的自我特征等，相应地都可看成存在性价值。

存在性认知带来了对事物本来面目的客观知觉，带来了对事物的存在性价值的领悟，从这一点来看，它与儿童的单纯认知、哥尔德斯坦描述的脑损伤患者的具体认知以及佛教禅宗的禅悟境界有一定的类似。但马斯洛特别强调，一定要将存在性认知与上述几种情况的认知区分开来。

马斯洛首先将存在性认知与脑损伤患者的认知作比较。他强调：存在性认知首先不同于哥尔德斯坦所描述的脑损伤患者的化约到具体的认知。脑损伤患者所看到的不是一般范畴的绿或蓝，而是某一特定的颜色，像它自身的本来面目一样，和任何别的东西没有关系，似乎它仅仅是全世界惟一的颜色，没有任何东西能与之相比。从不作比较的特性来看，脑损伤患者的认知与存在性认知是类似的。但两者的区别也是比较明显的：存在性认知不仅能认识具体事物，并把该事物看做它原本的样子，而且能够知觉到整个宇宙，知觉到具体事物的抽象意义，能“在手掌中把握无限，在一小时中把握永恒”。

接着，他又以儿童的单纯认知来与存在性认知作比较，指出存在性认知也不同于儿童的单纯认知。马斯洛说，诚然，儿童能以不带功利的“天真目光”去认识具体事物的本来面目，发现具体事物的美与完善，但儿童的单纯却是“无知的单纯”。他还没有能够还原到具体，也不曾成长到抽象。他的单纯只是因为他无知。这与存在性认知中成年人，特别是自我实现者所达到的“聪明老练的单纯”或“第二次天真”

是有本质区别的。成年人特别是自我实现者的单纯是建立在知识的基础之上的。他们了解整个匮乏性领域，了解整个世界，了解这个世界的一切罪恶、竞争、贫困、争吵和眼泪，但又能上升到所有这一切之上，在统一意识中看到存在领域，看到整个宇宙的美，能在一切罪恶、竞争、眼泪和争吵中间看到还有另一面的存在，能透过缺陷或在缺陷之中看到完美。因此，儿童的认知并不是存在性认知的好模式，也不是自我实现的好模式。

其三，马斯洛又指出，存在性认知与禅悟也有较大的差别。马斯洛是从日本禅宗大师铃木大拙那里了解到禅宗概念的。他认为，铃木大拙在阐述禅悟境界时，并没有将禅悟境界与脑损伤患者的具体认知或儿童的单纯认知区分开来。按照铃木大拙的阐释，“禅宗认为似乎只有具体事物的本来面目才具有价值，而抽象似乎只能是一种危险。”这与存在性认知既能认识具体、原样，又能把握抽象的特点显然是有很大区别的。并且，铃木大拙也未将禅悟境界与某些宗教界人士所说的单纯状态区分开来。马斯洛认为，这是一个很大的错误。因为对这些人而言，天堂或存在世界的认知要么意味着向童年或向无知世界的倒退，要么意味着向未尝知识禁果之前的伊甸园的回归。这实质上是一种低层次的涅槃，一种向下的统一。显然，这与作为高层次涅槃、向上的统一的存在性认知是有区别的。这一点再次表明存在性认知不同于禅悟境界。

更为重要的是，马斯洛看到作为两种不同的认知态度和方式，存在性认知与匮乏性认知之间并不存在一堵不可超越的高墙，而是相互沟通、相互促进并可以相互融合的。匮乏性认知的充分发展与成熟乃是存在性认知产生与存在的前提；另一方面，存在性认知同时也是匮乏性认知发展的条件。只有“理解继续前进的可能性，发展得更成熟，前进到第二次天真，老练的单纯，统一的意识，对存在性认知的理解，才能在匮乏中间继续前进。只有这样，才能超越匮乏性世界，依赖真知，依赖成长，依赖丰满的成年。”但不幸的是，无论禅宗的禅悟境界，还是宗教对存在世界的认知，都没有能够认识到存在性认知与匮乏性认知之间的这种内在的关联。

诚然，存在性认知与禅悟境界也有一定的类似。对铃木大拙的著作，马斯洛比较欣赏的一点是书中提供了一个由丁尼生（A.Tennyson）所写的一首题为“小花”的诗的事例。他认为这个事例较好的说明了存在性认知的特点。他写道：“在那里，那朵小花是作为它自身的本来面目被观察的，同时也把它看成像上帝一样，像是全身放射出天堂的光辉，挺立在永恒之光的中间等等。这时候这朵花显然不仅是作为纯具体的本来面目被观察，而且也作为除此以外别无他物的整个世界被观察，或者以一种存在性认知的方式作为整个世界的象征被观察，即作为一朵存在的花，而不是作为一朵匮乏的花被观察……即看这朵花就像通过这朵花窥见了整个存在王国。”

存在性认知是自我实现的一个重要方面。它表明人已超越了功利价值取向的褊狭，获得了对事物本来面目的客观认知，领悟到了宇宙万物的存在性价值。但正如自我实现并不意味着毫无问题一样，存在性价值也包含着一些危险。马斯洛指出，这些危险主要有：

（1）由于存在性认知不进行判断、比较、宣判和评价、决定，只是消极凝视、鉴赏、不干预事物，“任其自然”，因而，它的最主要危险是使行动成为不可能，至少是使行动犹豫不决。而对自我实现来说，沉思（注视）与行动两者都是必要的。

（2）一味的旁观而不行动、“任其自然”，也会使存在性认知产生另一危险，即可能使我们变得不太负责任，尤其是在帮助别人方面。极端的例子是对幼儿，“任其自然”往往意味着妨碍他的发展，甚至意味着扼杀他。

（3）由于抑制行动和丧失责任心，存在性认知也能带来宿命论。在存在性认知中，人们可能会认为：“未来将成为怎样就成为怎样，世界是怎样就是怎样，这是确定了的。对此，我没有事情好做。”这实质上是意志的丧失，对所有人的成长和自我实现都是有害的。

（4）不行动的沉思几乎肯定会引起受到这种沉思危害的其他人的误解。对他们来说，不行动的沉思意味着缺乏爱、关心和同情，会使他们在成长的斜坡上下滑，阻碍他们向着自我实现的方向成长。

（5）作为特例的纯沉思，包含不书写、不帮助、不教育的意思，可能使存在性认知者更像佛教的佛陀而不是菩萨。佛陀只为自己获得启蒙而不管其他人。而已经达到了启蒙的菩萨，则仍然觉得只要其他人还没得到启蒙，他自己的皈依就不是尽善尽美的。对自我实现来说，这两者都有正确的一面，也都是必需的。但纯沉思显然只有助于“利己的自我实现”，而不利于“成为善的自我实现”。

(6) 存在性认知可能导致无区别的认可，损害日常的价值，丧失鉴别的能力，以及过分容忍。对于治疗者、相爱者、教师和朋友来说，无条件的认可是必要的；但对于法官、警察和行政官员来说，总是无条件的认可肯定是不行的，很多时候需要说“不”。人性丰满的人往往需要同时认真地担任“治疗者”和“警察”的角色。

(7) 从某种意义上讲，对于另一个人的存在性认知就是把他看做“十全十美”的。虽然对于已达到存在性认知水准的人来说，这样作可能产生奇妙的增强、促进成长与治疗的作用，但这可能使停留在匮乏性认知水准的人产生误解。他可能将存在性认知者的绝对的爱、完全的赞许与无条件认可的态度曲解为不能容忍的要求，即要他以不实际的至善论的期望作为生活实践的目标。

(8) 存在性认知可能留下过分的唯美主义，从而与对生活的实践和道德反应相抵触。例如，出自深刻的理解，存在性认知者可能动人地、美妙地描绘诸如同性恋、犯罪与不负责任，虽然这也是可以的，但同时也可能被曲解成鼓励人们去模仿这些行为。

存在性认知包含着危险这一事实表明，自我实现并不是一种静态的、绝对完美的状态，并不是说在这种状态中，人的一切问题都已经超越了，人们“永远快乐地生活”。马斯洛认为，在宁静的或狂喜的超人状态中，自我实现是一种终极的“存在”，但同时也是一个程度和过程的问题。每一次高峰体验，都将人带入到了存在性认知的境界，因而也都是一次良好的“形成”，是一次短暂的自我实现。但人不能在其中停留太久，而必须及时地退回到匮乏性世界或现实生活中来。只有通过一次又一次的高峰体验，一次又一次地在匮乏性认知的基础上达到对存在性价值的领悟，人性才能真正地发展到它的极致。

为什么高峰体验能带来无偏私、中立、超然和更大的清晰性的存在性认知？对此，马斯洛曾以存在爱的体验——高峰体验的一种形式——为例进行了说明。他认为，在有些情况下，爱的确会带来认知的盲目，但是，“当爱变得对于对象本身非常深切、非常纯洁（无矛盾心理）时，对象的善就成为我们所需要的，而不是看它能为我们做些什么。这时对象越过了手段的阶段，变成了一个目的（有了我们的容许）。”存在爱正是这样一种类型的爱。在存在爱的体验中，我们会变得较少干预、较少要求，能从事物自身中得到乐趣。这有利于较少的抽象（或选取对象的局部或某些属性或个别特征），较少原子论式的肢解，较少将对象类化、成规化或样品化。这意味着对象的各个部分、对象的一切方面和特征都能得到同样的关心或注意，每一部分都会成为有趣的和奇妙的。即使是微小的瑕疵，因其独特的存在，也能被看成是“逗人喜爱的”、迷人的、珍贵的。因此，存在性爱者（存在性认知者）会看到一些匮乏爱者所看不到的细节，更容易看到对象自身性质的本来面目，接受它本身的资格和存在方式，发现对象的存在性价值。

当然，高峰体验并不是通向存在性认知的惟一途径。对高原体验的研究，使马斯洛又看到，存在性认知也可以在没有高峰体验的时刻到来。最低点或孤寂的体验、悲剧体验、死亡体验，特别是高原体验，都能成为通向存在性认知的重要途径。对普通人来说，他们也有可能在日常生活中通过高峰体验窥见存在王国，发现事物的存在性价值，短暂而少量地进入自我实现的境界。对于自我实现者，特别是那些超越型自我实现者，因为他们有频繁的高峰体验，因为他们获得了高原体验，他们就能更经常或更持久地进入存在王国，从而使其人性发展到理想境界。

对于高原体验现象，马斯洛从思想上给予了高度的重视，并将它列入了自己的研究计划。然而，非常遗憾的是，他过早地离开了人世，未能如愿地将这一计划详细地展开。因此，我们只能把主要精力放在他的高峰体验论的领悟上了。

④ 结 果

至此，我们已经比较完整地了解到最能体现马斯洛人本哲学精神的高峰体验时个人的变化情况：在情绪、情感体验上，个人感受到了令他心醉神迷的快乐，体验到了人生最高的幸福；在认知上，个人获得了对宇宙万物的存在性认知，领悟到了事物的存在性价值；在人格特征上，个人表现出许多与自我实现者相吻合、相重叠的人格特征，获得了他最高程度的认同感。因此，高峰体验既是个人一生中最幸福的时刻，又是他“自我实现的短暂时刻”。

那么，高峰体验时的这些收获对个人今后的成长有没有影响呢？如果有，这影响又表现在哪些方面？这些显然是马斯洛需要进一步告诉我们的问题。

根据研究对象的个人报告，结合一些文献中有关创造性、爱、顿悟、神秘体验和审美体验的描述，马斯洛发现，高峰体验在个人成长过程中往往表现出以下方面的后效：

（1）可能有而且确实有某种治疗效果，即能帮助人祛除某些不良心理症状。特别是当人们意识到所有的高峰体验都具有相同的结构时，高峰体验便能在他们身上产生普遍的治疗效果。

（2）使人将它作为非常重大、合意的事件铭记于心，渴求它的重现。

（3）或多或少地持久地改变了一个人对于世界或它的某些方面、某些部分的看法。世界在个人心中往往变得更美好些了。

（4）高峰体验后，个人认识到，虽然他与其他人仍有着很大的差异，但毕竟都生活在一个共同的世界上，而且有着共同的语言和共同的主观体验，进而，他对他人的了解与理解加深了，对他人的看法及彼此的关系也都变得更好了。

（5）能使人沿着健康的方向转变对自己的看法，改变自己的行为。例如，一位女性研究对象曾这样描述高峰体验后的她自己："世界变得非常美好，我自己也变得和善了。我有一种强烈的希望感，这对我来说是以前很少有的事情。在这些时候，我明白了我想要什么，我很有把握，较少怀疑；我的工作效率高起来了，能很快作出决定，很少含糊或犹豫。我比其他任何时候都更清楚自己的要求和喜好。我不仅感到更有希望，而且更富有同情心和体谅精神。"

（6）作为"原级创造性"产生的必要条件甚至先决条件，能解放一个人的创造力、自发性、表现性和特质，消除对人性的一些压抑和防御。

（7）由于表明了美好、正义、善行、真理和意义等的现实存在，因而能如久旱遇甘霖，使人在遭遇挫折、痛苦、平凡之时，仍能发现人生的价值与意义。举例来说，一名研究对象曾很有特色地说道，"我知道生活可以是美妙的，值得我活在这个世界上；在那些冷酷的日子里，我就竭力回忆那些美好的瞬间。"

高峰体验的后效，连同高峰体验时个人的收获，表明高峰体验乃是自我实现的重要途径，同时也昭示出高峰体验在教育、心理治疗等领域的重要价值。那么，有没有什么特殊办法主动引发高峰体验的产生呢？

马斯洛指出，高峰体验完全是自然产生的。导致高峰体验的刺激因素有多种多样，通向高峰体验的道路也有千条万条。高峰体验"可以来自爱情、和异性结合，来自审美感受（特别是对音乐），来自创造冲动和创造激情（伟大的灵感），来自意义重大的顿悟与发现，来自女性的自然分娩和对孩子的慈爱，来自与大自然的交融（在森林里、在海滩上、在群山中等等），来自某种体育运动（如潜泳），来自翩翩起舞时……”

例如我们前面描述的几个例子：一个年轻的母亲在厨房里忙碌着，为她丈夫和孩子准备早餐。这时，一缕明媚的阳光泻进房间。阳光下，孩子们穿戴整洁、漂亮，如欢快的小鸟叽叽喳喳地嬉闹。丈夫也在轻松悠闲地与孩子们逗乐。当她注视这一切时，她突然为眼前的美景所深深感动，一股不可遏止的爱笼罩了她的整个心灵。她产生了高峰体验。

一位男青年说他靠在一个爵士乐队里担任鼓手来挣钱读完了医科学院。在整个鼓乐期间，他一共有过三次高峰体验。在这些时候，他突然感到自己是一个杰出的鼓手，而他的演奏效果简直达到了完美的地步。

另一位女主人在宴会顺利结束后，最后一个客人已道别离去，她坐在椅子里，望着杯盘狼藉、乱七八糟的屋子，想到度过了一个多么愉快的夜晚，她于是忘掉了疲惫，体验到了一阵极度的兴奋和幸福。

类似的例子不胜枚举。这表明通向高峰体验的途径很多很多。但我们能否凭借意志的力量去命令、去支配高峰体验的产生呢？马斯洛的回答是“不能”。他认为，虽然通向高峰体验的途径有许多条，但没有一条可以确切保证这种体验能产生。高峰体验全都是以毫无预料、突如其来的方式发生的。我们无法预料它们会在什么时候出现，也最好不要图谋直接在它们身上下功夫，不能强迫、控制或支配它们。我们只能任其自然，不加干预，彻底地放松自己，完全被动地去感受，才能进入最易于形成高峰体验的精神状态，使它们作为一种副现象出现。而意志的作用只能妨碍、抑制高峰体验的产生。

那么，任其自然，是否意味着我们在高峰体验的产生中就完全无能为力呢？马斯洛认为，也不是。他指出，高峰体验的产生与人格的成熟、与自我实现之间有着密切的关系。因为，人格的成熟是改善我们对于外界认知的先决条件。只有心地善良的人才可能领悟到什么是仁慈、良心、道德或内疚。病态的人是难以领会这些的，他本身就与这些无缘。一个善良、真诚、美好的人比其他人更能体会到存在于外界中的真、善、美。同样，如果我们自己具有统一和谐的心理状态，我们就能比较容易觉察到世界的统一性，进而产生高峰体验。而人格的成熟又是以良好的环境为条件的。世界愈和谐、美好、公正，它便愈能使人变得如此。当我们在外界发现了最高的价值时，我们就可能同时在自己的内心中产生或加强这些价值。这也就意味着，较好的人和处于较好环境的人更容易产生高峰体验。所以，“几乎在任何情况下，只要人们能臻于完善，实现希望，达到满足，诸事顺心，便可能不时产生高峰体验。”这也正是为什么在自我实现者身上高峰体验更频繁出现的原因。

里克尔在《给一位青年诗人的信》中有这么一段话：“假如你感到生活贫乏，不要抱怨生活，应该责怪自己，因为你自己还没有足够的诗人才华，将生活中的丰富内容概括表现出来。在创造者的眼中，没有什么地方是平淡无奇、无关重要的。”这就是说，生活是丰富的，也是可爱的。幸福就在我们身边，我们随时都可以步入，在其中逗留几分钟。关键是，要能发现生活中的美好，要能把握住生活，把握住幸福，你必须不断地加强自己的精神修养，使自己一步步走向自我实现！

马斯洛感到，在高峰体验所由达到的途径上，他的主张与道家、禅宗的看法颇为相似。与他一样，道家也主张“道法自然”、“无为而无不为”，强调不以主观的欲望破坏自然，不以矫揉造作来伪饰自己的天性，方能得“道”，进入人生的最高境界。禅宗也强调对事物无欲无求、不干预、不打扰，直接进入事物的内部，以达到认识事物、进入禅悟境界的目的。但同时，他也强调，他的观点与一些宗教神秘主义者的主张是大相径庭的。宗教神秘主义者常常暗示一个人要达到神秘的狂喜心境，就必须经历“灵魂最阴沉的阶段”，即必须以绝望为先决条件。在他们眼中，似乎人总要在最大程度上表现出自己的意志、骄傲和狂妄，当事实证明其意志、骄傲、狂妄只能产生极大的痛苦时，人才能打心底里表示让步和屈服，并变得谦恭起来。马斯洛认为，事实并不全是如此。作为高峰体验的必要条件，“任其自然”、“信赖感”等诸如此类的能力并不意味着“灵魂的阴沉”或“绝望”，也不意味着骄傲感被彻底粉碎，或人的被迫屈服。健康的骄傲感与健康的感受性是可以并行不悖的，我们要打掉的只是那种不健康的骄傲。

高峰体验的研究，使马斯洛认识到，“人有一种高级的和超越的本性，这是他的本质的一部分，即作为一个演化的物种的一员和生物本性的一部分。”正是在这一发现的基础上，马斯洛提出了他的超越性动机论，进而将超越型自我实现看做人的最高层次的需要，看做人性发展所能达到的最高境界。

五、优心态管理

管理学理论强调两种结果：一是经济生产力、产品品质和创造利润等；二是人性产品，包括员工的心理、健康、自我实现、安全感、归属感和忠诚的提升。依据当今的国际情势，后者的重要性日趋提高。很多人都相信，每个人都具有无穷的潜力，人是企业最大的资产，但我们为什么还得不断地改造企业？或者我们为什么没有办法促使员工贡献最大的能力？人类愈进化，心理就愈健康，就愈需要开明管理政策，只有这样才能在竞争中生存。任何采用独裁管理的企业必将造成企业营运的障碍。

1. 管理是一场心理实验

关于人类动机，有许多有效的数据、企业实验及临床心理学资料证明采用Y理论的管理是可行的。但我们必须记住，就像是飞行实验，验证实验的数据并不是最终确定的数据，也不是全然可信的，其中还有很多令人怀疑的地方。事实上，很多学术界的专家及企业经理人都质疑这项理论的可行性；又有许多证据、实验及数据反驳Y理论。我们必须承认，Y理论确实还有很多值得讨论的空间，整个理论仍处于实验阶段，我们必须搜集更多的数据和答案来解决即将而来的疑问。

例如，新式管理哲学相信人性本善、值得信任、喜好知识并渴望受到尊敬。但事实是我们并没有确切的量化资料说明有多少人对工作满怀热情、努力追求事实与真相、追求效率。当然，我们知道有些人确实有这方面的需求，我们也多多少少知道这种需求会在什么样的情况下出现。不过，我们并没有对多数人进行调查，因此没有量化的数据可以告诉我们到底有多少人喜欢要求别人执行他们心中的想法。我们不知道如何回答以下的问题：到底有多少人是无法改变的独裁者？

这些都是建立开明管理制度所需的关键性问题。我们不知道有多少员工真正想要参与公司的管理决策，有多少人不愿参与任何的活动，有多少人将工作视为谋生的工具，而与他们的兴趣无关。

例如，有的妇女出外工作只是为了养育小孩。其实，她喜欢有一份美好而又愉快的工作，问题是对她来说，什么是令人厌恶的工作？如果她关心的是小孩而不是工作，那么她全心全意投入工作的意愿会有多高？有多少人其实比较喜欢独裁式管理的老板，他们宁愿被告知该怎么做，而不是想自己费脑筋去思考？有多少人只看得到具体的事物，对未来的计划感到不可理解和索然无味？有多少人喜欢诚实？另外有多少人打心底里就喜欢不诚实？我们对人的惰性知道得不够多，也不很清楚人到底有多懒惰，什么样的情况下能使他们不懒惰？

这些都只是实验而已（因为手中掌握的信息不够充分）。马斯洛认为，民主管理实际上也是一项实验，它是基于一项未被证实的科学假设：人们喜欢掌握自己的命运，只要有足够的信息反馈，人们就能为自己的生活做出明智的决定；他们喜欢自由，不愿被指使，对于影响他们未来的任何事，他们都希望有发言权。然而，所有假设都没有经过精确的证实，所以马斯洛将其称之为科学事实，就像我们把生物学上的事实视为科学事实一样。我们有必要知道更多的心理因素。我们必须明白，这些都只是信心条款，而不是最后的真理，换句话说，这些都是有某些根据的信心条款，但仍不足以说服那些从内心反对这些条款的人。

我们认为这项科学事实的最后测试结果，会让原本不赞同的人不得不接受事实。当所有独裁者看到关于独裁者的研究资料，并因此认为自己的独裁人格是不必要的、病态的或反常的，那么关于独裁人格的研究知识就可成为最后的定论。如果独裁者可以对所有证据置之不理，表示我们所搜集的事实还不够充分，还不足以说服人，因而仍无法形成定论。

如果我们仔细研究麦格利克的观点——采取与 X 理论完全相反的人性主张，就会发现马斯洛有许多关于动机、自我实现的研究资料，与他的结论相符。但所有人都必须知道，若把这项理论看做最后的定论，这是非常危险的事。马斯洛在动机方面的研究基础是来自于临床经验，是针对神经质病人的视察而来。已有某些关于企业界的研究证明此项理论亦适用于企业，但他认为仍须进行更多的研究，才能说服他自己，这项针对神经质病人所做的研究可以转移至工厂，对工厂的员工继续进行研究。

对自我实现的研究也是一样的情形，在所有研究中，只有这项研究有效。许多取样发生错误，依正统科学而言，这项实验是无效的。承认这项研究仍在实验阶段，他担心某些热心的人会全盘接收，他们应该像马斯洛那样，对一切事实有所保留。这项实验必须不断地重复和检查——必须通过其他社会的试验。这项理论的事实根据——当然已经有许多事实根据——主要来自于如罗嘉斯和弗洛姆等心理治疗师。

当然，将心理治疗的情境运用到企业界仍需要更多的测试，以证明是有效运用。至于他对知识需求、好奇心的研究也是一样，尽管他相信自己的结论，但他仍愿意像充满好奇心的科学家一样，承认这项研究必须经过他人的验证后，才能成为定论。他说，我们必须小心数据是否出错，绝对有必要进行更多的研究。自满与确信只会阻碍研究，误导研究结论。

马斯洛明确指出，X 理论管理的事实根据比 Y 理论要少得多，甚至接近于无；它是完全根据习惯和传统而归纳出来的结果。尽管它的支持者辩称这是依据长期经验所得出的结果，仍无法改变证据薄弱的事情。那只是一种自我实现性预言，以 X 理论所主张的方式对待员工，只会让员工产生 X 理论所预测的行为。

马斯洛的结论是，Y 理论的事实根据仍不完全，因此无法获得完全的信任，但是 X 理论更缺乏证明。所有符合科学根据，而且适用于企业界的研究均支持Y理论，没有一项证据支持X理论，除了某些特殊情况。

同样的情形也发生在独裁性格的研究上，所有证据都支持民主性人格。然而在某些特殊情况，独裁性格是较佳的选择。例如，在过渡时期，拥有独裁性格的教师比起民主而被动的Y型性格教师，更能管教独裁性学生。在更为复杂的企业文化中，也有同样的情形。

2. 最理想管理

为了构成理想管理理念，我们应该参考阿基尼斯·罗伯利克、莱克特等人的观点。可以假定每个人都想成为积极的行动者，而不是被动的助理，也不愿成为被操纵的挣钱工具或是随波逐流的软木塞。

马斯洛认为，理想管理或开明管理应该是这样的：

（1）假设每个人都是可信任的。

这并不是假定说这世界上每个人都是可信任的——也不是说没有人完全不可信任。我们应该承认个人存在的差异性；在良好的环境前提下假设依据特定计划而挑选出的员工是较成熟、健康的，又具备良好的修养。

（2）每个人都尽可能地被完全告知所有的事实真相。

在开明管理中，这是一项非常明确的假设——人们需要知道真相，知道实情对他们来说是有益处的，真相、事实和诚实具有治愈效果，让人倍感舒服与亲切。实际上每个人都有知情权，也都渴望知情。

（3）设想你的员工都有达成目标的激情。

设想他们都是很优秀的员工，厌恶浪费时间和没有效率，而希望把工作做好。

在这里可以讨论完形即完整形象或形体动机的理论，这些学者认为学习是员工对整体的刺激环境作出的整体反应，而不是局部判断作出的分解式反应。此外也可参考维伯伦所著的《工艺本能》一书。说明追求完美与改善不完美的行动，事实上在大部分人身上不是缺乏行动，就是行动不足，但是组织必须精于选择拥有合理行动的员工。为了避免看到任何不实际、过于乐观或过于悲观的情绪，必须了解哪类人是没有行动或行动不足的人，包括：心灵破碎、无助、遭受打击、创造力降低、心情烦躁、担心日常生计、精神错乱、精神病患者、毫无审美观的粗人，以及心智不完整的人，等等。

（4）假设没有在丛林和独裁环境中，存在的支配——从属层级。

所谓的支配是指黑猩猩式的支配，像兄长爱护弟妹一样负责、有感情。

丛林观点盛行的环境，也就是弱肉强食的环境，开明管理的方式绝对行不通。如果所有人都转化成斧头和砧板、小羊和大野狼等关系，那么就很难甚至根本不可能说得上什么兄弟之情，什么共享目标和认同群体。一定有一种能力可以让全体人类相互认同对方，使全人类合在一起。集权独裁者不认同任何人，至多只认同自己的血亲，因此独裁者必须会排除在外，除非已很成功地转化了他们。

（5）假设每个人最终都有相同的终极管理目标，并且认同它，不论是处于层级中或组织内的哪一级位置。

在此说明层级——整合原则如何取代极化——分化原则。举一个皮亚杰日内瓦小男孩的例子，他知道某个人是日内瓦人或瑞士人，他才了解某物可与另一物整合或包含另一物。也许我们可以讨论语意学者的多重价值和二元价值逻辑。我们还必须了解专门研究团队合作和组织认同相关的心理动力学（psychodynamics），例如“我愿意为老路杰斯而死。”或者我们试举军队的例子，他们都是爱国主义拥护者，也知道每个人的最后目标都是赢得胜利，即使是牺牲生命也在所不惜，但每个人会依据自己的能力，寻找最佳的解决办法。这是问题导向而非自我导向，譬如有人问：什么是解决问题或达到目标的最好办法？而不是对他自己说“对我自己，对我的员工来说，什么是最好的？”

（6）假设员工和员工之间的关系都很融洽，没有互相对抗或嫉妒。

马斯洛以同胞争宠为例，说明良好但不成熟的行动如何导致心理疾病。他说，儿童需要母亲的爱，但他不够成熟，不了解母亲可以把爱同时分给其他的孩子，因此他有可能去敲弟弟的头。他并不是真的仇视自己的弟弟，只是渴望拥有母亲全部的爱。两岁到三岁的幼童会对新出生的婴儿进行攻击，不过他却不会敌视别人家的婴儿。由此可知，他并非敌视所有的婴儿，只是针对分走母爱的兄弟姐妹。当然在我们长大以后，都会慢慢了解到，母爱可同时分给每一个孩子，但这需要经过一个相当程度的心理发展。摆脱组织或团队内的同胞争宠情形，也必须具备高度成熟的人格。

（7）假设存在综效。

我们常常假设一个人得到的越多，另一个人得到的就越少。自私的人通常比不自私的人缺乏利他主义，但如果有适当的社会结构及制度，就可以改善这种情况。综效（synetgy）可以化解自私与不自私，或自私和利他主义之间的分歧。我们可以建立一种组织，使每个人在追求自己的兴趣时，不管在什么境况下，也能嘉惠他人，同样的，当自己尝试对别人有利或仁慈时，也会不由自主地使事情对自己有利或合乎自己的兴趣。

举例说，在印第安黑脚族里，赠予就是一种综效制度，借此他们可获得荣耀、尊敬以及关爱。我们每个人或他们自己都可以看到，黑脚族可能会为了一年一度的太阳舞节庆的到来，而整年辛勤地工作或把赚来的钱存起来，为的就是要在初夏举行的太阳舞节庆中，端出一大盘的食物，分赠给族人。最后，他的口袋里可能一文不名，但却被认定是一个很富有的人。他们对有钱人的定义是：非常慷慨地将自己的财物或想法与别人分享。他不断赢得别人的尊敬和爱而使自己受益；他能通过智慧和努力向人们证明自己很快又可以变得非常富有。在他们的部落里，最受尊敬的人，通常是付出最多的人。

而在他付出所有东西之后，又将如何自处，如何生存呢？

其实，他拥有每一个人的尊敬，族人会以他为榜样而努力奋斗，人们会因为能够招待他而倍感光荣。他是个智者，他在营火前教导孩童的行为被视为是上帝的恩赐，因为他的技能、智慧、认真以及慷慨，不仅使他自己受益，更能泽被他人。对印第安黑脚族来说，任何一个人发现金矿，都会让每一个人觉得快乐，因为他会和其他人一起分享这些宝贵的金矿。相反地在我们今天的社会中，人们往往在发现金矿后就赶快躲起来，与别人隔离，即使和自己最亲近的人也不例外，因为他们不想和别人一起分享这些金矿。

所以，如果要摧毁一个人，最好的办法就是突然间给他一百万。因为只有意志力坚强以及绝顶聪明的人，才有能力妥善地利用这笔意外之财。大部分人都会因此而失去朋友、家人，以及其他有形无形的东西，甚至在不知不觉中流失了他凭空得来的一百万。

马斯洛认为，开明的经济体一定要建立一套对所有人有益的综效性机制。一个员工因某事受益，其他人也会因而受益。对通用汽车这个企业最有益的，也是对美国有益的。对美国有益的，也对这个世界有益。对自己有益的，也对别人有益。依这种标准，我们可以针对每一种社会制度进行有效的选择与分类。这是非常有力、也极精确的分级手段，每种社会制度都会因此而获益。哪些制度可达到综效？哪些制度不行？根据杜拉克的理论，开明经济体有助于综效性管理原则的建立，遗憾的是他们自己可能没有察觉到此点。

说到综效，看起来似乎很简单，其实，综效一点也不单纯。

马斯洛认为“综效”是指在某种文化背景下，对个人有益的事对每个人都有益。高度综效的文化是安全的、有益的、高道德标准的。低综效文化则不安全、冲突不断而且道德标准低。

在马斯洛的企业管理理论中，综效概念愈来愈重要，因为他发现太多的企业文化，都是以牺牲他人的利益来成就某个人的成功。马斯洛在拜访非线性系统公司期间，亲眼目睹这个由安德鲁凯依以及他的同事所辛苦营造的工作环境，高度综效的企业文化。这使马斯洛想起了他对印第安黑脚族的研究工作。

事实上，马斯洛对综效这个议题的概念，大都是从印第安黑脚族得到的启示，他们的文化已达到完全的综效。他意识到，现代文化和印第安黑脚族文化有着强烈的对比。

强调慷慨是这个部落最有价值的美德。累积财富和知识的人得不到赞美。只有把自己的资产、知识以及财产分送给同胞的人，才能在族里获得名望与安全。

经过不断的测试，马斯洛发现黑脚族人不会有自我怀疑以及自我意识的问题，然而身处激烈竞争环境的现代人却常常有这方面的困扰。每一个族人清楚自己的优点和缺点，同胞们不但不会排斥这些缺点，反而会把缺点看成是人性的一部分。

在黑脚族里，从年轻开始他们就很重视个人的责任感。父母亲从小就以关爱和支持的态度，鼓励他们的小孩去做自己想做的事，让他们生活在爱和引导的环境中。

黑脚族轻易地把整体部落的需求和族里每一个人的需求相互结合。

黑脚族需要的不是拥有相同能力的领导者，而是依据不同功能选择不同能力的领导者。他们会有不同职能的领导人。主持太阳舞的最佳人选，并不一定是代表黑脚族与政府沟通的最佳人选。他们视工作的需要去挑选具有特殊技能的专业领导人，这种领导人就是所谓存在型领导。

在请求团队合作的地方，领导者必须创造高度统合的组织，激发团队协作精神，组织的目标必须和个人的目标相互结合。根据马斯洛对统合文化的论述，我们是否低估了这项挑战的难度？

（8）假设相关的个人都是健康的。

健康的程度很难量化，但至少不能是精神病人、精神分裂症患者、偏执狂、脑损伤病人、心智薄弱或过度热心等等心智不健全的人。

（9）假设组织够健全。

马斯洛认为应该有个标准来判断什么叫健全的组织。马斯洛说：“我不知道这个标准是什么，但是，应该有人归纳出其中的原则，如果没有，必须立刻进行。当然，某些基本原则可能会与个人心理健康的原则重叠，不过两者之间也不会完全一样。在某些观点上，组织和个人是不同的，我们应该找出这些不同点。”

（10）假设我们都具备“欣赏别人的能力”。

站在绝对客观的立场和超然态度，称赞他人的能力和技术，同时包括对自己能力和技巧的喜爱。

特别要强调的是，没有尼采式的愤怒，对自己没有怨恨，对存在价值没有敌意，不排斥真相、美丽、善良、公平以及法律、秩序……，对客观事实的认知和尊敬至少不低于人类本性的最低限度。在理想的状况下，如果每个人都很有智慧，不以自我为中心，而能以庄严神圣的态度对待别人，那么以上的情境就不难达成。这时他就可以很明确地说，“史密斯比我更适合这个工作，因为他在技术以及各方面都是最好人选。我完全没有嫉妒、受伤、自卑或其他痛楚的感觉。”在现实生活中当然是不可能的，因为除了极少数的情况之外，大部分的人都达不到这种境界，不过这是达到开明管理的最低限度。我们必须提高这种客观性，而不是降低到人性的最极限。用我们的眼睛清楚地、客观性地观察自己反省自己是有些困难，毕竟这会伤了自尊，但在某种程度上是可行的。从过去无数次的心理治疗经验中我们已经知道，很多人已经学会怎样省视自己，从中获益。

（11）我们必须假设员工并非只想获得安全需求的满足。

在这种情况下，他们不必焦虑、不必害怕，具备足够的勇气克服恐惧，能面对不确定的未来勇往直前，这些是可以被量化的。根据心理动力学的论述，关于开明管理与独裁管理、害怕和勇气、退步和进步之间的对立是存在的。一旦被恐惧所主宰，就不可能做到开明管理。在这一点上，杜拉克对于心理治疗、邪恶、软弱以及不良行动缺乏足够的认知。杜拉克的理论对很多人，尤其是美国之外的人是行不通的。关于人际关系以及人事管理等理论也一样。他没有想到有很多人并不适用那些理论，有些人已经病入膏肓而无法在开明世界产生任何作用。此外杜拉克也忽略了个人差异的问题。

（12）假设人有主动自我实现的积极倾向。

人们可以自由地实现自己的理想，选择自己的朋友，和志同道合者在一起，共同成长、尝试、体验、犯错。

同样的道理，只有在此假设的前提下，心理治疗或心理成长才有可能。我们必须假设人们愿意追求健康与成长，而且可以具体地被看见，而不是像罗嘉斯心理治疗理论般的抽象。

（13）假设每个人喜欢好的工作团队、好的团队和谐、好的团队精神、朋友关系、良好的归属以及团队友爱。

除了自发与自我实现的快乐之外，很多人没有注意到，认同一个充满爱的团体，一样能获得快乐。对团体的认同，就好比高中男孩会因为加入学校篮球队而自豪；大学学生也会因为学校的声望高涨，提高自己的自尊；或是亚当家族的成员以身为亚当家族的一员而自豪，这种自豪感并非来自于个人的成就。

（14）假设敌意是一种初始反应而不是天性。

这种敌意来自客观的、充分的、有存在的原因，是好的、客观的，只存在于当下，有立即的原因、有价值的而不是有害的。不能打击、抑制它。

自由地表达反应性敌意，更显示出一个人的诚实个性，也有很大的改善空间。若无法公开表达合理的愤怒或非理性情绪，将会造成长期的紧张，毫无道理的抱怨。例如，员工总是比较喜欢向友善的经理吐露自己对公司的愤怒和不满。越是开明的经理人，员工向其表达的机会越多。同样的情形也发生在心理治疗师和他的病人身上。对他们来讲，敞开心胸畅谈远比关闭心里的想法来得好。而太多性格上的敌意，例如：对过去事物的情感转移，对某些符号象征有特别的反应，错置的敌意，等等，会使一些良好的、客观的、人和人之间的关系变得不可收拾。假设你是一个老板，但有人将普通的命令误认为你是以父亲训儿子的态度责骂他，如果他不能区分其中的差异，那你们两个之间的关系就不可能处好。

（15）假设你的员工可以忍受压力。

假设员工比外界评断的更坚强、有韧性，你可以很容易就看出一个人可承受多大的压力，当然这种压力不能太长久。不过，通常人能偶尔接受挑战、压力和紧张，可以从中受益。事实上，他们也必须偶尔承受一下紧张的压力，以免变得懒散或觉得无聊。如果偶尔在音乐会演出或身居高位，生活想必有趣许多，每个人都将因此乐意承受那种压力和挑战。

（16）开明管理假设员工是可以被改善的。

并不是每个人都是完美的，事实上也几乎无人尽善尽美。

不过不排除他们想要达成完美的希望。换句话说，他们可以克服自己的缺点，变得比现在更好。

（17）假设每个人都感觉自己很重要、被需要、有用，都希望成功、受尊敬，而不是默默无闻、不重要、随时可被替换、被浪费、可被牺牲、不受尊重。

这个简单的主张显现出尊重和自我尊重的需求，是一种天生的普遍而本能的反应。

（18）假设每个员工愿意或甚至需要爱他的老板（而不是憎恨），愿意尊敬老板（而非不尊敬）。

我们愿意尊敬或爱我们的老板；但如果只能选择其中一种，大部分人可能会选择尊敬而不是爱。

也许可以参考“支配与从属关系”的研究资料，或者采用弗洛伊德的主张，针对强者与弱者的相互关系、身为强者与弱者的优缺点等议题，作更深入分析，整理出符合共同需求的理论。尤其是男性与女性之间的关系，成人与儿童之间的关系，领导与被领导之间的关系，劳、资双方的关系等等。此外，还须探讨对老板及强者产生畏惧的内在因素以及惧怕的原因。同样，对强者，也要研究其内在动力，尤其要研究身处强者身边的人如何回应，如何受到影响，受到什么样的影响等等。

（19）假设每个人都不惧怕别人，但却宁愿惧怕老板而非瞧不起老板。

我们也许不是很喜欢强势的人，例如像戴高乐、肯尼迪、拿破仑、罗斯福等人，但我们却情不自禁地尊敬他们，信任他们，不论在生活中或战争中，都是如此。强势而能力卓越的领导者也许很容易招致别人的憎恨，不过却比温和而软弱的领导者受欢迎，后者也许比较可爱，但却有可能因为太软弱而将部属带入死亡陷阱。

(20) 开明管理假设每位员工愿意成为积极的主动者，而不是被动的助理、工具，或只是随波逐流的木塞。

关于责任的问题，许多企业的调查结果显示，员工担负责任时的表现的确比较突出，但只适用较成熟、健康的人。而这世界上多的是害怕死亡的人，包括在美国或美国以外地区，他们比较依赖，喜欢从事奴隶性的工作，而不愿自己决定。可参考关于独裁性格的研究，以及在《卡拉马佐夫兄弟》里的大审判一幕。我们必须清楚，这只是一个前提，一项假设，只适用特定的人选。

(2) 假设我们都愿意改善周遭的事情，矫正墙上的扭曲影像，清理脏东西，把事情做对，让情况变得更好，把事情做得更好。

事实上，我们在这方面了解得不多，完形心理学家是有科学性的论证的。在健康的人身上常能看到此倾向，我们称其为完形动机，但我们不知道这种倾向有多强烈，也不清楚在较不健康、较不聪明、较没有人性的人身上是否也有此倾向。有些研究者企图让所有人都具有此倾向，他们认为这是成功建立开明经济的前提。

(22) 假设成长时愉悦与厌倦是相当贴近的。

孩童的成长就是愉悦与厌倦相互交替的过程。小孩总是喜欢寻求新鲜感，充满好奇心，喜欢一切新奇的事物，喜欢探索新事物，但不久之后就会感到厌倦，而会找寻更新奇的东西或活动。这是一个非常稳当的假设，开明管理的先决条件就是要有新鲜的事物、新挑战、新活动、多元化的活动，不能太简单。但一切很快的又会变得熟悉、无趣甚至无聊，所以你必须再次提供更新鲜、更多元化、更高层次的工作。

（23）假设每个人都比较喜欢做一个完整的人，而不是只有一小部分、一件事物、一个工具或“一双手”。

人们比较喜欢发挥自己的能力，相反的，如果只把他当做别人的一部分，他会觉得很生气。

譬如说妇女——至少是人格高度发展的妇女——拒绝当泄欲工具；出卖体力的劳工，也会拒绝当别人的一双手、一块肌肉或是垫背；就连在餐厅工作的服务生也厌恶他人把他当做是一个只会端盘子的人。所以开明的经理应善于因材施用，充分发挥员工的潜能。

（24）假设每个人都比较喜欢工作，而不愿意无所事事。

这项假设当然是对的，但要有一些限制条件。例如说，大部分人认为做没意义、浪费时间的工作，倒不如没有工作。当然不同的人会喜欢不一样的工作，例如知识型或劳动型。我们也必须了解工作期间与完成工作时的乐趣不尽相同。另外，我们必须化解工作和娱乐之间的分歧。我们不苟同那种“工作让人享受、着迷与喜爱”的主张。对自我实现的人而言，他们可能比较喜欢把工作当成是一种“任务”，一种“使命”，一份“责任”，或是神父所谓的“天职”。自我非常认同这项“任务”，一如体内的肝或肺同等重要。对一个幸运、开明的工作者而言，夺走他的工作相当于要了他的命。真正专业的工作者就是最好的例子。此外我们必须针对“工作”的语意有更明确的解释，因为依据目前社会上的认知状况，劳动令人感到不快，放松意味着躺在阳光下，什么事也不做。其实从另一方面看，强迫人不工作是一项严酷的惩罚。

（25）假设所有人都比较喜欢做有意义的工作。

这里强调人们对价值体系、了解世界并赋予意义的高层需求。这和人类追求宗教信仰的态度非常相近。如果你所从事的工作是毫无意义的，你的生活也就接近无意义。无论如何卑贱的杂事——洗碗盘、清水管等工作——有意义与否，完全在于这份工作是否有其重要而崇高的目标。

比如，很多人都不喜欢洗婴儿的尿布，但对一个关爱孩子的母亲来说，这却是一件很快乐的工作，她是充满爱心地去做这个洗尿布的工作的。洗碗盘在一个家庭里，过去大都是家庭主妇的事情，或者是佣人、保姆的差使，但它也可以是对家人爱的表现。丈夫出于对妻子的关爱，主动去洗碗盘，那么在他眼中原本毫无意义的工作变得意义重大了，自此它就成为一件有自尊又神圣的工作。这些例子也可用到企业组织中来，一位对口香糖毫无兴趣的妇女，担当口香糖工厂的人事经理，她会怎么样呢？她的职务与她的兴趣毫无关联，那么至少她无法去热爱这份工作，感受不到生活中的苦与乐。如果她能到她认为比较有意义的（也就是她感兴趣的）工厂做事，即使是同一性质的职位，也会觉得比较有意义。

(26) 假设每个人都比较喜欢有个性、独特性、特定身份（相反的，就是默默无闻、随时可被替换）。

任何员工都不愿默默无闻、随时可被替换，而希望做一个具有独特个性、特定身份的人。

(27) 我们必须假设人们具有足够的勇气经历开明管理的过程。

这并不是表示他欠缺恐惧感，而是他能克服恐惧勇往直前。他能承受压力，接受创造性的不安全可靠感，也能忍受焦虑。

(28) 我们必须假设人们都有良心、羞耻心、感到难为情、伤心。

我们必须认同别人，了解他们的感觉。我们也必须假设人多多少少都会有一点妄想、疑心、夸张……的感觉，也就是说，必须承认人或多或少都有些心理疾病。

(29) 我们必须假设自我选择是凭智慧和能力的。

事实上，在开明管理中，这是最重要的，人们借此了解自己最喜欢什么，发掘自己最好的一面。开明管理假设一个人所喜欢的、所偏爱的、所选择的是聪明的决定。我们必须说明得更清楚，因为我们发现某些相反的证据。明智的自我选择大致而言是正确的，尤其对人格健全的人更适用，但对神经质或有精神疾病的人就不太恰当。事实上，神经质的人可能无法真正依据自己的需要，做出明智的选择。我们也了解，即使是健康的人，个人的习惯也会影响他作出聪明选择的能力；此外，持续的挫折感等其他原因，也会造成负面的影响。以为每个人在任何情况下都能做出明智决定的假设，是与事实不符的。杜拉克又再次忽略了某些不应忽视的东西，认为开明管理只适用某些特定人选，也就是比较健康、紧张、优秀和善良的人。

（30）我们必须假设每个人都喜欢受到公正的赞美，受到大众的欢迎。

一般人对谦虚有着错误的观念。相较之下，平地印第安人就比较实际，他们认为每个人都喜欢炫耀自己的成就，也喜欢听别人赞赏他的成就。这是必要的，不过在程度上要拿捏得恰到好处，因为夸赞不值得夸赞的人，或不当地夸大某人的成就，都会产生罪恶感。

（31）我们假设以上所举的正面倾向会有其相对立的反面倾向。

当我们谈到人性的正面倾向时，必须假设还有相对应的反面倾向。譬如说，几乎每个人都有自我实现的意图；但每个人也都有退步、害怕成长、不愿自我实现的心理因素。当然，人人都具备勇气；但相对的，人人也都存有恐惧感。每个人都想要知道事情的真相；但相对的，有时每个人也都害怕知道真相。这些相互对立的倾向，彼此会找到平衡点。问题在于，在某个特殊情况、特殊时间、特定的人身上，哪一种倾向会比较突出？

（32）假设每个人都比较有责任感。

当然，这种喜欢责任和成熟的倾向，会在人觉得软弱、害怕、生病或沮丧时减弱。另一方面，责任要有一定的限度，才能处理得很好。太多的责任会压垮一个人；太少的责任会让人松懈。太早要求小孩背负责任，会造成他一生中无法摆脱的焦虑感以及紧张情绪。我们必须循序渐进地加重个人的责任，因此必须考虑节奏、水平等问题。

（33）一般假设，人从“爱”中获得的乐趣比从“恨”中获得的更多。

或许可以换另一种方式说明，对一个健全发展的人而言，因为爱、友谊、团队合作、身为优秀组织中的一员而得到的快乐，是非常真实而强烈的，超过因为扰乱、毁坏以及敌对所得到的快乐。我们必须记得，对一些人格不健全的人，例如神经过敏或有精神病的人而言，从怨恨以及毁灭中得到的快乐，远远超越从友谊以及情感中获得的快乐。

（34）假设健全发展的人宁愿创作，而不愿进行毁灭。他们从创作中所得到的快乐，远超过从毁灭中所得到的。

但是后者的快乐确实存在，绝不能忽视。这种感觉对低级发展的人（例如神经过敏、不成熟、过度行动以及患有精神病的人）尤其强烈，因为他们没有足够的控制能力。

（35）假设在开明管理理论的最高层次中，人们愿意或倾向于愈来愈认同世界，并达到终极的神秘体验，与世界合而为一，或是达成一种高峰体验、宇宙意识。

这和孤立是相对的，也与对世界越来越多的陌生感相悖谬。

（36）最后我们必须提出超越动机和超越病理的假设、追求存在价值的假设，以及追求存在价值的假设，如真、美、正义、完美等。

3. 开明的必要

人类的成长，不仅表现在个性的成熟，还包括个人的理想。人们愈成长，独裁制度就愈难生存，人们会愈来愈无法适应独裁管理方式，甚至会憎恨它。其中一部分的原因是，当人们有高层次和低层次两种乐趣可以选择时（如果他曾经享受过这两种乐趣的话），当然就会选择较高层次的乐趣。经历过自由的人，绝无法再度忍受被奴役的处境，即使他们在拥有自由以前，并没有对被奴役的情况做出任何的反抗措施。人们在第一次感受到尊重以及自尊的那种感觉以后，就再也无法接受被奴役的感觉。

人们客观的条件太好，有时可能会导致他们无法适应恶劣的环境。也就是说，他们对于较恶劣的生活环境会变得无法满足和接受。当社会愈健全，政治愈清明，教育愈先进，人们就愈不能适应 X 理论、独裁管理以及像监狱一般的大学制度，他们会愈来愈需要一种健全完美的管理制度，可以促使人们成长的教育等等。在独裁式管理的环境下，他们表现不佳，变得反抗和有敌意。我们可以从产品、品质、对经理人的认同等现实情况中看到这样的例子。

就美国工业的竞争情况而言，目前社会中个人发展的层次，使得健全心理管理或开明管理成为一项重要的竞争优势。也就是说，旧的管理方式将逐渐被淘汰，而采用这种旧管理方式的企业，将无法与那些采取开明管理的企业竞争，因为后者所拥有较优良的产品、较佳的服务。在这种情况之下，旧式管理制度必遭到淘汰。不论我们从会计、企业营运或竞争优势的角度而言，当你使用老旧过时的机器时，将没有任何竞争优势可言。

对人也是同样的道理。人类愈进化，心理就愈健康，就愈需要开明管理政策，才能在竞争中生存；采用独裁管理企业将造成企业营运的障碍。

对其他事物也同样如此。比如，我们的教育制度愈健全，实行开明管理就愈具有经济优势；宗教机构采用开明管理政策，信仰就愈自由；在当前激烈竞争的世界潮流中，采用开明管理的企业，也会愈具竞争优势。

马斯洛看清了开明管理的必要性，对未来的健全心理（优心态）管理充满信心，认为它是未来趋势的主要原因。一般的政治、社会、经济环境，不会有什么根本的改变；军事政权正逐渐退位。因此他希望现今在宗教界、工业、政治和教育等领域的成长与改进仍会持续。全球正向国际化迈进，也促使社会不断地追求成长，因此健全心理管理的趋势将更为明显。自动化的发展也是一样的情形，只是过渡时期必须面对大量的问题。同样的，也许我们也有可能转化成一个和平经济体，不再强调武装或军备竞赛。这样的潮流同样会强化开明管理或民主管理的重要，甚于独裁或旧式管理。

也许企业有必要由第九部门负责人统筹健全心理管理的事宜，包括追求成长、提高员工或经理人的个性成熟度。也许我们可以由一般管理理论的“员工态度与表现”第七部门与“管理表现与发展”第六部门共同承担开明管理的责任。马斯洛说：“我不确定现今有必要设立第九部门，但是未来绝对需要一位专业人员，他所接受的训练不同于所谓第六部门经理人或第七部门经理人。他必须接受心理学、哲学、心理治疗或教育等训练。”

在理论上与实务上，会愈来愈强调事物彼此间的相互关系。任何一家企业与社会的整合共生关系，将更为强化并逐年增加。任何一家企业都可以代表整个社会。在民主社会中，任何一家企业都有创造优秀公民或不良公民的功能。产品品质不但关系到个人、社区和国家的地位，同时也攸关一国在世界中的地位。这是确定无疑的，但美国没有像其他国家体认得这么深。大部分国家对美国产品都有一种固有的刻板印象，他们认为美国生产的原子笔比其他国家的好，写起来比较流畅。而最近的例子是，日本政府和民间企业都意识到，必须共同合作制造高品质的产品。在冷战前，大家对日本产品的刻板印象是劣等的、廉价的仿冒品；但是如今我们对日本产品的评价，已经等同于过去我们对德国产品的评价一样：品质精良，工艺水准先进。众人可以经由某个国家所制造的汽车或照相机，评断一个国家。有人认为德国的产品品质已经开始下降，若真是如此，西德在世界上的地位也就大大削弱了。

4. 目标与方式

开明管理的理论架构在某方面和心理治疗很相似：一群差劲的人做了差劲的事，整天信口开河，就是没有勇气仔细描绘自己的追求、目的以及长期目标。他们似乎害怕讨论价值与目的。如果我们检验开明企业、开明组织、开明团体的长期目标，就发现整件事没有答案，变得毫无意义。我们可以大胆地说，心理治疗的目的和长期目标是使人们运用超越动机，达到自我实现的境地。我们也可以说，这是健全社会的功能，也是健全教育制度的功能。

我们认为这也是开明管理的长期目标，也是所有准心理治疗团体像学习团体、敏感度训练和领导团体的长期目标。这也是一般组织理论的长期目标。马斯洛说，他实在难以想象，一本书接着另一本书，不断地讨论新的发展、新的组织理论、新的管理理论；这些理论都以对人性的重新理解，尤其是关于动机的新知识和新观念为基础，却对于理论的价值和目的却只字未提，即使有也是非常模糊。至于动机理论的高等层面，即它的远期目标、超越动机或是存在价值，都是希望人们更健康，进而达成自我实现的目标。

我们可以不管长期目标，只着眼于翘首可见的目标——创造利润、成为健全的组织、保障未来，但仅仅这些是不够的。任何一家公司的领导者都希望能永久持续经营企业，他们心里想的不是二年或三年，而是五十年甚至一百年。他们不仅希望能经营一百年，更希望自己的组织或团体能健全地持续经营、永久经营。他们好像总是不断地在处理如何扩大经营规模，修正亨利·福特的经营策略之类的问题，却很少看到哪位经理人或学者，有勇气以长期观点、乌托邦理想或有价值的观点作思考。他们普遍认为，较低的人力流动率、较低的缺席率、良好的道德或更多的利润才是经营企业的成功之道。但他们这样做其实忽略了开明企业所强调的心理健全成长、自我实现与个人发展。

马斯洛分析，这些人可能是害怕这样的道德优越感，以为只有少数有道德感的人才会一切以道德为优先考量。其实他们错了，开明管理的目标应该是人本主义的；利润的考量之处，还必须顾及员工个人的发展和训练等。

问题的关键在于，什么样的工作、什么样的管理、什么样的奖赏或报酬对人性的健康成长、发展有益，也就是说，什么样的工作环境对于自我实现最有利。这些才是优秀的经理人或学者应该重视，必须认真考虑的问题。

理想管理的工作条件往往不仅对自我实现有利，而且对于一个企业或某个组织机构的健康和繁荣，对于这个机构所出的成品，所提供的服务的量与质，也有好处。

仅仅以金钱作为“报酬”的传统价值观显然已经过时。金钱购买低级需要的满足，当这些目的已经达到时——假定已有一个相当繁荣的社会和相当健康或正常的人民，他们的衣食住等的满足已有保障，那么，如何才能使这些人有效地发挥作用？那就只有用高级“报酬”来激励了，比如感情、尊严、敬重，比如欣赏、荣誉以及自我实现的机会和最高价值的培养——真、善、正义、卓越、完善、效率、合理、秩序等等。

如果每个人都关心公司的未来目标、方向和长期计划，那么剩下的只是一些技术性的问题，并可以轻易地获得解决。不过，长期目标如果混淆不清、相互冲突、难以理解，那么所有关于技术、方法和手段的讨论，将完全失去效用。开明企业除了短期目标外，更要有长期目标。企业必须有长期的考量，不是四五年，而是以世纪为单位，利润的创造将因此更为乐观。开明企业的乌托邦理想、健全心理和道德感的坚持将全面改善组织的营运，当然包括获利表现。这是达到财务和经济成功的唯一道路。

5. 人本主义管理技巧

马斯洛认为，管理的主体是人，管理的目标是激发人们的心灵、欲望及想像力和创造力，因而管理的方法也应采用人本模式，管理的首要技巧是人本的。管理更多的是需要一种对生活的人本看法，而不仅仅是对技术的掌握。良好管理是建立在对员工和他们的动机、他们的担忧和恐惧、他们的希冀和渴望、他们的爱好和厌恶以及人性的丑陋面和美好面的理解能力的基础上的。只有具备上述能力，你才能激励这些员工，帮助他们明确自己的目标和需求，并帮助他们逐步找到实现这些目标的途径。这样看来，管理艺术是领导能力的一种高级形式，因为它所追求的目标就是把行动（完成某一工作的具体行动）和蕴藏在行动背后的意义结合起来。

马斯洛始终坚信，管理活动是所有人类活动中最为丰富、最为费力，并且最为复杂、最为微妙的活动，同时也是最为关键的活动。

大量的研究数据表明，一个“真正”关爱子女的母亲，即使以任何一种行为对待孩子，哪怕是体罚或出手打自己的小孩，同样会使小孩具有良好的性格。这说明一个事实，对人类而言，以何种方式来表达爱并不很重要，爱的态度才是最重要的。人所表现出来的行为并不能完全说明他所具有的性格、隐藏的个性或态度。

因此，在对人实现管理或对个人人性的自我管理过程中，一定要从人本主义的观念出现，根据个人的实际情况实现人本主义的管理目标，这在当前的社会形势下是极其关键的，也是迫切需要的。

马斯洛指出，实现人本主义的管理目标，首先要建立因人而异的管理模式。正如我们每个人都能清楚感知到的，这个世界正在发生日新月异的变化，相应地，管理的变化也是一日千里，其速度之快和程度之深完全超出我们的想象之外。如果一个人没有创新思维，他在二十年之后，甚至是在十年之后，很可能就被时代所淘汰，他将无法抛弃那些在十年之前所构成的管理技巧，而这些技巧中的绝大部分已经陈腐不堪。

假如有一群极其优秀的人能够成长，并且很渴望成长，那么在这一类人身上所用的管理原则只适用于人性高层发展的人。

马斯洛指出，对于大多数人来说应该是这样的：假设一个员工，他获得了安全需求的满足，从而没有焦躁和害怕；他得到归属需求的满足，将不会觉得被疏离、被排斥、被孤立或被群体抛弃，他会感到自己适合这个家、这个团体、这个社会，他不是一个不受欢迎的入侵者；他在爱的需求上得到满足，他将会有很多的好朋友，有一个舒适的家庭，他感觉自己值得被爱，也能够去爱别人——这里所指的是在企业里的一些情况，而不只是一般罗曼蒂克的爱情；他获得尊重需求的满足，他便感到被尊重、被需要，认为自己很重要，他感到自己得到足够的赞美，并且希望得到所有他应得的赞美与奖励；进而他获得自我价值需求的满足。事实上，这种需求不常发生在我们的社会，大部分人在无意识的状态下，都没有足够的自爱与自尊的感觉。

接下来我们所面临的关键问题是，对另外一些没有获得需求满足感的人，或至少有几方面的需求未得到满足的人，什么样的管理方式才适合他呢？打个比方，对一些在安全需求上固步不前的人，他们感到害怕，认为大灾难随时会来临，比如恐怖袭击。当员工不能互相认同、彼此猜忌、彼此怀恨时，该用什么样的管理原则管理这些彼此怀恨的员工呢？

显而易见的，不同的阶级就应该适用不同的管理方式，我们不需要专门为低需求层次的人提出另一种管理理念。这里最主要的目的是想针对员工发展的高层需求理论有更明确的定义，这是人们在理想情况下假定的层次需求。

马斯洛指出，一些管理学者们都只假设了良好的情况、好的运气和好的机遇，这种假设是比较理想化的。当然，在现实社会中，这种较高层次生活的人及高度发展的人类也确实存在着，不过，在基本需求得到满足后才有可能追求高水准的生活。

马斯洛认为，我们每个人都必须意识到我们是幸运的，是受恩宠的，我们必须更实际、更有弹性地回应客观环境的改变，因为这世界仍持续运转，不断地转变，因此，我们可以运用好的管理原则。但明天的情况有可能完全改变，我们不能期望良好的情况永远持续，也不能认为在任何地方都是好的。

在马斯洛看来，许多专家所谈的一些基本理念太过一般化。当然，每个人对安全的需求或关爱的需求程度也不一样，而且管理女性的工作与管理男性的工作都存在很大差异。马斯洛指出，如果我们将那一般化的理念运用在比较落后的国家，就更能体会其中的不适应性，而且显得非常清楚。实际上，马斯洛认为，在许多地区只有实行独裁式的管理才有用，只有对一些胆小得厉害的人挥动皮鞭，一切才会有满意的结果。独裁者若采取人性化管理，就被认为是软弱而又愚蠢的家伙，至少是不符合客观现实的。

因此，情况通常就会演变成这样，独裁者在学习宽大慈悲之前，一定要先严厉一些，使其组织员工遇到一些挫折。在骨子里很有强权精神的人，若要其接受别人的建议以前，挥动几下皮鞭会是明智的决定。

马斯洛举例说，如果我们探讨德国人在战争中的个性就会认识到，所有德国人，他们的性格都建立在很强硬、很严肃甚至粗暴的假定上。在一项研究中，个性不严厉的老师被年轻的小孩嘲笑，并且被认定是一个差劲的老师，不值得尊敬。除非他能在孩子面前表现出独裁者的心态，否则这位老师就无法管束学生。

显而易见的，马斯洛针对管理学上两项假设提出批评，并使它们结合起来。一是那些管理原则只适用于特定的人选；另外一点就是，那些原则忽略了存在于某些人身上的卑劣性格、心理疾病、污点以及其他一些人身上普遍存在的恶劣性，认为真正有效而又实用的管理应采取因人而异的管理模式。

马斯洛说，我本不想引用那句古老的陈词滥调“管理是一门艺术，而不是一门科学”，但是，这的确是至理名言。某些企业领导人认为他们有一套系统，因而丝毫不关心在什么位置指派什么样的人员，他们会说：“让我们把九号安排到那个位置。”我想象不出怎么能这样进行管理，我们必须根据每个人的个人特征进行管理，否则，失败将会是不可避免的。

第二，实现良好的沟通。马斯洛指出，在进行人本主义管理过程中，有一些事情是必须强调的。首先是沟通的重要性。我们知道，所有阶层都会发生良好沟通和不良沟通两种情况。他认为，挑选一些优秀的人才和你共同起步，向他们展示和介绍规章制度，并与他们保持密切沟通，用各种方式对他们进行有效激励，在他们取得成就时给予丰厚的回报，只要你切实做到了这些，那成功必定是指日可待。

马斯洛认为，倾听是所有人际沟通技巧中最被低估的部分，但实际上，优秀的经理都更喜欢倾听他人的谈话而不是自顾自地在那儿滔滔不绝，或许这也是上帝赐予我们两只耳朵而仅赐予一张嘴巴的原因所在。马斯洛指出，极为成功的经理同时也是优秀的倾听者。他举例说，有这样一位经理，他被一家大企业聘用担任销售经理。但是，他对企业具体的推销品牌和推销业务绝对是一窍不通。当推销人员到他那里去汇报工作并征求建议时，他什么答复都无法提供，因为他自己一无所知！然而，这个人的确是一个懂得如何倾听的高手，不管手下的推销员问他什么问题，他都会回答说："你自己认为你应该怎么做呢？"那些人自然就会说出他们的想法和解决方案，他接着就点头表示同意，然后他们就满意地离开了。他们都认为他是一个优秀的销售经理。

马斯洛说："倾听是一门艺术，倾听技巧的第一个原则就是在对方谈话时聚精会神、全神贯注地聆听。当某人到我办公室来和我谈话时，我绝不会允许任何事分散我的注意力。在交谈中，我的双眼会直盯着对方。集中注意力是必要的，因为我们的精力若不集中的话，我们就会神游天外、心不在焉。"

马斯洛指出，许多经理都犯了这样一个错误，他们在自己与员工之间建立了一种正式古板的老板与雇员的关系，如果是为了在下属面前扮演一种权威性角色而建立起一种对立关系，那么，我们根本就无法想象有效沟通能就此实现，其结果只能是一个：没有人会照你的话去做。

当领导者是一位倔强且很难令其完全开放和进行沟通的强人时，为了避免使自己成为权力中心，他惟一的方法就是尽量不参与小组讨论。显而易见，如果他占有极大的优势，就会妨碍沟通的进行。如果他希望每位员工都能发表自己的见解，如果他希望培育他们和他们的能力，那么他就必须认识到，只有他不在场时，他们才能自由地讨论，说出自己的想法。这是此类经理人展现对部属的爱、尊敬、信任以及满意的惟一方法。

但是领导人也不能完全不参与小组的讨论，只是在某些条件下尽量少参与，否则，这样的情形有可能对他造成损失。就好比一位美丽的母亲能够为面貌普通的女儿做的一件事，就是当有男孩子在附近时必须避开，不要让女儿因为母亲的美貌而觉得自卑。当然，有智慧、有创意、有才华的父母也知道如何不让自己的小孩觉得不如他们的父母，避免自己的小孩因此而变得被动、无助。

马斯洛提醒那些强势的人，不要刻意制造出讨论、询问意见的假象。如果这位强势的人从头到尾就知道答案，却误导员工以为是他们自己发现了答案，那么，只会产生更深的怨恨，不会产生任何作用。当然，这是关于人性和存在的问题，而且在理论上至今没有什么可行的解决方法。天生占有优势是不公平的、不应该的，人们的确可以怨恨和抱怨命运的不公。但是命运本身就是不平等的，有的人天生体质就很好，而有的人心脏和肾脏却先天不良。对此，我们也无法找到妥善的解决妙计，在这种情况下，即使是诚实和真相也会造成伤害。

第三，激发潜在的创造力。具有创造性的人能够想象各种可能性，并能观察到别人看不见的机会，他经常从不同角度反复考虑问题，寻求新的解决方法，并鞭策自己打破传统旧习。作为一名管理者，管理中的一个秘诀就是要善于发现员工的长处，并让他们多做自己擅长的事情。而且只有当员工感受到自己是处于一个值得信赖并充满挑战的工作环境时，他们才能发掘出自己的创造性才能。如果员工们感到担惊受怕、充满焦虑、缺乏激励，他们就不会、也不可能把工作做好。

为了确保员工的创造性得以发挥，具有创造性的领导应能为员工提供适宜的条件。他们最好的方法是与员工进行交流，经常向员工提出一些尖锐的问题，并鼓励员工重新塑造自己和自己的思想，支持他们出格的想法，鼓励与领导对话并提出不同的意见。这意味着具有创造性的领导提倡具有创造性的冲突，并愿意听不同的声音。他们鼓励冒险与实践。

马斯洛说，成功的管理者首先应注重他自身的天赋，并且挖掘自己的创造性潜能，从而使他能更容易地发挥员工的创造性。

这样的领导愿意雇用应变能力强、对问题寻根究底的员工。他们帮助员工发掘自己的能力，并将其运用于日常工作中。而且，杰出的领导还特别注重为员工提供适当的实践、冒险以及充分发挥其自身创造性潜能的工作环境。

有时，创造性的的确确是偶然出现的。但是，创造的过程并不一定是偶然的。创造性的发挥需要三个步骤。

第一步，管理者需要了解每个员工所特有的才能。无论怎样，每个员工都有其特殊才能，这需要领导去挖掘。

第二步，管理者需要组织安排、调整员工的工作岗位，以利于培养他们的创造性。摆脱一切不利于生产的条条框框，把官僚主义减小到最低限度；在一切可能的前提下，尽量多给予员工所需要的灵活空间。

第三步，管理者应创造适宜的工作环境，在这种环境中支持员工的实践及适当的冒险。

在上述步骤中，最后一步是至关重要的。这是因为人们在乐于尝试一切新事物之前，他们需要舒心的环境，具有安全感并充满自信心。

马斯洛主要著作年表

1943 年	《人类动机理论》
1950 年	《自我实现的人》
	《人的潜能和价值；人本主义心理学》
1954 年	《动机与人格》
1959 年	《人生价值论》
1962 年	《存在心理学探微》
1964 年	《宗教、价值和高峰体验》
1965 年	《优心态管理》事《理想管理》
1966 年	《科学与科学家心理学》
	《关于超越性动机理论》
1968 年	《一种存在的心理学》
1971 年	《人性能达的境界》

图书在版编目（CIP）数据

马斯洛人本哲学 /（美）马斯洛著；成明编译. —北京：九州出版社，2003.08（2021.7重印）
（哲人咖啡厅；5）
ISBN 978-7-80114-952-7

Ⅰ. ①马… Ⅱ. ①马… ②成… Ⅲ. ①马斯洛，A. H.（1908～1970）—哲学思想 Ⅳ. ①B712.59

中国版本图书馆CIP数据核字(2003)第072822号

马斯洛人本哲学

作　　者	（美）马斯洛 著　成明 编译
出版发行	九州出版社
地　　址	北京市西城区阜外大街甲 35 号 (100037)
发行电话	(010)68992190/3/5/6
网　　址	www.jiuzhoupress.com
印　　刷	三河市九洲财鑫印刷有限公司
开　　本	880 毫米 ×1230 毫米　32 开
印　　张	13.5
字　　数	250 千字
版　　次	2003 年 8 月第 1 版
印　　次	2021 年 7 月第 13 次印刷
书　　号	ISBN 978-7-80114-952-7
定　　价	32.00 元